新媒体系列丛书

总主编 周茂君

# 新媒体运营

# NEW MEDIA OPERATE

陈鄂 金鑫 编著

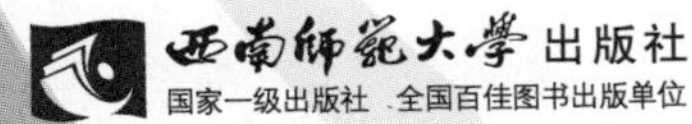

图书在版编目(CIP)数据

新媒体运营 / 陈鄂，金鑫编著. — 重庆 ：西南师范大学出版社，2018.12

ISBN 978-7-5621-5582-9

Ⅰ.①新… Ⅱ.①陈… ②金… Ⅲ.①传播媒介—运营管理—高等学校—教材 Ⅳ.①G206.2

中国版本图书馆 CIP 数据核字(2018)第 273258 号

**新媒体运营**

XINMEITI YUNYING

**陈 鄂 金 鑫 编著**

**责任编辑**:周明琼
**装帧设计**:尚品视觉 CASTALY 周 娟 刘 玲
**排　　版**:重庆大雅数码印刷有限公司·瞿勤
**出版发行**:西南师范大学出版社
地址:重庆市北碚区天生路 2 号　邮编:400715
网址:http://www.xscbs.com
市场营销部电话:023-68868624
**印　　刷**:重庆市国丰印务有限责任公司
**幅面尺寸**:185 mm×260 mm
**印　　张**:13.25
**字　　数**:340 千字
**版　　次**:2019 年 1 月第 1 版
**印　　次**:2019 年 1 月第 1 次
**书　　号**:ISBN 978-7-5621-5582-9

**定　　价**:39.00 元

# 新媒体系列丛书编委会

温馨提示

本书配有丰富的教学资源(PPT、教学设计、教学案例……)

可扫描上方二维码进行浏览,获取原版资源请联系我们!

联系电话:023－68252455　周老师

# 序

媒介技术的发展将我们带到了一个众语喧哗、瞬息万变的新媒体时代。在这里，人们都在放声疾呼，也都被这个由媒介构建的全新世界所迷醉。然而，伴随着新媒体时代的到来，思想观念、生活方式乃至行为举措的急剧改变，也常常让人们有些不知所措和无所适从。新媒体到底是什么？新媒体时代到来又意味着什么？人们如何正确处理好与新媒体的关系？这些问题看似简单，却又真真切切地摆在人们面前，需要我们去面对，去解决。因此，理解新媒体在当下显得尤为重要。

人类社会发展的每一阶段都会有一些新型的媒体出现，它们都会给人们的社会生活带来巨大的改变。这种改变在今天这个新媒体时代表现得尤其明显：受众这一角色转变成了“网众”或“用户”，成了传播的主动参与者，而非此前的被动信息接受者；传播过程不再是单向的，而是双向互动的；传播模式的核心在于数字化和互动性。这一系列改变的背后是网络技术、数字技术和移动通信技术的发展，并由此衍生出多种新媒体形态——以网络媒体、互动性电视媒体、移动媒体为代表的新兴媒体和以楼宇电视、车载移动电视等为代表的户外新型媒体。

由周茂君教授主编的这套新媒体系列丛书，就是在移动互联、数字营销、大数据和社会化网络等热点问题层出不穷的背景下，沿着技术、传播、运营和管理的逻辑，对新媒体进行的梳理和把握。从技术层面上看，新媒体是用网络技术、数字技术和移动通信技术搭建起来，进行信息传递与接收的信息交流平台，包括固定终端与移动终端。它具备以新技术为载体、以互动性为核心、以平台化为特色、以人性化为导向等基本特征。从传播层面看，新媒体从四个方面改变着传统媒体固有的传播定位与流程，即传播参与者由过去的受众成了网众，传播内容由过去的组织生产成了用户生产，传播过程由过去的一对多传播成了病毒式扩散传播，传播效果由过去能预期目标成了无法预估的未知数。这种改变从某种程度上可以说是颠覆性的，传统的“5W”“魔弹论”和“受众”等经典理论已经成为明日黄花。从运营层面看，在新媒体技术构筑的运营平台之上，进行各类新媒体的经营活动，包括网络媒体经营、手机媒体经营、数字电视与户外新媒体经营和企业的新媒体营销。这就在很大程度上打破了报刊、广播和电视等传统媒体过分倚重广告的单一经营模式，实现了盈利模式的多元化。从管理层面看，新媒体管理主要从三个方面着手，即新媒体的政府规制、新媒体伦理和新媒体用户的媒介素养。这样，政府规制对新媒体形成一种外在规范，新媒体伦理从内在方面对从业者形成约束，而媒介素养则对新媒体用户提出要求。

这套新媒体系列丛书既有对新媒体的发展轨迹和运行规律的理论归纳，又有对新媒体运营实务的探讨，还有对大量鲜活新媒体案例的点评，真正做到了理论与实务结合、运行与案例相佐，展现出丛书作者良好的学术旨趣与功力。希望以这套丛书为起点，国内涌现出更多的作者和更多的研究著作，早日迎来新媒体教育与研究的新时代。

是为序。

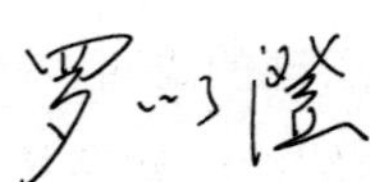

# 前言

《新媒体运营》一书的撰写缘于2017年初武汉大学新闻与传播学院周茂君教授到我院（重庆师范大学新闻与传媒学院）的来访与指导。当时，有幸与周老师深入探讨了目前新媒体发展带动下的媒体产业变革以及国内传媒类高校面临的与传媒产业脱节、课程设置不完整、教材不完善等问题，受益良多。由于担任两年多的院长助理、网络新媒体专业班主任工作，以及多年的新媒体信息编辑、媒体经营等课程的教学实践，让我不得不对新媒体时代下传媒教育的发展进行反思。因此，我十分赞同周老师提出将媒体运营类课程嵌入教学体系的建议，并希望能够尽快在教学环节中得到体现。因此，随后被周老师邀请参与本书的撰写，顿觉荣幸之至。

本书为“新媒体系列”中的一本。该书定位前沿，致力于对目前尚不成体系的新媒体运营教材进行补充。因而本书试图从新媒体运营理论与实践操作两个维度进行编写，以便让本书理论完整、实践丰富并具有较高的可操作性。本书由我与广东赛铂互动传媒广告有限公司总经理陈鄂共同编著而成，共有十二章，其中第一章、第三章、第四章、第五章、第十一章为金鑫撰写；第二章、第六章、第七章、第八章、第九章、第十章和第十二章为陈鄂撰写。

新媒体运营是一个紧扣用户需求与行为，融合媒介技术发展和数据分析创新的领域，该领域随着人们认知、接受水平的发展和市场的调整瞬息变化，并在时间与空间的横、纵两个维度中不断地延伸与变化。本书中有许多来自网络的图表和内容，在此向这些内容的作者表达真挚的谢意。本书是基于我们有限的学识及行业实践之下撰写的，因此一定存在不少的疏漏，希望能在未来通过大量的研究与实践后得到补充。

金　鑫　于中国传媒大学

2017年11月18日

# 前言

# 目录

# 第一章
# 新媒体运营概述

## 【知识目标】

☆新媒体、运营、新媒体运营的概念

☆新媒体运营的分类和特点

☆新媒体运营的发展小史

## 【能力目标】

1.能清晰地表述新媒体运营的概念

2.能结合案例分析新媒体运营的特点

3.能从历史的角度思考新媒体运营的现在与未来

## 【案例导入】

**林书豪的中国之行①**

图 1-1　沃尔沃在微博上的平面广告(图来自:微博截图)

林书豪作为一位睿智、敏捷的领袖型球员,阳光,健康,低调,其成长过程中坚持不懈、厚积薄发的精神和高品位的特质与沃尔沃汽车豪华的品牌精髓相得益彰。因而,沃尔沃力邀林书豪来华,线上借助国内最大的微博平台新浪微博,率先使用了新浪微博平台的"微访谈"这一新产品,成功推出了林书豪与李书福微访谈,为众多粉丝创造了零距离接触林书豪和李书福的机会,并通过他们的形象、个性及智慧的碰撞,直观展示了沃尔沃的品牌内涵及产品特质。同时推进线下落地活动的内容及视频等,通过 BBS、SNS 及微博等渠

① 案例来源于《商业价值》的《2012 年度创新营销十大杰出案例》,有删减。

道进行了多次传播，带动了门户、平媒等的主动跟进，完全打通了各类媒体的通路，通过传播合力对信息进行多层面的传播，使得沃尔沃的品牌内涵及产品特质获得了最佳的传达。此次VOLVO—林书豪中国行的投入产出比为1∶28，同时实现了1 550 119人次的有效互动，而实际达到的人次超过了1.5亿。整个传播期间，与VOLVO相关的众多关键词的百度搜索指数上升了234%～600%。

## 第一节　什么是新媒体运营

当今，只要谈及微信红包、支付宝春晚、小米手机、摩拜与ofo大战，人们都能毫不迟疑地链接到新媒体、粉丝、互动、商业、消费、交易等词汇，那么，是否有一个专业且通用的概念能包含以上所有词汇及所有词汇所涉及的内涵与外延，以方便我们理解与记忆？有，这就是新媒体运营。

### 一、新媒体运营的概念

单一地从字面上理解，新媒体运营是指通过新媒体进行的运作与营销活动。从实践角度理解，新媒体运营是指通过一切新媒体手段，帮助产品或服务进行推广、促进用户使用、提高用户认知。以上的理解都比较片面，那究竟什么是新媒体运营呢？本书将采用对新媒体和运营这两个概念进行界定并整合的方式，来阐释新媒体运营的基本概念。

#### （一）新媒体的界定

新媒体作为当今运营的重要载体，目前学界和业界对其概念的界定并不一致，但本系列丛书中《新媒体概论》一书中已经对新媒体的概念进行了详细的解释，本书就不再赘述，直接引用其概念。

所谓新媒体是指采用网络技术、数字技术和移动通信技术进行信息传递与接收的信息交流平台，包括固定终端与移动终端。狭义的新媒体是以互联网技术为内核，以电脑、手机等设备为终端，并通过与终端相适应或匹配的方式来进行传播，它以网络媒体为代表。而广义的新媒体则是基于网络技术、数字技术和移动通信技术，通过互联网、无线通信网、卫星等渠道，向电脑、手机、电视机以及各类数字化电子屏等终端传播信息的媒体形态，包括网络媒体、数字电视、IPTV（交互式网络电视）、车载电视、楼宇电视和手机媒体等。本书所说的新媒体即指广义的新媒体。①

#### （二）运营的界定

运营常常被称为营销，但事实上，运营是包含营销在内，并超越营销的整个生产、服务、消费环节。在新媒体时代，运营应更注重于服务的整体流程。因此，下面将从运营概念演化的角度来解释什么是运营。

---

① 周茂君.新媒体概论[M].重庆：西南师范大学出版社，2016.

1.运营概念的演化

美国思想家和社会学家丹尼尔·贝尔以技术为中轴，将社会经济的发展分成前工业社会、工业社会和后工业社会三个阶段[①]。运营概念起源于后工业社会服务业兴起时期，随后西方学者把与制造业联系在一起的有形产品的生产称为“Production”(生产)，而将提供无形服务的活动称为“Operations”(运营)[②]。从历史上看，运营的概念经历了三个阶段(图 1-2)，现在常将生产与服务、战略与管理整合称为运营。

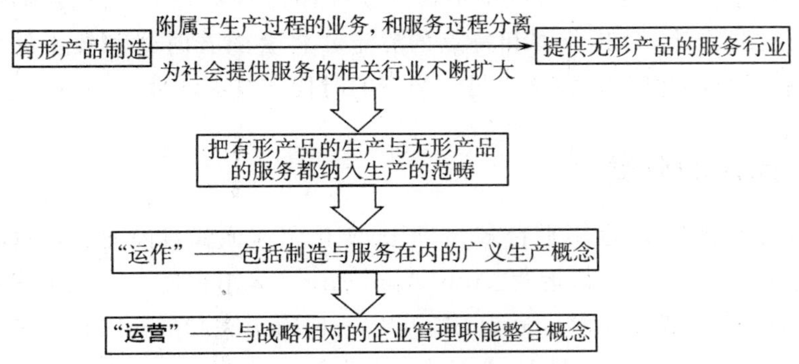


**图 1-2　运营概念的发展(图来自：孙慧《运营管理》)**

2.运营的概念

运营又称为生产运作。生产主要指以一定生产关系联系起来的人利用劳动工具，改变劳动对象，以适合人们的需求的过程，即物质产品(有形产品)的制造过程。运作则是指社会组织把投入的有形或无形资源转化为服务(无形产品)和有形产品的过程。一般意义上讲，运营可定义为社会组织将其投入的资源转化、增值为社会用户所需要产品或服务的过程。[③] 这个过程既包括物质转化过程，即投入各种物质资源进行转换，也包括管理过程，即计划、组织、实施、控制等一系列活动。其本质是以最经济的方式可靠地实现产品或服务的功能，并创造出新的价值。

### (三)新媒体运营的概念

结合前面对新媒体和运营概念的界定可以整合得出，新媒体运营是指社会组织通过采用网络技术、数字技术和移动通信技术进行信息传递与接收的交流平台(包括固定终端与移动终端)，将其投入的资源转化、增值为社会用户所需要产品或服务的过程。从广义上来看，就是社会组织基于网络技术、数字技术和移动通信技术，通过互联网、无线通信网、卫星等渠道，向电脑、手机、电视机以及各类数字化电子屏等终端传播信息的媒体形

---

① 前工业社会，主要的产业部门是农、林、渔、矿等行业。这些经济部门以消耗自然资源为主，人们利用体力、兽力和简单的工具，以家庭为基本单位进行生产，直接从自然界提取所需的物品，劳动生产率低下。工业社会，主要的产业部门是加工、建筑等行业。制造业的实质是通过物理和化学的方法，改变自然界的物质，生产人们需要的物质产品。人们利用机器和动力，以工厂为单位进行生产，大幅度提高劳动生产率。后工业社会是一个服务社会，服务性产业成为社会经济的主导产业。人们利用知识、智慧和创造力，以信息技术为依托，通过不同的社会组织，为顾客提供服务，信息成为关键资源。丹尼尔·贝尔.后工业社会的来临——对社会预测的一项探索[M].北京：新华出版社，1997.

② 孙慧.运营管理[M].上海：复旦大学出版社，2011.

③ 张青山，等.现代运营管理方法[M]. 北京：电子工业出版社，2015.

态，包括网络媒体、数字电视、IPTV、车载电视、楼宇电视和手机媒体等实施物质转化和管理的过程。

## 第二节　新媒体运营的分类和特点

根据对新媒体运营概念的了解，不难得知新媒体运营是一个涉及范围广泛，内容、形式更替快速的运营方法，对其分类和特点的界定必将会随着时代和技术的变化而转变。因而，本章中这两个部分解析，完全立足于当下的时代和技术环境。

### 一、新媒体运营的分类

新媒体运营类型繁多，运用平台多元，形式变化急速。就目前而言，新媒体运营基于媒介平台可分为微博运营、微信运营、App(Application 运用程序)运营、电子商务运营、社会化媒体运营等；基于媒介技术可分为 SEO(Search Engine Optimization 搜索引擎优化)运营、P2P(Peer-to-peer networking 点对点)运营等；基于生产方式可分为 UGC(User-generated Content 用户生产内容)、PGC(Professionally-generated Content 专业生产内容)和 OGC(Occupationally-generated Content 职业生产内容)；基于不同层面可分为内容运营、用户运营和活动运营；基于运营目标可分为社区运营、社群运营等。这些运营类型将在本书的后面几个章节进行详细的解释和分析。

### 二、新媒体运营特点和功能

2008 年，奥巴马借助新媒体成为美国历史上第一位黑人总统；2012 年，他又击败了共和党候选人罗姆尼，成功连任。2017 年，特朗普也借助新媒体，战胜希拉里就职美国第 45 任总统。他们之所以能够成功，大部分原因在于他们比竞争对手更善于发挥新媒体的优势。例如，在 2016 年竞选期间，美国人累计花了超过 1 284 年的时间在社交媒体上阅读和观看特朗普。特朗普在推特(Twitter)上拥有 1 030 万粉丝，在脸书(Facebook)上拥有 990 万粉丝，经由社交媒体获得 3.8 亿美元免费曝光量。相比之下，希拉里只有 778 万推特粉丝、480 万脸书粉丝和同期 1 亿美元免费曝光量。在此，我们先不评价特朗普的手段是否正当，最终的结果是特朗普确实利用新媒体赢得了竞选的胜利。

随着技术的不断发展，我们不难看出，新媒体在各类社会组织中正不断取代传统媒体，成为一种更有效的运营方式。那么新媒体运营究竟有怎样的优势与特点呢？

#### （一）新媒体运营让消费者自主参与、互动销售

从传播理论角度看，传统媒体营销是面向所有受众，采用大众传播方法，对广泛定义的大众群体进行传播。而新媒体运营则是面向每一个具体的消费者，采用人际传播方法，以技术为链接，对每一个用户进行精准服务。

在新媒体时代，用户是市场的中心，消费者的需求直接决定着市场的导向。因此，运营主体只有在海量的信息中进行科学决策，精准运营，让用户(消费者)能够不断参与到运

营过程中，才能完成用户转化，实现盈利。同时，用户通过自主参与与互动，需求也随之升级，对个性化、定制化的服务要求越来越高，从而也正向推进新媒体运营方式与技术的不断提升。例如，苹果公司运营 App Store 时，就通过招募用户编写程序，苹果平台负责销售和下载，收益分成的方式（苹果获得 30%，开发商获得 70%），完成了用户参与产品（服务）研发、消费，运营主体（企业）提供协助的整个新媒体运营流程，不但在很大程度上自动激发了用户的积极性，增强了用户的黏性和忠诚度，同时又减轻了运营主体（企业）的创新负担。截至 2016 年，苹果公司仅向中国开发者就支付了 50 亿美元的 App Store 分成。

### （二）新媒体运营有效降低营销成本

与传统媒体需要投入大量营销成本购买广告时段，建立、维护企业网站，雇佣大量营销业务员不同，新媒体时代的运营主体（企业）有更多可选的营销渠道，且大部分渠道都是免费和开放的。例如，可以在百度上建立关键词，在豆瓣上定期推出话题，在微博、微信上发布产品信息，与用户实时互动等，为新媒体运营提供近乎零成本的条件。运营主体（企业）可以将产品（服务）信息传递给某一消费者，再经由他借助社群力量转发，从而引起其他好友的关注和分享，实现数十万、数百万的幂次传播，引爆产品（服务）的销售。例如，2013 年魔漫相机上线，仅一年用户数就达到了 1.6 亿，同时，该应用还创造过当天从微信、微博激活 300 万下载用户的记录。

### （三）新媒体运营能精准定位、满足个性需求

与传统媒体相比，新媒体运营的最大特点就是能为消费者提供个性化、定制化的服务：搜索引擎的关键词推荐，电商平台的售品推荐，各类应用平台资讯推荐等。随着新媒体时代的发展，消费者的个性需求越发凸显，市场也根据消费者的个性需求不断地调整运营策略。加上大数据和移动互联网技术的发展，为运营主体获取消费者需求提供了便利，使精准定位、满足个性化需求的产品（服务）得以实现。例如，今日头条通过强大的人工智能个性化推荐算法，通过分析用户的 5 个兴趣，抓取其中的 2 个，给用户推送这 2 个兴趣方面的内容，然后为用户推送一些原来没点开的内容，测试用户的兴趣宽度，以保证信息的丰富性。比如，一个人喜欢滑雪，就为他推送新的雪具或者促销活动，同时还会为他推送一些旅行、新闻咨询等内容。今日头条独特的定位，结合精准需求广告方式获得盈利。根据今日头条算数中心的数据，2016 年今日头条累计激活用户达 7 亿，渗透度、日新增用户量等指标占据行业第一，并体现出强大的流量分发能力。

### （四）新媒体运营能有效面对危机公关

消费者是一个个独立的个体，会产生出不同于他人的需求，因此在运营主体（企业）为其提供产品（服务）时，必然会出现令部分消费者不满的情况，特别是在新媒体时代下，用户（消费者）的个性化需求强烈，对产品（服务）有着独特的需求，同一产品（服务）会产生出不同的需求效果。面对此类危机，新媒体运营有着传统媒体面对碎片化信息传播、回馈不及时、舆论控制力差等问题无法比拟的优势，可以通过智能技术在任何时间、地点及时回复用户需求，同时还可以将员工及忠实用户组成群体对产品（服务）进行一对一贴心回馈等，让危机消失在萌芽期。

## 第三节　新媒体运营的发展小史

“运营”的概念在我国大约成型于2001年前后，并于2004年随着新浪等互联网公司将“编辑”称为“内容运营”后开始普及，随后根据技术的发展，新媒体表现技术的更迭，“用户运营”“活动运营”“社区运营”等概念相继涌现。到目前为止，新媒体运营已经成为各社会组织的核心力量。

### 一、2001—2005年：新媒体运营理论初现及概念的诞生

表1-1　新媒体运营初期概况

| 用户体量 | 2200万～1.03亿 |
| --- | --- |
| 代表产品 | 百度，好123，各种强制安装插件，番茄花园，淘宝，网游 |
| 运营类型 | SEO/SEM，流量分发，QQ群管理，电商运营 |

#### （一）新媒体运营理论初现

最早的新媒体运营出现于社区和BBS中，随着网民数量的增多，部分的论坛与BBS用户数量开始暴增到50万人甚至更多，为了提供好的服务，各大论坛和BBS开始招募管理员和“版主”，他们被赋予特权身份，并享有删除、置顶、加精、奖励、修改封存帖子的权利，同时也需要履行引导兴趣、催生话题、集中讨论、聚合用户的义务。这便形成了“社区运营方法”和“用户金字塔”理论的起源。同一时期，以联众为代表的平台，开始有意识地组织和策划一些活动来吸引用户关注，并推出了付费增值服务——联众会员，会员按月支付费用，享有形象美化、踢人等特权，这种方法形成了后来的“活动运营”和“用户变现”等常见运营逻辑的雏形。

#### （二）新媒体运营理论的发展

2001—2005年，互联网进入了流量为王的时代，此时互联网用户的体量达到约1.03亿，网游市场火爆，电商飞速发展，“入口”和“流量”成为互联网世界竞相争夺的关键。

从网游来看，2001年盛大推出《热血传奇》，网易推出《大话西游online》，网游开始了一段长达4～5年的火爆时期。但相比其他互联网服务“做流量”的方式，网游有着更加清晰的盈利模式，即卖游戏点卡或卖游戏装备。正是围绕着这样更加清晰的盈利出口，网游公司围绕着“游戏点卡”的售卖发展了线下售卖渠道和代理商；围绕着“增加用户在线购买游戏装备或增值服务”的导向开始了不太光彩的运作手段：注册大量美女号，通过美女号勾引部分“金主”，让“金主”为美女号付费购买装备，形成了最早的“线下推广”和“重点付费用户的维系”（目前更多地运用于服务打赏）雏形，也是最早的线上、线下联动新媒体运营理论。

从电商发展来看，1999年阿里巴巴成立，通过B2B切入电商领域，不到半年公司已经能提供来自全球178个国家和地区的商业信息；同年年底，当当网成立，开辟网络图书销售平台；2003年5月，阿里旗下的“淘宝网”上线，不久推出了第三方支付工具“支付宝”，当

年即完成了3 400万元成交额，并渐渐发展成为国内最大的电商网站。与网游一样，电商也是能够直接产生交易和支付行为的业务，因此，电商所涉及的线上选取商品和管理店铺，打造“爆款”和用户忠诚度培养，线下商品库存和配送构成了早期“电商运营”的雏形。新媒体运营在电商行业中一开始就被赋予职能性，包含了日常经营与销售。

除网游和电商外，其余的互联网产品(门户网站、论坛、搜索引擎、社交工具等)均需要通过“流量”转换形成价值。因此，为了抢占“入口”获得高“流量”，发展出一系列的运营方法和工具。

**表1-2　早期出现的新媒体运营工具和方法**

| 名称 | 来源 | 作用 |
|---|---|---|
| SEO(搜索引擎优化) | 百度和其他搜索引擎爬虫程序的规律 | 符合这些规则就能够在搜索引擎相关关键词的搜索结果页拥有更高的排名 |
| SEM(搜索引擎营销) | 搜索引擎采取竞价排名的规则售卖搜索结果位 | 通过搜索引擎来完成付费推广 |
| 广告联盟 | 将“分布式”如门户网站上的新闻页面进行汇集 | 通过集合大量中小网络媒体资源(如中小网站、个人网站等)组成联盟进行广告投放和在线推广 |
| 流量运营 | 论坛、QQ群推广、网站之间的流量互换、门户网站发稿等 | 更有效地获取流量并降低流量获取成本 |

### (三)新媒体运营概念的诞生

随着互联网行业的发展及网民数量的持续提升，当流量获取来源变得丰富多样，数据技术操作也越来越复杂和全面，以往依靠简单推广数据就能直线上涨的时代已逝去。现在流量的获取需要去评估竞品的状况，评估渠道和用户匹配程度，监测每一个渠道的转化率等。同时，现在的内容编辑需要完成的工作和需要掌握的技能也越来越多，除了编辑好稿子，还需要考虑标题、表现形式的吸引力，以及如何借助不同媒体工具来最大限度地获取流量。与用户的关系维护上，可以采用的手段也越来越多，融合性越来越强，比如各种类型的混合营销活动、图形图像处理及可视化技术、大数据分析技术等。

当一个行业的可选项越多时，就会对相关从业者们的技能和专业知识要求越高，希望他们能够去独立完成的事会越来越多，此时，用“编辑”“策划”“网络推广”等岗位已不足以定义时，“运营”就成了最好的选择，到此为止，新媒体运营的职能，正式在互联网行业中登上舞台。

## 二、2005—2009年：Web 2.0时代用户运营崛起

**表1-3　Web 2.0时代新媒体运营概况**

| | |
|---|---|
| 用户体量 | 1.03亿～3.84亿 |
| 代表产品 | 博客，WiKi，视频网站，P2P下载，论坛，SNS |
| 运营类型 | 网络推手，论坛营销，事件营销与传播 |

## （一）什么是 Web 2.0

Web 2.0 这一概念是由 O'Reilly 媒体公司总裁兼 CEO 提姆·奥莱理于 2004 年提出的。Web 2.0 是相对 Web 1.0 的新的一类互联网应用的统称。Web 1.0 的主要特点在于用户通过浏览器获取信息，Web 2.0 则更注重用户的交互作用，用户既是网站内容的浏览者，也是网站内容的制造者。[①] 可以简单理解为"由用户主导而生成内容的互联网产品模式"替代了"由公司和网站雇员主导生成内容的产品模式"（图 1-3）。

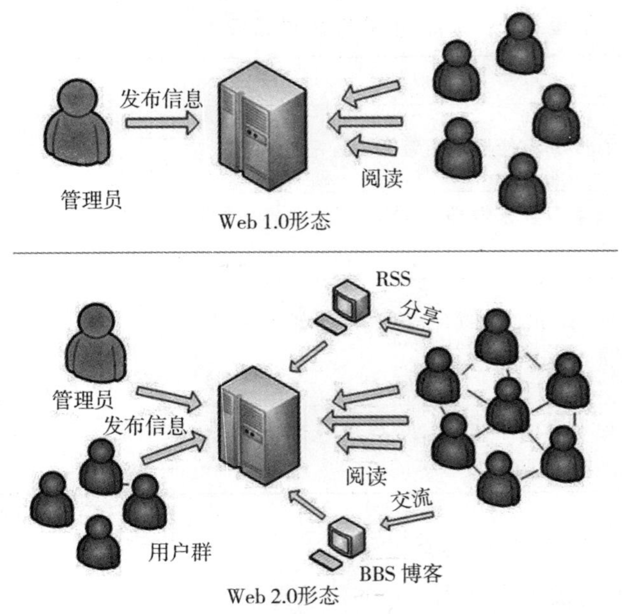


**图 1-3 Web 1.0 和 Web 2.0 形态对比（图片来自：互联网截图）**

Web 2.0 时代将工具看作一种服务，强调用户的参与、在线网络协作、数据储存的网络化、社会关系网络、RSS 应用以及文件的共享。因此，Web 2.0 极大程度地激发了创造和创新的欲望，使渴望自我表达的社会群体能够有机会在一个开放的、自由的平台上实现参与。

## （二）用户成为 Web 2.0 时代的灵魂

Web 2.0 预示着互联网的一次理念和思想体系的升级换代，意味着互联网体系转变为自下而上的、由广大用户集体智慧和力量主导的互联网体系。它极大地激发了个人的创作和贡献的潜能，使互联网的创造力上升到新的量级。[②] 基于此，在 2005－2009 年期间，有大量的 Web 2.0 型的产品诞生，比如优酷、土豆、酷 6 等视频网站，电驴等 P2P 下载软件，豆瓣、开心网、人人网等 SNS 社区及博客，它们都以用户为主角，让其尽情发挥无处释放的能量和创造力。这一时期开始发生了无数自下而上的网络热点事件，例如，胡戈恶搞电影《无极》的"一个馒头引发的血案"；2006 年猫扑论坛网友主导发起的虐猫"人肉搜索"事件；借由 BBS 和博客力量，诞生的第一批"网红"——芙蓉姐姐、凤姐等，展现了用户不仅

① 崔宇红，韩露，吕娜. 现代数字图书馆构建技术与应用实践[M]. 北京：中国科学技术出版社，2014.

② 中国互联网协会.2005－2006 中国 Web 2.0 现状与趋势调查报告[R].2006-2-23.

在 Web 2.0 崛起，而且引领着互联网的发展进程。

### （三）传播推动用户运营崛起

Web 2.0 时代不同于 2001－2005 年以流量为王，在约 3.84 亿用户体量的基础上，“传播”成为这个时代的核心，即通过一些趣味性或是话题性的内容或事件策划，并借助博客、BBS、SNS 等的力量，形成广泛的传播，此时类似网络推手、事件营销、话题营销这样的一些职能开始出现，网络推手也逐渐从论坛中的个体行为演化成一种职业，从芙蓉姐姐到天仙妹妹，从小月月事件到“别针换别墅”再到贾君鹏事件，其背后都少不了这群“推手”们的影子。总体来说，在这一时期内大量的“用户获取”更依赖于“传播”而非“推广投放”。

与此同时，在“获取用户”方面互联网生态逐渐从“封闭”转为“开放”，腾讯、豆瓣、开心网、天涯等诸多 SNS 和社交应用都开始构建自己的开放平台，或开放接口，允许第三方开发者自己开发应用并调用基本用户信息。此举对开发者而言，可以让他们获取用户和接触用户的成本更低；对平台方而言，加强了平台内部所提供的服务和内容，巩固了平台生态，渐渐成为一种常见的“获取用户”的思路。此后，这种思路在新浪微博、微信的生态中大量普及开来。在“用户维系”方面，无论是“用户分级理论”“用户数据挖掘”，乃至“KOL（Key Opinion Leader，关键意见领袖）管理维系”，都有了一套更加成熟的逻辑和做法。其中，新浪在博客时代积攒了无数名博和 KOL 资源，此后直接决定了新浪微博的快速崛起。

## 三、2009－2013 年：移动互联网时代的兴盛

**表 1-4　移动互联网时代新媒体运营概况**

| 用户体量 | 3.84 亿～6.18 亿 |
|---|---|
| 代表产品 | 各类 App，微博，知乎，微信，团购 |
| 运营类型 | 微博运营，社会化媒体营销，各类 App 推广 |

随着苹果发布 iPhone3G 以及开放 App store，Google 发布 Android 操作系统，人们开始意识到移动互联网时代的来临。移动互联网在互联网世界中开辟了一块全新的战场，它意味着原有的格局和用户习惯被打破和重构，也意味着人们的碎片时间将开始被抢夺和占据，更意味着无限可能的全新机会。于是在这个时代，无数人凭借着移动互联网时代的红利期和自己开发的 App 大获成功，从植物大战僵尸到捕鱼达人，从大姨妈到美柚，从辣妈帮到宝宝树，从 MOMO 陌陌到微信，均在这一时期崛起。

### （一）回归 PC 时代的流量运营

移动时代刚刚兴起时，一些工具、阅读类应用，又或是游戏，类似墨迹天气以及大量杂志类 App 等更加“轻快”的东西得到了大量普及。曾经在 PC 端出现过的“流量时代”再一次在移动端出现了——大量应用商店先后出现并发展起来，成为移动端的“流量入口”，并依靠着“流量分发”赚得盆满钵满。各类围绕着移动端的流量截取和分发手段也开始层出不穷，类似移动广告联盟、积分墙、换量等手段在移动端也渐渐普及和火热起来。这一时期，围绕着以上这些 App 推广手段，诞生了无数的新岗位和新工作机会，成为这一时期“运营”工作的一类典型代表，行业俗称“App 推广运营”。

### （二）微博、团购带来新前景

2009 年 8 月新浪微博上线，此后 2～3 年时间，它以暴风般的速度席卷整个互联网，成为互联网圈内最令人瞩目的产品。从钟如九事件到动车事件，从“免费午餐”公益到拯救乞讨儿童再到明星娱乐八卦绯闻，在无数社会、娱乐重大事件中，微博都成为第一舆论阵地，其信息传播发酵的能力，几乎让每一个传统媒体都黯然失色。微博，成为这一时代最大的“流量”和“用户”聚集地。由此，微博也给新媒体运营带来了新的可能：基于微博的生态和产品逻辑，只要做好一些内容和用户互动，就可以收获巨大的粉丝数和传播量，甚至比其他渠道的广告投放有效得多。微博的强互动和传播属性，让它成为诸多产品和品牌用于“维系用户”的一个最佳选择，于是，一类叫作“微博运营”和“社会化媒体营销”的职能出现了，并成为这个时代新媒体运营的代表。

此外，这一时期发生了另一件令人瞩目的大事，就是“团购”的崛起与惨烈大战。团购的出现，开始把互联网与更多线下的具体服务连接起来，开启了“线上＋线下”联动运营。

## 四、2013 年至今：连接一切的新媒体运营

**表 1-5　2013 年至今新媒体运营概况**

| 用户体量 | 6.18 亿～7.10 亿 |
| --- | --- |
| 代表产品 | 微信，各类 O2O 产品，滴滴出行，今日头条，自媒体 |
| 运营类型 | 社群运营，微博运营，社会化媒体营销，各类 App 推广 |

2013 年之后，互联网用户增速开始明显放缓，按照 CNNIC（中国互联网络信息中心）的数据显示，从 2013 年到 2017 年的 4 年间，网民数量仅仅增加 1 亿多人，成为互联网在中国诞生迄今为止 20 多年间用户增速最为缓慢的一段时间，致使竞争重点从对“用户量”的追求转向对用户使用和触碰频次更高的抢占。与此同时，移动互联网的大范围普及让人们拥有了可以“连接一切”的可能性，即让互联网可以连接到除了信息以外的更多事物，例如服务。“互联网＋”诞生了，它引动了一波迅猛无比的 O2O 创业潮。滴滴出行、美团这样的公司成长起来，成为新的估值百亿美元级别的巨头。诸多 O2O 创业公司的出现把“运营”的竞争从线上全面地拉到了线下，常见的做法是线下地推＋线上推广＋PR（Public Relations，公共关系）传播等海陆空并行。

### （一）运营升级

在这一时期，运营与产品之间的关系更加紧密，越来越需要更精密的计算和规划。因而，在“策略”和“节奏操盘”层面，新媒体运营开始更加精密细致地思考，对新媒体运营的职能需求在不断地提高与升级。例如滴滴出行对用户的获取和维系，既使用大量线下的“重动作”与竞争对手间惨烈竞争，也运用大量的线上数据监测和产品形态、产品策略等，如红包派发、派单策略、滴米等用户激励措施。

### （二）微信崛起促进了新媒体运营概念的全面普及

2012 年，微信先后推出了朋友圈和微信公众号，加上“微信群”等即时多人互动等功

能，让微信开始全面抢占包括微博等互联网产品在内的大量时间。到2016年下半年，微信的日登录用户已经达到了5.7亿，于是，微信的朋友圈与微信公众号，开始成为更加备受青睐的“流量入口”，随之带来的是大量微信公号运营与“微商”的出现。

因为微信与微博在活动、内容维系等方面的执行逻辑相似，经常被人们放到一起，共同称之为“新媒体运营”。至此，新媒体运营统合了所有的互联网运营概念被大范围地普及，为“互联网＋”和“互联网思维”代言，并迅速成为互联网内最火热的一种职业。

### （三）微信提升了内容运营的价值

与任何一个新平台相似，当微信的“红利期”过后，也呈现出了内容高度同质化、阅读量逐渐走低的困境。为此，微信团队迅速推出了一系列包括“赞赏”“原创内容保护”“举报”等在内的措施，越来越多的优质内容生产者加入微信的内容生态中来，加上用户品位的提升，使其从原有的良莠不齐“标题党”“段子手”中逐渐升级成为基于内容品质和创新的生态群。到2016年后，内容的价值得到巨大的提升，原大量依赖于打折促销广告等无营养内容支撑的微信公众号运营越发举步维艰，而拥有优质内容生产能力的公众号则受到大量用户青睐，内容运营成为这一时期的重要法宝。

### （四）社群运营的兴起

社群运营是一种基于共同兴趣和爱好将大量用户聚集到一起，通过使用微信等群工具，持续输出优质内容，实现用户互动和维系的一种做法。社群运营最大的吸引力在于：无须开发产品，启动成本低；能在短时间内聚合起大量真实的用户和流量；用户在实现付费、注册等转化行为时，会拥有更高的转化率。在我国，最早尝试社群运营的有罗辑思维（知识社群）、秋叶（技能学习社群）等，它们依靠低成本获得成功，引来了无数人效仿和尝试。但迄今为止，所谓“社群运营”，还只停留在某种概念上，倾向于通过快速拉群聚合用户的方式来获得流量和转化。要让社群运营具备长期生命力，仍需在文化建设的基础上，进行高质量内容的持续供给。

## 五、新媒体运营的未来发展

依靠媒体技术革新，媒介的发展正在进入第三个时代，即Web 3.0时代。Web 3.0的本质是深度参与、生命体验以及体现网民参与的价值，最早由比尔·盖茨在2005年微软高管会议上提出[①]。与Web 2.0不同，Web 3.0时代信息传播会更加快捷高效，更加智能化，同时能更好地体现网民的劳动价值，实现价值均衡分配。因此，可以推理出未来新媒体运营的走向将会紧紧地与Web 3.0时代相结合，发展成以下几种可能的形态。

### （一）数据运营

Web 3.0时代，将会延展网络互联特性，包括网络与网络、媒介与媒介、信息与信息的多向互动，不同网络即时对接、不同媒介终端互联、个体之间多向互动等，这些交互基本上依赖于信息深度挖掘而实现，即个人、网络与信息形成的痕迹，通过数据挖掘的方式转化

---

① 刘畅.网人合一·类像世界·体验经济：从Web 1.0到Web 3.0的启示[J].云南社会科学，2008(2)：81-86.

和链接后又返回到网络与个人之中，再经过不断循环的非线性几何式增长，最终形成自由交互与链接。在此过程中，如何利用数据进行信息整合、定位与服务精准化运营将会成为这一时期的重点。

### （二）AI 运营

AI(Artificial Intelligence)，即人工智能。在 Web 3.0 时代，人工智能技术逐渐成熟，并通过数据挖掘及预测的智能系统，推进网络进化，人机对话进一步深化，模拟人脑思考能力将有所提升等，AI 的发展将在不久的未来，改变人类的生活环境，颠覆人类的思考与行为方式。因此，在这一时期，如何借助 AI 发展之势（如语音识别、人机交互等技术）抢占用户流量及转化率，必将成为新媒体运营的一个重要发展方向。

### （三）VR 运营

VR( Virtual Reality)，即虚拟现实。Web 3.0 时代，虚拟现实技术下的沉浸式传播将实现升级，人与社会的媒介化程度也将不断提升，不断冲击着人类对真实及虚拟世界的认知。由此，人类与媒介将实现真实的跨时空交互，地域与认知边界将消失，人类生活方式将随之发生巨变。因此，如何运用 VR 破解传统产业链；如何运用 VR 实现线上、线下全面运营将会成为这一时期的新媒体运营焦点。

## 【知识回顾】

新媒体运营是指社会组织通过采用网络技术、数字技术和移动通信技术进行信息传递与接收的信息交流平台，包括固定终端与移动终端，将其投入的资源转化、增值为社会用户所需要产品或服务的过程。新媒体运营类型繁多，运用平台多元，形式变化急速。其特点为：新媒体运营让消费者自主参与、互动销售；新媒体运营有效降低营销成本；新媒体运营能精准定位、满足个性需求；新媒体运营能有效面对危机公关。

新媒体运营从 2001 年诞生开始，至今经历了 2001—2005 年：新媒体运营理论初现及概念的诞生；2005—2009 年：Web 2.0 时代用户运营崛起；2009—2013 年：移动互联网时代的兴盛；2013 年至今：连接一切的新媒体运营四个发展阶段，并将在 Web 3.0 时代开启运营的新阶段。

## 【思考题】

1. 如何理解新媒体运营？ 其概念是如何演化而来的？
2. 新媒体运营有哪些特点？
3. 新媒体运营是如何发展与变迁的？ 你认为未来的新媒体运营会呈现什么样的形态？

# 第二章
# 新媒体运营构成

### 【知识目标】

☆ 新媒体运营构成的主体及构架流程

☆ 新媒体运营构成与传统媒体运营构成的差别

### 【能力目标】

1.能了解新媒体运营的特点及与传统媒体的区别

2.能够更好地搭建新媒体运营团队及建设更科学有效的新媒体运营流程及管理方法

### 【案例导入】

**老媒体的新难题**

新媒体浪潮下，以纸媒为代表的传统媒体面临着极大的挑战。诸多传统媒体尝试往新媒体运营方向转型，某报业集团就开始往新媒体运营的方面进行多样化的尝试。第一步，在2006年，与某互联网媒体联合推出了地方站(PC端)，将传统的媒体信息进行重新编辑，发布到网络平台——地方站上。该地方站一经推出，获得了当地网民的极大欢迎，流量不断刷出新高，营业收入也不断增强。第二步，在2011年，移动时代来临，该报业集团顺势推出了新闻App，将各类新闻信息和深度报道内容转移到新闻App上。但随着一开始的新鲜度降低，该App的活跃度和新用户增长一直不见起色，营收也寥寥无几。

为什么报业集团转型的过程中，第一步基本成功，但在以移动互联网为代表的新媒体时代毫无起色？同样是复制互联网时代的思路，该报业集团在新媒体运营的过程中，到底是什么环节出现失误？

## 第一节　新媒体运营主体

大众传播经过几十年的发展，我们总结传播过程中的基本要素为传播者、受传者、讯息、媒介、反馈等五个要素。按照这五个要素，我们非常清晰地看到传统媒体的运营主体由以下几个部分组成。传播者和媒介往往是统一的，传统媒体具备强大的采编能力，他们是传播者，同时将讯息通过他们的媒介传播给受众，形成在传统传播过程中单向传播的模型。从大众传播时代到互联网兴起后的Web 1.0时代——门户的崛起，就是这种运营方式。随着越来越多的新媒体的发展，整个传播的形态发生了颠覆式的变化，我们发现整个新媒体的运营主体已经和以前完全不一样了。

## 一、用户

在传统媒体时代，用户是传播的受传者。在新媒体时代，用户依然是最重要的受传者。从早期的“眼球效应”，所有的网络经济和媒体的核心都是抓住消费者的眼球；到中期的“注意力经济”，最大程度地吸引消费者的注意力，并影响消费者的心智，从而获得未来市场的营销方式；到现在的“得入口者得天下”，移动互联网时代，应该占据消费者聚集的最核心阵地，从而抢夺到入口，最终就能获得庞大的用户和最终的盈利。这些理论发展的基础都是越来越重视新媒体运营过程中的最核心要素——用户。

用户是任何媒体运营过程中的最核心要素，传统媒体时代是，新媒体时代依然是。没有用户，新媒体运营就失去了存在的基础。

但用户仅仅是传播的受传者吗？在传统媒体时代，用户因为媒体地位的强势性，普遍是集体失语的。但在新媒体时代，从早期的 BBS，到后期的微博、微信，整个传播已经从 Web 1.0 时代的单向发声，变为 Web 2.0 时代的信息交互，再到 Web 3.0 时代的用户主动发声，并在用户中进行多次传播。

用户在新媒体时代，不仅仅是受传者，也是传播者，并能主动发布信息，让更多的用户接收。这是在新媒体时代发生的最显著的变化。

## 二、内容生产方

在传统媒体时代，新闻内容的生产方往往是媒体自身，媒体拥有强大的采编权。其他内容的生产方，比如电影、音乐等内容，也是掌握在传统的内容经营集团手中（比如，好莱坞八大电影公司、世界五大唱片公司），只有每一次新的文化浪潮的来临，才会有新的文化传播集团进入。

随着新媒体时代的到来，内容生产真正进入了百花齐放、百家争鸣的时代。

首先，虽然纸媒逐渐式微，但传统的新闻媒介集团多年积累的人才、资源的优势依然不可小觑。他们依然把控着强大的话语权，特别是在媒介领域的权威性。传统的内容经营集团，也依然出品着全球大部分高质量的娱乐内容。

其次，大量的工作室和专业的制作机构逐步涌现出来。这些新兴工作室和制作机构具备几个新的特征。

### （一）打造以核心人员为核心的标志性内容

以马东、郭敬明、韩寒等为例，他们打造了以个人为核心的，围绕其知识储备、人脉储备、著作储备的标志性内容，这些内容在新媒体时代受到了大量新用户的欢迎。而且，这些内容大多以 IP（Intellectual Property）的形式呈现，不仅仅在网络等新媒体上传播，而且通过网台联动，更多优秀的内容会输出到传统媒体上，从而形成更强的爆发力。

### （二）具备新媒体特征的内容

以万合天宜为例，推出《万万没想到》等适合网络播出的网剧，筷子兄弟推出《老男孩》微电影等。在新媒体浪潮下，出现更多符合传统媒体特征和新媒体特征融合的内容。新的制作平台和工作室大量涌现，并趁着这股浪潮，逐步向传统媒介时代的领军者发动挑战，万合天宜和筷子兄弟就在不停地推出大电影，分传统市场的蛋糕。

### （三）完全具备新媒体特征的新内容

最典型的就是微博和微信的内容，比如 papi 酱、咪蒙，就是在新媒体上产生新内容形式的个人（或经营主体）代表。他们研究新的媒体形式、新的用户特征，推出更多满足新用户的内容，在新媒体上得到了最大幅度的推广。

### （四）完全具备新媒体特征的个人

以上三种形式，很多时候从另外角度来看，都是具备商业目标的经营团队产生内容。但在新媒体时代，内容的生产更多的是以个人为主体的内容生产方。个人会在 SNS、视频、直播等平台上，产出自身创造或加工的内容，这些内容不一定是具备商业价值的，可能是个人出于兴趣、爱好甚至冲动而创作的内容。这些个人内容甚至占据整体内容的 90％以上。

以上四个特征，代表了典型的新媒体时代内容生产方的特点，而且第四个特点最为典型。内容生产方的变化会驱动整个传播形态的变化，也会为营销模式带来深远的影响。

## 三、平台提供方

平台提供方，在传统媒体时代非常简单，就是官方授权能够发声的媒体。但是在新媒体时代，随着用户和内容生产方的变化，特别是在新技术的驱动下，越来越多的平台提供方崛起，产生了剧烈的变化。

整体而言，平台提供方主要是由两个方面的变化而产生。

### （一）传统意义的网络媒体的兴起导致出现新的平台提供方

随着互联网时代的到来，传统意义的工具、内容、形态很自然地延伸到互联网，并在互联网的驱动下，又有了新的发展。媒体发展也是遵循这个客观规律。

首先，在互联网兴起的早期，媒体从传统的纸媒和电波媒体自然地延伸到互联网，因此，老牌的门户网站出现，比如新浪、搜狐。同时，随着业态的正常竞争，腾讯、凤凰等门户也加入了门户的竞争。但这些平台方其实没有特别明显的本质变化，仅仅是传统的媒介加上了互联网的翅膀，将传统的媒介形式转移到了互联网平台上。

随着互联网的进一步发展，新的平台提供方逐步兴起，而且这些平台的属性是专属于网络本身的，比如视频、论坛、贴吧、SNS。用户的变化和行为习惯的变化，自然就催生了更新的平台提供方的出现。

但这一系列的变化，依然没有脱离传统媒体的本质，核心上而言，依然是诸多传统形态的互联网属性的延伸，但已经引发了平台提供方诸多的变革，让平台提供方产生了诸多的变化。

### （二）在新技术的驱动下，更多平台提供方兴起

最典型的就是在移动互联网的驱动下，出现诸多新的平台提供方。一方面，新用户的

兴起，新的内容驱动新的平台出现；另一方面，新的平台也驱动产生更多新的内容。

以微信为例。微信可以说是一个平台，也可以说是一种工具，但不会有人定义微信是一个媒体。这个平台的出现，催生了朋友圈的变现形式，出现了更多的KOL，更多的订阅号。这一系列的变化，都催生了越来越多的新内容。这些新内容的出现，也不断地推动微信变化，不断地调整平台规则，让消费者的体验更好，更便于产出内容。

这一系列的变化，在上一阶段是没有的，更是在传统媒体时代不可能发生的。新的平台供应方的加入，加速了新媒体格局的变化，更突显了新媒体运营的平台属性之间的差异性。各种不同属性的平台提供方各具特点，各自应该采用不同的方式来进行运营，才符合新媒体时代的发展之道。

## 四、广告主

从传播来说，广告主是发起广告信息传播的主体。但如果从媒体运营的角度而言，广告主起到的作用就非常重要了，特别是在传统媒体广告代理时代，广告主提供了整个媒体运营环节中的大部分资金，保障了整个媒体核心的运营。

在纸媒和部分付费电视运营中，媒体一方面面向消费者收费，另一方面收取广告主的广告费用。就整体而言，广告收入肯定大于消费付费收入。广告主起到了很大的作用。在电波媒体和互联网媒体兴起的过程中，免费媒体越来越成为主流的运营方式，面向消费者免费，所有的资金来源大部分只能依靠广告主的广告金。

这种广告主付费模式，保障了整个媒体运营，为媒体提供更加优质的内容提供了基础。比如从《爸爸去哪儿》开始，各类优质的综艺节目层出不穷，但是综艺节目的赞助金额也是不断提升。比如伊利与《我是歌手》的牵手，背后是数亿金额的冠名费用。冠名费用越高，媒体运营方越是能够为节目邀请到更好的嘉宾，提供更好的硬件设施，节目才会有更好的质量。同时这些节目内容，又以免费的形式，输送给普通的电视观众，为观众提供更好的娱乐体验。收看的观众越多，就会给广告主带来更好的传播效应。整个媒体运营，在广告主的间接参与下，实现了一个运营的闭环。

但是，随着新媒体打破诸多传统的运营规则，广告主的参与也变得更加活跃，甚至是突破常规。

### （一）广告主突破了节目或者内容赞助方的身份

传统媒体时代，因为媒体的话语和平台提供方的单一性，广告主只能以赞助、冠名、植入等广告主的身份介入。但在新媒体时代，诸多平台提供方兴起，广告主的身份进一步突破，成为制片方等角色，更多地参与到大型内容生产当中。以网综《明星的诞生》为例，该网综的赞助商为国美控股，制片方为中国星文化，同时国美控股联合其他股东对中国星文化又进行了收购。在此基础上，就很难说国美控股的单纯角色到底是什么？国美的赞助，一方面肯定会收获广告的效应，另一方面，节目的本身收入，也能使它获利。

这种身份的突破，就目前阶段而言，基本上是有两个前提。

第一个前提，大型广告主作为企业有资本行为以及多元化的尝试，并不是每一个企业都适合该种身份的变化，每一家企业的经营思路也不一样，但该方案确实是多元化企业的可实践道路之一。既有投资——资本的投资和广告的投资，又有回报——资本的回报和广告的回报。一举多得，何乐而不为？

第二个前提，诸多企业目前的状况是在保守中前行。该模式的小规模尝试很多，但大规模复制，目前没有特别明显的发现。比如，基本不见万达地产赞助万达影业，乐视电视赞助乐视网。该规模的尝试，大部分是限制在网综、网络电影等方面。这样做既能降低风险，又能积累经验。但我们能看到，在不远的未来，该形式能得到更多的普及和创新式发展。

### （二）广告主自己生产内容

如果第一种模式，基于企业自身的经营思路，各自的选择不一样，那么在广告主自己生产内容方面，则是前所未有的统一态度。一方面，随着自媒体的兴起，大多数的广告主都会选择运营自媒体，比如微博、微信、官网、电商等。另一方面，随着更多新媒体平台的产生，内容的门槛逐步降低，广告主会在诸多新的平台提供方上运营（生产）内容，比如微电影、漫画、H5 等。而且这种趋势，也是吻合现在内容营销大行其道的营销趋势的。

广告主，是媒体运营中的一个核心环节。一方面，新媒体运营的变化趋势激发了广告主的变化，另一方面，广告主的变化也促进了整个新媒体运营的变化。

## 五、运营优化方

运营优化方，是一个在新媒体时代才出现的角色。其主要作用是帮助内容生产方、平台提供方及广告主实现新媒体运营过程中的一系列优化。

在传统媒体运营中，各个角色一起运行几十年，分工明确，运营方式也明确，所以一直没有运营优化方的存在。但在新媒体时代，大量创新的模式爆发式出现，之前的角色也逐渐地模糊。特别是大数据时代的来临，更加需要从数据端出发，为运营的效果保驾护航，因此，运营优化方的作用越来越重要。

### （一）内容生产方的运营优化方

新涌现的内容生产方，以新型公司（组织）为主，这类公司经营都会以垂直定位、精确细分为主要特点，因此和传统的内容生产方比较，不可避免地在经营规模上都会较小。以个人为主的内容生产方，比如 KOL 等，该特点会更为突出。

为了弥补运营上的短板，大量的运营优化方出现。基本上，除了内容生产这种核心环节以外，从内容的宣发到内容的变现，都会和运营优化方产生大量的合作。

### （二）平台提供方的运营优化方

新媒体的平台提供方以科技类平台为主，这些平台会更关注技术、平台和用户本身这些核心环节。而且全球的科技类公司基本上都走上了轻资产运营的道路，所以更多的运营优化方是它们在整个运营过程中迫切需要的。

首先是在环节中的不足，比如在内容的审核、内容的制作等各个环节中，运营优化方能协助平台提供方把新媒体运营做得更加完善。然后是在环节中的增强，比如云服务和大数据服务上，平台提供方没有必要自行投入大量资金在该领域进行研发，直接和相应的运营优化方合作，则能强强联合，优化补强。

### （三）广告主的运营优化方

广告主在新媒体运营中会变化角色以及自身产出内容，这是新媒体时代本身的特点所决定的。比如，可口可乐就组建过内容生产团队，但不是每一个广告主都能投入巨大的资金和人力进行新媒体的运营。所以广告主的运营优化方就在新媒体运营中对协助广告主起到了很大的作用。简单来说，从官网的搭建、双微的运营、视频的拍摄等各种内容的生产以及自媒体的运营，运营优化方都能起到重要的作用。

因为服务对象是广告主，所以运营优化方一般都为新时代的数字广告公司，该类广告公司一般都以新媒体、新内容运营服务为主，基于数字营销的特征，为广告主进行运营优化服务。该类广告公司与传统的4A公司相比，不论从经营规模，还是经营类别上都有着较大的区别。

运营优化方是随着信息时代来临，以及社会化大分工更进一步发展后的必然产物。没有任何一个组织或者机构，在这个时代能做好每一个环节。运营优化方与内容生产方、平台提供方、广告主之间的合作，无疑会把新媒体运营做得更加完善。

## 第二节　新媒体运营构架流程

传统媒体的运营流程是简单的B2C模式，即以媒体为核心，生产内容面向消费者进行传播，最多在此过程中，加入广告主的角色，将广告信息通过媒体直接传递或者将广告信息加入内容中间接传递。

在以移动互联网为依托的新媒体运营的今天，消费者的环境、媒介的环境都发生了极大的变化。上一章节已经阐述过，各个运营的主体也发生了极大的变化。这种变化促进了整个新媒体运营构架流程的变化，产生了很多新的模式。比如C2B2C，消费者产生内容，然后通过平台的力量传递给更多的消费者；比如B2C2C，媒体产生内容，传递给消费者，其中KOL根据内容再加工产生新的内容，再传递给更多的消费者。这两种典型的模型，有无数的案例，不胜枚举。

但如果我们只是觉得是表现的流程产生了变化，那么对整个新媒体意义的理解还是不够深入的，这样的理解还是粗浅的。因为这种表象的变化，在传统媒介运营过程中也有可能存在，比如作者投稿，就是在传统媒体时代的C2B2C模式，作者产生内容，投稿给纸媒，然后纸媒发行内容，这些内容最终传递给消费者。

我们不能简单地看到一些表象变了，更应该透过这些表象，看到新媒体运营构架流程上更加根本的变化。

因此，我们从另一个角度，找到媒体运营流程中两个核心的要素：内容与费用。这两个要素，虽不是媒体运营流程中的基本环节，但是是必不可缺的要素。

### 一、聚合分发取代垄断生产模式

内容是媒体运营过程中的核心要素，媒体运营过程中的核心要点就是如何把内容发布出去。传统媒体时代，内容的生产加工是垄断的，在整个媒体运营流程中，其他环节虽然对内容有影响，比如媒体应该制作消费者喜欢的内容，但无论是消费者还是广告主，对内容的话语权其实都只有影响力而没有决策力。

而在新媒体时代，我们会发现，内容的经营此时已经完全变化。简单来说，就是聚合分发取代垄断生产。如何理解这种取代关系呢？可以从三个角度来看。

### （一）媒体发布内容变为平台聚合内容

新媒体时代，最直接冲击的就是传统媒体，特别是纸媒的经营。在新媒体的冲击下，纸媒已经岌岌可危。

纸媒在这种冲击下，也是转变最快的媒体。当自己无法转型成为新媒体时，大多数的纸媒与新媒体握手，成为合作伙伴。以今日头条为例，网易新闻报道：在媒体合作方面，今日头条逐年增加投入力度，目前已覆盖大多数中央媒体、省级媒体、地市级媒体，以及各行业媒体超过 3 700 家，如新华社、光明网、解放军报、新京报、澎湃新闻等，在头条可以看到越来越多的优质媒体内容。

除了纸媒以外，传统的电台会和网络电台、视频合作。它们都会把自己发布的内容通过约定的方式分发到各个平台，再由平台聚合这些内容。

媒体依然在发布内容，只是因为媒体本身的影响力下降，所以越来越少的消费者关注发布的内容。所以，媒体会把内容分发给平台，平台对内容进行聚合，然后推送给消费者。这是目前新媒体运营流程中内容发布的最主流的方式。

### （二）消费者选择媒体变为消费者选择平台

传统媒体时代，信息是稀有的，发布渠道是垄断的，消费者只有选择合适的媒体，才能找到合适的内容。消费者需要去选择媒体。

在信息爆炸的年代，特别是移动互联网的到来，内容聚合平台已经成为大趋势，特别是今日头条、一点资讯等新闻类聚合 App 的兴起，内容和信息已经没有垄断的可能。所有的内容和信息都会不断被聚合，然后分发出去。消费者只要找到合适的平台，就能看到合适的内容。

既可以说消费者在移动互联网时代的选择导致了这种变化，也可以说，因新媒体的变化而导致消费者在这个时代不断选择。但无论如何，这种聚合分发，都造成了消费者从选择媒体到选择平台的事实。

### （三）消费者找内容变为内容找消费者

信息爆炸后，消费者想要找到合适的内容，最合适的途径是搜索引擎。但搜索引擎的前提是你得知道自己要搜索什么。

如果以新闻为例，消费者并不知道今天发生了什么，所以搜索引擎无法提供媒体本身的推送内容的价值。消费者从选择媒体到选择平台后，依然存在着巨大的障碍，就是海量的信息，我如何寻找？

所以，如果平台仅仅提供的是常规的聚合，对消费者的意义肯定有，但没有现在这么巨大。所以，基于大数据挖掘的新型聚合平台才是改变内容在新媒体运营流程中的关键。

面对大量的信息，只有真正的智能聚合，才能让消费者看到更愿意观看的内容。

这样也就实现了从早期的消费者来找媒体，通过媒体来看内容，变成了消费者选择平台，平台通过智能聚合，让内容来找消费者，把每一个消费者真正需要的内容，个性化地呈现在消费者的面前。

## 二、程序化购买开始取代传统代理经营模式

媒体运营过程中，营收模式是非常重要的一个环节。营销和运营费用的高低与媒体运营能力和质量有着紧密的关系。所以不能把媒体的营收作为一个单纯的经营指标来看，需要把它纳入整体的媒体运营指标中去。不同的媒体形态和不同的媒体类别，必然会产生完全不同的收入方式。

在传统媒体时代，央视和县级电视台，因为其收视用户、经营方法、节目制作等诸多不同，所以这两个媒体有着完全不同的营收。那么在新旧媒体交替的过程中，不同的媒体形态导致在媒体营收上产生了什么样的区别呢？

程序化购买开始取代传统代理经营模式。这是因不同媒体形态而产生的区别，更是因不同媒体形态的构架流程而产生的重大区别。

传统媒体产生大量的内容，用内容吸引用户，用户带来广告价值。因为其版面或者时长的限制，所以在广告价值过程中，只需要采用简单的代理机制，按照版面或者时长来进行广告的销售。

新媒体的运营过程中，突破了版面和时长的限制，突破了媒体平台的限制，突破了内容产生源头的限制。这三个层面的突破是新媒体运营发展的必然，也是聚合分发时代的必然。所以产生了以程序化购买为核心的新的媒体经营模式。

从概念而言，程序化购买是一个从技术和数据取代人工，从多维多逻辑策略取代单维，从聚合多媒体取代单一媒体的大趋势。整体而言，程序化购买取代传统代理经营，在媒体运营的构架流程上，具备以下三点意义。

### （一）提升了整个媒体运营的效率和价值

程序化购买带来的最大影响，就是整个媒体运营的效率提升和价值经营的最大化。

第一个层面就是由技术和数据取代以前的人工投放，能极大地提升工作的效率。最典型的代表，同样的门户网站：新浪网，有几百个广告位，每一个广告位都涉及各自位置的售卖排期，需要大量的人力来进行各个广告位的上广告和下广告。但同样的老牌门户，雅虎，广告位数量有限，所有的广告位都是由 SSP（Supply-Side Platform，供应方平台）来对接，然后对接广告公司的 DSP（Demand-Side Platform，需求方平台），中间再加上 RTB（Real Time Bidding，实时竞价）和 Ad Exchange（广告交易平台），来进行效率的最大化提升。这之间的对比，足以显现出程序化购买在执行过程中的效率。

第二个层面以新浪和 Facebook 为例，新浪每一个广告位都需要进行人工的售卖，分别卖给固定的广告主，这样就意味着，总有大量的广告位是空缺的。但是 Facebook 通过程序化购买，对接了无数的 DSP 系统，每一秒钟，都有广告主进行实时的竞价投放。这样，就避免了广告资源的浪费，而且在广告销售的效率上得到了极大的提升。

第三个层面是常规的广告销售，一般都存在广告价格，这个价格理论上是固定的，一般媒体经过半年时间调整一次。不管广告价格贵或者便宜，都需要按照这个策略进行销售。但媒体一旦实施 RTB，广告位的价格就是实时竞价，竞价过程中自然能够根据市场最大的价值回归到最高的价格。

### （二）改变了整个媒体运营中的经营关系

在媒体运营过程中，一方面，媒体运营需要耗费大量的精力来进行这种代理型的广告售卖。如果是大型的传媒机构，形成了长期售卖的能力，情况还好一些。而中小型的媒体运营则处于特别艰难的层面。特别是在新媒体运营中，大量新的内容生产方和平台提供方的出现，这些小的内容生产方和平台提供方，按照以前的媒介运营方式，自身则无法进行广告的售卖，那么就会严重地阻碍其媒体的经营和发展。程序化购买则解决了这种单纯的售卖模式，中小型内容生产方和平台提供方，只需要对接程序化购买，就能很快速地根据自身的流程和影响力，通过 DSP 平台来实现收入。

另一方面，传统媒体运营中，因为广告主的介入，很明显地形成了甲乙方关系，这种关系的形成，对媒体的运营总能产生影响。比如内容的选择上，因为甲方广告主的介入，必然会导致商业行为的倾向，这些倾向或多或少都会干预到媒体运营。程序化购买从某种程度上避免了人与人的沟通，而供应方和需求方通过平台的方式来实现供需的平衡。在这种平衡的影响下，以往的甲乙方关系就不会影响到日常的媒介运营。

### （三）更好达成传播效果

代理制的模式下，广告的传播模型受到技术的限制，在传播效果上一直存在很多的障碍。广告圈最有名的困惑之一是，“我知道我的广告费有一半被浪费掉了，但我不知道是哪一半”。

高效和精准，一直都是广告寻求的终极目标之一。

最简单来说，在传统的代理制之下，广告主在任何一个媒体上投放广告，这个媒体无法百分百保证所有看到广告的用户都是这个广告主的目标用户。

在程序化购买时代，各个 DSP 平台都能通过各自的逻辑和优势，来进行消费者的行为数据积累和沉淀，从而把消费者的识别做到更加精准，最常规的逻辑就是给消费者打“标签”，通过特定标签来实现消费者的筛选。最后投放过程中，让特定标签的用户看到特定的广告。比如，一个尿不湿品牌想投放广告，那么它一般会选择“育儿频道”（网站的一个频道），但我们很难保证观看“育儿频道”的用户到底是谁，可能是一个 5 岁孩子的妈妈，可能是朋友刚刚生了孩子，自己关心一下，可能是一个学习育儿经验的护士。最可怕的是，可能是无聊刚刚随便点击跳转这里的一个 18 岁男性用户。我们只能初步判断看“育儿频道”的用户都是和儿童相关的，但这个相关与尿不湿之间有多少的关联，则无法判断。

如果是程序化购买，那么逻辑是这样的：我们通过数据来寻找近期购买过“奶粉”的用户，并且这些用户一直在观看关于“出生婴儿”的文章等，那么我们可以根据这些行为判断，这个用户应该是“新父母”，给这个用户打上标签。在投放过程中，可以实现让这些“新父母”在接受程序化对接的各种“育儿频道”时看到尿不湿广告，不是“新父母”则不用看到，这样的投放自然会更加的精准有效。

当然，这是在程序化购买过程中一个很初级的例子，程序化购买还能通过程序和智能学习做更多的判断，从而让广告主的广告投放更能达成传播的效果和目标。

## 第三节　新媒体运营构成与传统媒体运营构成的差别

新媒体运营构成从运营主体到运营流程构架都发生了很大的变化，这些变化肯定是由不同的媒体运营特点而决定的。但是如果只是这么笼统地说，我们只看到了新媒体运营的特点，还是无法厘清这二者在运营构成上的核心差别以及形成差别的原因。

如果要更加清晰地看运营构成，我们需要从用户价值角度、科学技术角度、营销传播这三个维度来进行更加深入的剖析。

### 一、用户价值的转变

用户价值往往是媒体运营的核心要素。用户价值的变化是区别媒体运营变化的核心因素。新媒体运营构成变化，首要原因肯定是用户价值发生了转变。

随着80后、90后新生代用户的崛起，特别是95后、00后的消费群体以互联网“原住民”为核心特点的成长，互联网越来越成为他们的主要阵地。网络不仅仅是一种媒介工具，而且已经是一种生活方式。

在传统媒体时代，我们没有说过，电视是一种生活方式，报纸是一种生活方式。但是在网络时代，整个生活方式的颠覆是带来驱动一切变化和发展的最核心、最根本的原因。

这种生活方式的变化给用户价值也带来了新的转变。用户不再是观众，而是参与者。传统媒体运营过程中，用户只是观众，只是观看者，但是新生代的消费者需要更强的参与感，他们要参与到内容、平台、媒介之中去。这种价值的转变是传统媒体无法实现的，从而更加促进了这种迭代和更替。

因为用户价值的转变，从而驱动媒体运营构架的大量变化。之前的平台提供方无法提供这种消费者的价值，那么用户自然会选择能提供这种价值的平台。之前的内容生产方无法制造这种消费者的价值，那么自然会涌现出新的内容生产方来生产新的内容，满足用户的需求。

如果看到了用户价值的转移，那么一切新媒体运营构成的变化都会不难理解。因为用户价值的转移，新媒体运营参与的主体才会不断自我调整，新媒体运营架构流程才会不断优化。用户才是一切变化的根源，用户价值转移才是所有变化的核心原因。

### 二、科学技术的驱动

用户价值为什么会转移？新媒体运营主体中为什么能承载诸多特点？新媒体运营构架流程上为什么能产生诸多变化？科学技术的驱动是另外一个非常重要的原因。

很难去探究，究竟是科学技术驱动了用户价值的转移，还是用户价值的转移和发现推动了科学技术的发展。我们暂且把用户价值和科学技术看成是两条并行的腿，缺一不可。

科学技术的驱动，特别是移动互联网时代的到来，无疑加速和加剧了这种变化的程度。因为技术的进步，才会让更多的平台提供商爆发式地涌现，因为技术的发展，才会让更多的内容有实现的可能。

无论是聚合分发取代垄断生产模式，还是程序化购买开始取代传统代理经营模式，都离不开科学技术的一系列发展。广告的核心疑问——“我知道我的广告费有一半被浪费掉了，但我不知道是哪一半”，已经存在了几十年，只有在科学技术发展到今天，才会给这个疑问的解答带来新的思路。

在科学技术的驱动下才出现运营主体的变化，才会出现运营流程构架的变化，才能打破传统媒介运营的垄断力量。随着科学技术的不断进步，新媒体运营的构成还会进一步加速变化。

## 三、营销传播的升级

在用户价值转移的过程中，必然会带来营销传播的升级，同时，科学技术的驱动，也加速了这种升级的过程。营销传播的升级，保障各个环节的运营，从而为用户价值转移和科学技术驱动提供了运营的保障。

在媒体运营的行业里面，广告和营销是不可回避的重要板块，它们对新的媒体运营方式起着支撑和促进的作用，也是新媒体运营方式是否能存活的验金石。符合营销传播的逻辑会带来更多的收入，从而保障整个媒体运营各个主体存在的基本价值。也只有符合营销传播的逻辑，才会保障整个媒体运营构架流程更加流畅地运转。

营销传播的升级在新媒体运营的主体环节直接影响了内容生产方、平台提供方、广告主和运营优化方的变化。在这种传播升级的变化之下，程序化购买也能得到最大化的发展。

从另一个角度来看，虽然很多的传统媒体试图调整，向新媒体转型，但因为其营销和传播方式的限制导致市场的不认可，从而也就无法保障其运营下去的生存基础。

市场是检验媒体运营的验金石，新媒体运营之所以会发展得越来越好，是因为符合市场发展的需求。围绕市场发展的需求，又驱动了营销传播的一次又一次升级。

### 【知识回顾】

在新媒体快速发展的过程中，我们需要了解新媒体运营构成的一系列变化。首先从新媒体运营的主体上来看，用户、内容生产方、平台提供方、广告主、运营优化方成为新媒体运营的主体，而且和传统媒体运营的主体重合者用户、内容生产方、平台提供方、广告主也有着许多的区别。全新变化使这些主体在构成新媒体运营构架流程上发生了新的特点，聚合分发取代垄断生产，程序化购买开始取代传统代理经营模式。再回顾新媒体运营构成与传统媒体运营构成的区别，从用户价值的转变、科学技术的驱动、营销传播的升级，我们能更加深度地理解新媒体运营主体和构架流程产生变化的原因。

## 【思考题】

1. 用户价值需求的转变带给新媒体运营哪些新的机会?
2. 科学技术的驱动除了最典型的聚合分发和程序化购买，还带来哪些影响?
3. 内容生产方的变化在行业内有哪些更典型的案例?
4. 如何理解运营优化方市场的前景和潜力?

# 第三章
# 新媒体用户运营

## 【知识目标】

☆新媒体用户运营的概念和特征
☆新媒体用户运营的流程与方法
☆新媒体用户运营的盈利模式

## 【能力目标】

1.能表述新媒体用户运营的概念和特征
2.能清晰地理解新媒体用户运营的流程与方法,并能在现实环境中运用
3.能结合具体的案例分析新媒体用户运营的盈利方式

## 【案例导入】

### 不知不觉中,我用支付宝在沙漠种了棵树①

2016 年 8 月,蚂蚁金服对旗下支付宝平台的 4.5 亿用户全面上线了个人碳账户"蚂蚁森林"(图 3-1)——一款用于个人碳交易的市场管理产品。通过这款产品,用户依靠步行、地铁出行、在线交纳水电燃气费用、网络购票、网上缴交通罚单、网络挂号等行为节省的碳排放量,将被计算为虚拟的能量,用来在手机里养大一棵棵虚拟树。虚拟树长成后,蚂蚁金服和公益合作伙伴就会在地球上种下一棵真树。目前官方和部分参与的网友已在网上发布了一些在内蒙古阿拉善地区来自蚂蚁森林捐赠的树,已经有 111 万棵梭梭树被栽种下来,未来一年,还将有数百万棵梭梭树和胡杨林落地生根。此时,每天早上起来的第一件事不是打开微信朋友圈了,而是去支付宝的蚂蚁森林收能量和偷能量;微信好友转化成支付宝好友,化身蚂蚁森林宣传大使,男朋友被要求每天在蚂蚁森林浇水;尽量多走路,能线上买单的绝不用现金,两张火车票分两次购买……如此种种,都是为了获得更多能量。

① 案例来源:极客公园的《不知不觉中,我用支付宝在沙漠种了棵树》。https://www.toutiao.com/i6393483688339833346。

**图 3-1　蚂蚁森林页面(图来自:支付宝截图)**

蚂蚁森林,这个靠节约碳排放量到沙漠里种树的公益产品成了支付宝这些年来最成功的产品尝试之一。同样作为亿级国民产品,微信极高的日活跃用户数 DAU(Daily Active Users)和月活跃用户数 MAU(Monthly Active Users),以及超长的用户停留时长始终是支付宝的一块心病。因此,支付宝不断努力刺激用户活跃度,从 AR 红包、福卡到生活圈、校园日记、白领日记……但每一次尝试看起来都收获甚少。蚂蚁森林这个公益产品利用了用户自我实现的需求,不仅收获类似升级的虚荣感,还能在现实生活中种植一棵真树,做了一把实际公益,收获荣誉感和成就感,为支付宝解决低频痛点提供了新思路。因此,蚂蚁森林用户数量突破 2 亿,目前还在激增,激增的用户还带动支付宝日活跃用户数和月活跃用户数继续攀升,甚至赶超微信的朋友圈。

支付宝的蚂蚁森林到底对用户做了什么?为什么用户会出现激增并且非常活跃?看过下面的章节后就你将有所体会。

## 第一节　新媒体用户运营的概念和特征

内容、平台、渠道、终端、用户是互联网实践中至关重要的几大要素。无论是优质的内容供给、开放的平台搭建,还是完善的渠道建设、智能化的终端设备革新,最终都是为了实现一个目的——通过用户获取盈利,这也是新媒体时代的商业模式。

### 新媒体用户运营的概念

用户运营是用户研究的一种角度,其实质来源于传播学的重要研究部分——受众研究。“受众”是指传播过程或传播活动中讯息的接收者或受传者,是传播的对象,也是读者、听众和观众的统称。在新媒体环境下,“用户”一词不仅包括其“受众”的传统含义,而且包括以互联网、移动互联网为代表的新媒体网民和可精准辨析的使用者。[①] "用户"一词，反映了受众的主动性和能动性，在新媒体时代，通常指网络信息的使用者与网络服务的应用者，[②]并具有个人性、互动性和参与创造性等鲜明特征。

"用户运营"一词，脱胎于国内互联网从业人员的工作实践中，一般用来指代互联网的运营。目前业界和学术界众说纷纭，没有给出一个完整而确切的定义。从商业模式角度看，用户运营指以用户为中心，遵循用户的需求设置运营活动与规则，制定运营战略与运营目标，严格控制实施过程与结果，以达到预期所设置的运营目标与任务；从目标导向角度看，用户运营是一种带有业务目标的策略化服务，其中，提供高质量内容是内容运营，举办活动是活动运营，个性化服务则是用户运营；[③]从流程和方法角度看，用户运营是指对用户获取、用户采纳、用户留存、用户参与、用户体验、用户满意和用户回流等主题的研究；从职业角度看，用户运营是一种职业，也是一种手段，其职责包括传递价值、打造生态和创造玩法。用户运营致力于建立和维护用户生产和用户消费的内容生态闭环，把产品的核心价值告知并深入用户内心，并赋予产品多种多样的新鲜玩法和功能，能吸引用户，产品更富有人情味。[④]

综上所述，为了便于理解与记忆，本书将用户运营定义为：以用户为中心，通过用户获取、用户留存、用户活跃、用户转化、用户回流等流程，赋予产品（服务）更多创意和功能，进行用户维护的互动行为。

## 第二节　新媒体用户运营的流程

在传统产业和 PC 互联网时代，运营主体并不拥有用户，用户的流量统一存放于大平台（例如新闻网站、应用市场、搜索引擎和电商平台），大平台就扮演了具体分发用户的角色。因此，运营主体需要用户时就必须持续付费给大平台。但在新媒体时代，新媒体的交互特征让用户与运营主体之间开始产生追随关系，即运营主体可以自己拥有用户，并可以通过反复不断地将信息、优质服务传递给用户，来推动用户转化及自传播。因此，运营主体把对大平台的依赖转换成对自有用户的依赖，用户运营便成为新媒体运营的核心。

用户运营流程来源于"增长黑客"（Growth Hacker）理念[⑤]，一般来说就是用户获取（Acquisition）、用户活跃（Activation）、用户留存（Retention）、用户转化（Revenue）、用户传播（Refer）的一个漏斗式循环模式（如 3-2）。在这个漏斗中，被导入的一部分用户会在某个

---

① 刘燕南，史利，等.国际传播受众研究[M].北京：中国传媒大学出版社，2011.

② 谢湖伟，吴静.新媒体环境下如何创造用户体验[J].传媒，2011(10)：47-50.

③ 韩利.用户运营中的认知、考虑、行动模型[EB/OL].[2014-11-16]. http://www.niaogebiji.com/article－5328－1.html.

④ 韩叙.做运营这么久，你有没有想过运营的价值是什么[EB/OL].[2016-6-20].http://36kr.com/p/5048337.html.

⑤ "增长黑客"这一说法源于硅谷，最早在 2010 年由 Qualaroo 的创始人兼首席执行官肖恩·埃利斯(Sean Ellis)提出。在 2012 年 4 月安德鲁·陈(Andrew Chen)发表 Growth Hacker is the new VP Marketing 一文后引起业界的广泛关注与交流。

环节流失，而剩下的那部分用户则在继续使用中抵达下一环节，在层层深入中实现最终转化。

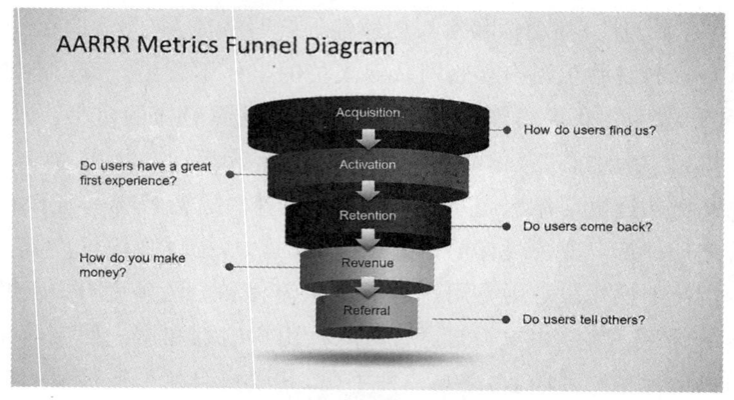


图 3-2　AARRR 转化漏斗模型（图来自：slidemodel.com）

## 一、用户获取

用户获取是指在确定目标用户群体后，最大程度地将他们转化成自己的产品（服务）的用户的过程，这也是用户运营中所称的开源或者拉新。用户获取的方法和策略通常有平台导入、流量截取、社群推广、内容推广、线上引流、线下地推等几种，具体的内容与方法将在用户运营方法中进行详细讲述。

## 二、用户活跃

用户活跃是相对于“流失用户”的一个概念，是指要让用户积极使用产品并积极参与跟产品和其他用户的互动。流失用户是指那些曾经访问过网站或注册过的用户，但由于对网站渐渐失去兴趣后逐渐远离网站，进而彻底脱离网站的那批用户。活跃用户用于衡量网站的运营现状，而流失用户则用于分析网站是否存在被淘汰的风险，以及网站是否有能力留住新用户。

用户活跃根据不同产品（服务）有不同的界定，有的产品（服务）只要在用户指定时间内登录或者启动一次，就算用户活跃，有的产品（服务）需要进行特定的操作才算是用户活跃。当然后者比前者更具有价值得多，因为它调动了用户的参与和互动。

用于表现用户活跃的指标称为用户活跃度，常见的有日活跃用户数 DAU，周活跃用户数 WAU (Weekly Active Users)和月活跃用户数 MAU。通常 DAU 会结合 MAU 一起使用，来衡量服务的用户黏性以及服务的衰退周期。例如，假设一款游戏拥有 50 万 DAU、100 万 MAU，其 DAU/MAU 就是 50%，也就是说玩家每月平均体验游戏的时间是 15 天。这一数值越高，说明用户黏着度越高。通常意义上“20%”被认为是一款产品的最低极限，是保证游戏能够达到临界规模的病毒式传播和用户黏性的最低极限，如果低于 20%就基本可以不用投入大量精力运营了。

## 三、用户留存

用户留存是指在互联网行业中，用户在某段时间内开始使用产品（服务），经过一段时间后，仍然继续使用该产品（服务）的行为，留存是一个用户使用长度和频道的指标，通常以留存率为核定标准，按照每隔 1 单位时间（日、周、月）来进行统计，计算留存下来的用户占新增用户的比例。用户留存和留存率体现了应用的质量和保留用户的能力，是衡量一个产品（服务）是否健康成长的重要指标之一。公式：留存率＝登录用户数/新增用户数 * 100%（一般统计周期为日）。[①]

一般情况下，观察与统计一个产品（服务）的留存分别以次日、第 3 日、第 7 日和第 30 日为时间节点，它们的计算方法分别为，次日留存率：（当天新增的用户中，在第 2 天还登录的用户数）/第一天新增总用户数。第 3 日留存率：（第一天新增用户中，在往后的第 3 天还有登录的用户数）/第一天新增总用户数。第 7 日留存率：（第一天新增的用户中，在往后的第 7 天还有登录的用户数）/第一天新增总用户数。第 30 日留存率：（第一天新增的用户中，在往后的第 30 天还有登录的用户数）/第一天新增总用户数。例如，Facebook 平台流传出留存率“40—20—10”规则，规则中的数字表示的是次日留存率、第 7 日留存率和第 30 日留存率。规则所传达的信息如下：如果你想让游戏的 DAU 超过 100 万，那么新用户的次日留存率应该大于 40%，7 日留存率和 30 日留存率分别大于 20%和 10%。

## 四、用户转化

用户转化也可以称为用户变现，是指让用户进行消费，转化成付费用户。商业的本质是将用户需求变现。一款产品或服务，对其进行的一切运营，归根结底都是为了通过对用户需求的迎合与满足，采取适当的方式进行转化和变现。

用户转化是整个用户运营中最核心也是最困难的一个环节，其困难之处表现在并不是具有巨大用户量和用户活跃率的产品（服务）就能够获得相应的用户转化率。例如，美图秀秀拥有着世界级用户基础，近 10 亿的用户，但一直受到变现的困扰，与庞大的用户基数形成鲜明反差的是公司业绩的连年巨亏。数据显示，2013 年至 2016 年，美图累计亏损分别为 8 030 万元、19 亿元、41 亿元、63 亿元人民币，亏损的窟窿是越来越大。为此，美图一度尝试直播、短视频等转化，并从 2013 年开始售卖手机，面对月活跃用户总数达到 5.2 亿的高指数，公司 93%的收入却来源于手机业务。但从 2013 年到 2016 年，美图一共只卖出了 134 万台手机，甚至比不上同样成立于 2013 年的锤子科技。这意味着，卖手机无法从根本上解决美图的变现和亏损问题。美图的现状不免从反面让我们懂得了用户转化在整个运营中的重要性。基本上，一个产品（服务）的用户转化率不能保证其正常的运营，就会导致亏损甚至破产。

---

① 活动盒子.App 运营：如何才能提高用户留存率？[EB/OL].[2017-3-6].http://www.woshipm.com/operate/608633.html.

## 五、用户传播

用户传播是以人际传播理论为基础，应用社交网络完成依托用户关系的病毒式传播，这是目前低成本推广产品(服务)的全新方式，运营恰当可以引发幂次方增长，通常也被称为爆发式增长。例如，12 小时售出 130 万台小米和红米，支付金额破 15 亿的小米以“参与感”为核心的理念，即通过用户的参与完成产品研发、营销和推广、用户服务整个过程。小米让用户参与运营活动、产品设计和服务改进，并进行全员公关，对提供有价值意见的用户给予奖励，小米是把用户当朋友和伙伴，让用户为其传播。

## 六、用户回流

任何一款产品(服务)都会面临玩家流失，流失也是不可避免的用户行为。在用户运营中，召回已经流失的用户也是提高运营效果的一项重要指标。回流是指用户在看到广告或好友的分享后，重新点击回到这个产品(服务)的过程，是运营主体追求的社交红利。回流能够验证用户对产品(服务)价值和体验以及社交的影响力的确认。这是产品(服务)与社交互动运营之间最简单有效的闭环。例如，表 3-1 是 ShareSDK 对超过 6 万家采用分享组件的 App 用户连续两年分享到社交平台，又从中获得回流的数据进行统计后形成的表格。表格中回流数据的变化显示出，相比 2013 年，2014 年 6 万家产品(服务)的用户在如下 8 个社交平台中影响好友转化成用户的数量在不断增多，用户越来越依赖于好友的推荐来做出判断，社交网络成了促使用户回流的最佳途径。

**表 3-1　2013—2014 年度主流社交平台分享回流率对比(表格来自：ShareSDK 报告)**

| 社交网格 | 2013 年回流率(%) | 2014 年回流率(%) |
|---|---|---|
| 微信朋友圈 | 198 | 571 |
| 微信好友 | 115 | 375 |
| 腾讯 QQ 空间 | 11 | 355 |
| Twitter(推特) | 142 | 314 |
| 腾讯 QQ | 28 | 270 |
| 腾讯微博 | 58 | 258 |
| 新浪微博 | 22 | 222 |
| Facebook(脸书) | 76 | 82 |

# 第三节　新媒体用户运营的方法与策略

新媒体是以用户为中心的媒体传播、运用方式。因而，做好用户运营是新媒体运营的核心与关键所在。首先，要对用户需求定位，用户运营的意义是寻找痛点，满足用户的真实需求，只有满足用户需求的运营，才能吸引用户的目光。其次是吸引用户，即用户获取、用户活跃、用户留存及用户转化。吸引用户是用户运营的基础，但只吸引是不行的，在活跃中留存用户是关键，用户留存后如何转化成经济收益才是产品（服务）的追求目标。因此，如何进行有效、高转化的用户运营至关重要。下面将较为详细地对用户运营的方法与策略进行讲解。

## 一、定位用户需求

需求也称为需要，是指人们在个体生活和社会生活中感受到某种欠缺而力求获得的一种心理状态。它是人和社会对客观现实的需要在人脑中的反映。①

人的需求心理是如何产生的呢？“平衡论”理论认为，在正常条件下，人的生理和心理处于平衡或均衡状态，但当某个方面出现“缺乏”时，就会变为不平衡，出现了一种不舒服的“紧张”感，而需求可以被看作是用来减少或消除紧张感而出现的心理反应。因此，用户的需求是生理或心理从不平衡到趋于平衡的动态过程，并通常以对产品（服务）的愿望、意向、兴趣、态度和理想等形式表现出来。

在明白了用户需求的概念后，呼之欲来的是该如何做。那么究竟如何做才能让我们确定用户的需求？本书将通过对发现用户需求、分析用户需求和描述用户需求三个方面进行比较详细的分解，来寻求用户需求定位的答案。图 3-3 是弄清用户需求的 2＋4＋3 步骤，该步骤来源于郝志中所著《用户力：需求驱动的产品、运营和商业模式》一书②。

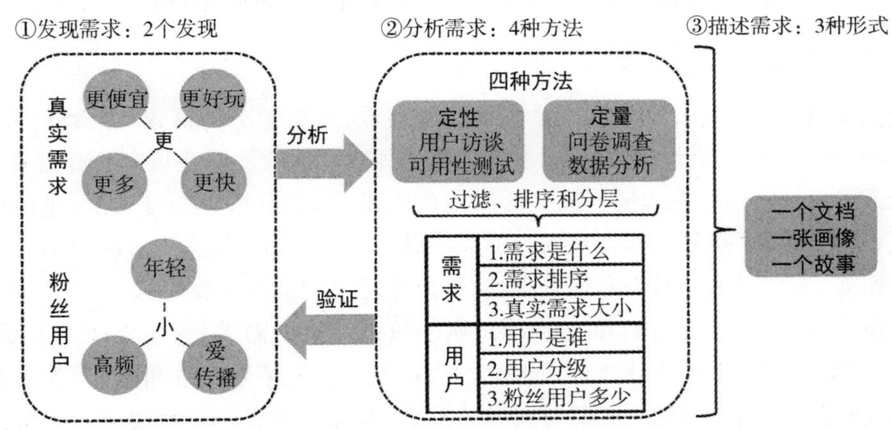


**图 3-3　弄清用户需求的 2＋4＋3 步骤（图来自：郝志中《用户力：需求驱动的产品、运营和商业模式》）**

### （一）发现用户需求

从用户需求的概念我们已经了解到，用户需求是一种生理或心理平衡的过程，其本质不是用户要什么，而是需要解决生理或心理的什么问题。比如说，一个用户想要一匹更快的马，表面需求是要马，但当时造出了第一辆汽车，汽车比马更快，所以汽车才是此时用户的真实需求。再比如，一个单身男士想要寻找一个女朋友，可他的问题是太不修边幅，那么他真正的需求是找个人能帮助他打扮得帅帅的，所以找个女朋友并不是他的真实需求。然而，更有意思的地方在于，人们往往分不清楚自己和他人的表面需求和真实需求，这才

---

① 龚卫星.营销心理学[M].北京：人民出版社，2005.

② 郝志中.用户力：需求驱动的产品、运营和商业模式[M].北京：机械工业出版社，2015.

让发现用户需求变得难以洞察，当然也让运营商们费劲心力创造出一批批有趣、便捷满足用户需求的产品(服务)。

我们最早对需求的认知来自马斯洛在 1943 年出版的《调动人的积极性的理论》著作中提出的“需求层次论”，这一理论流行甚广，是国内外心理学家解释需求规律的主要理论，我们可以把它看作是用户需求定位的基础。在这一理论中，马斯洛把人类多种多样的需求归纳成五大类，并按照发生的先后次序分为五个等级(图 3-4)。

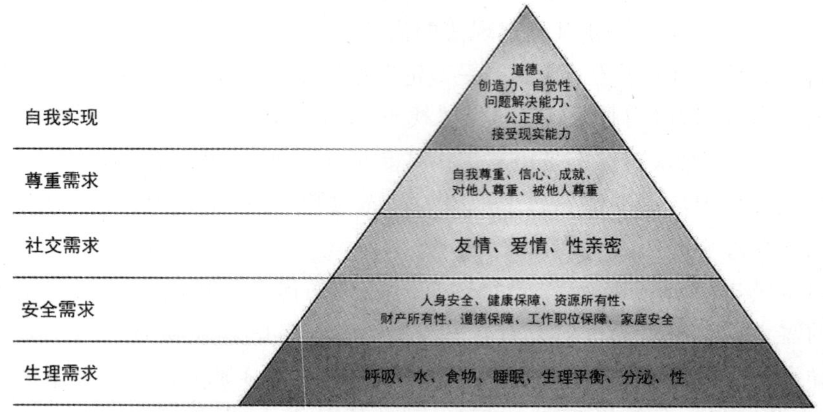


**图 3-4 马斯洛需求层次理论 1943 年版(图来自:互联网截图)**

1.基于马斯洛的五级需求

生理需求(Physiological needs)，是人类级别最低、最具优势的需求，如食物、水，是推动人们行动的最强大的动力。例如:当一个人极需要食物时会不择手段地抢夺食物。

安全需求(Safety needs)，同样属于低级别的需求，其中包括对人身安全、生活稳定以及免遭痛苦、威胁或疾病等。人们对安全的需求是个整体机制，在消费活动中随处可以表现出来。比如，人们买电器时先考虑安全性，外出旅游时购买人身保险等。

社交需求(Love and belonging needs)，属于较高层次的需求，它包含两个方面:一是对爱的需求，即人们都希望伙伴之间、同事之间关系融洽或保持友谊和忠诚，人人都希望爱别人，也渴望得到别人的爱。二是对归属的需要，即人们都有一种归属于一个组织或群体的需求，希望能成为其中的一员并得到相互关心与照顾。社交需求要比前两个需求都更加细致、复杂，它和一个人的生理特征、经历、教育、宗教信仰等紧密关联。

尊重需求(Esteem needs)，属于较高层次的需求，如成就、名声、地位和晋升机会等。尊重需求既包括对成就或自我价值的个人感觉，也包括他人对自己的认可与尊重。尊重的需要还同个体感到自己对这个世界有用的感觉有关，也与有关事物，如衣服、汽车、教育、旅游和接待重要人物等能否增进自我形象有关。例如，人们购买私人轿车、穿名牌衣服、住高级酒店，不仅令人羡慕，而且能够满足他们受人尊重的需要。

自我实现需求(Self－actualization)，是最高层次的需求，是指实现个人的理想、抱负，发挥个人的能力与极限的需要，包括针对真善美至高人生境界获得的需求。因此，前面四项需求都能满足，最高层次的需求方能相继产生，是一种衍生性需求，如自我实现，发挥潜能等。

基于马斯洛的理论，我们不难看出用户需求是有特定指向和层次的，从让消费者满意的战略角度来看，每一个需求层次上的用户对产品（服务）的要求都不一样，只需要提供所需产品（服务）即可满足用户各层次的需求。但现实不如人愿，现实是：需求真伪难辨，而且一种需求会对应几种甚至上百种的产品和服务。那究竟如何才能找到真正的需求，实现用户精准定位呢？目前在用户运营中，根据马斯洛的需求理论衍生出来，并被广泛使用的方法有两个：一是创造用户需求，二是寻找用户痛点。

2.定义用户状态

从前面的定义我们已经知道，用户的需求是一种生理或心理平衡的过程，本质是解决生理或心理的问题。这一过程，我们可以称为状态，即需求是一种状态。状态来源于几个基础诉求：(1)塑造自己在他人眼中的形象：形象诉求会导致“自我审查”现象，即用户会再三审视自己发出的信息、更换头像、添加好友、进入圈子等，并判断这些动作可能给自己带来的影响，这一诉求病毒扩散性最强。(2)维持并增进和某个人群的关系：这一诉求的表现为修改个人状态以加强和外界的联系，在朋友圈里主动点赞、将内容分享给特定好友等行为。(3)表达的意愿：最常见的是直接发出诉求和潜藏诉求两种。潜藏诉求可以理解为用时间换取娱乐、信息、知识等诉求。在新媒体时代，用户拥有大量的碎片化时间，并希望能用这些时间交换一些他们认为有价值的东西。定义状态是腾讯系列产品最常用的方法，如QQ的换装功能，解决用户塑造形象的需求；微信的定位功能，方便别人找到我，解决用户希望连接的焦虑等。定义用户状态往往来自用户最简单的诉求，而且是结合场景化思考的必然结果。

3.创造用户需求

创造用户需求，就是在用户多层次需要中寻找一个定位，结合自身的技术条件，通过组合配置不同资源的方式创造新的产品，最后利用人们的心理引导出新需求。简单说就是需求不仅是可以被挖掘的，也是可以被创造的。这是一种主动出击的方式，与其苦苦去寻求，不如主动去创造。例如，在饮用水市场中，两元钱的农夫山泉已经能满足用户解渴的基本生理需求，结果高端水品牌——依云、昆仑山、恒大冰泉却打着适度的碱性、丰富的矿物成分、富含电解质，对人体机能有更多益处等口号砸出高端水市场。而事实上不论喝依云还是农夫山泉，都无法从实际意义上影响消费者的感知，至少人体是察觉不到这种区别的。从中我们可以得知，需求不仅是解决生理和心理问题的过程，也是一种基于支付能力条件下购买具体商品欲望的体现。正如口渴要喝水，不同群体的需求也不一致，有的选择农夫山泉，有的选择依云，差异在于购买力和消费欲望，但都属于满足需求（想喝水）的范畴。因此，我们想要找到用户的真正需求，就应该对用户的身份、年龄、支付能力、使用情景等方面对用户进行分级定位，并把能满足需求的产品（服务）也进行分级定位，为不同层级的用户创造不同类别的产品和服务，最终实现用户需求精准定位。

4.发现用户痛点

通过需求的概念我们得知，需求是一个解决生理、心理问题的过程，解决问题势必付出行动，行动就会面对阻碍。痛点是指让目标用户付出某种行动的最大阻碍。比如在美图秀秀之前，大部分图像处理软件（如PS）都专注于提高处理图像的性能，那用户使用图像处理软件的最大阻碍是什么呢？此时，用户使用图像处理软件最大的阻碍可能是易用性，因此“易用性”就是痛点，抓住这一痛点，专注于提高易用性的美图秀秀就取得了初期成功。由此，我们不难看出，发现痛点不仅仅是为了满足用户的需求，而且基于更快、更多、更便宜、更好玩的理念来更好地满足用户的需求。

痛点寻找是持续不断的，因为用户需求和行业都在不断变化，过去被“想当然”认为是痛点的属性，可能很快就被解决，不再是痛点，而这时在大多数运营主体一窝蜂聚焦于“曾经的痛点”时，你挖掘了新痛点，就可能逆流而上。寻找用户痛点的过程，意味着“提出新的问题”，而不是“对原有问题提出正确的解决方案”。

痛点的寻找方式大体有两种：一是纵向寻找。纵向寻找痛点，需要先找出影响某个环节的全部因素，然后看哪个因素是消费者现在的最大阻碍。比如，过去胰岛素（病人买回家自己注射，用来治疗糖尿病）市场，大部分聚焦点在于使用过程中的“性能”和“风险”，致力于研发更高纯度、更高稳定性的胰岛素产品。在过去这是合理的，因为比起纯度10%的胰岛素，纯度50%的胰岛素显然更有效，风险更低。但是随着大部分胰岛素纯度都提高到99%以上后，大量同类品牌都加入了胰岛素纯度的竞争。那如何在如此众多的品牌中脱颖而出？Novo Nordisk（丹麦著名的制药公司诺和诺德公司）重新思考阻碍消费者使用最大的因素是什么。随后，Novo Nordisk 发现其实并不是“性能”和“风险”，而是“形象”和“容易程度”。所谓形象，是胰岛素消费者其实不想让别人知道他们是糖尿病患者。所谓容易程度，是过去的注射器非常麻烦，需要提前消毒并且注射。所以他们转变了战略的聚焦点，不再花费大量精力提高纯度和稳定性，而是设计体积更小、操作更方便的产品。最终，Novo Nordisk 研发出了这种笔形（图 3-5）胰岛素，不易被识别，同时不需要用针注射，帮患者遮盖了“糖尿病病人”的形象，并提高了使用的容易程度。

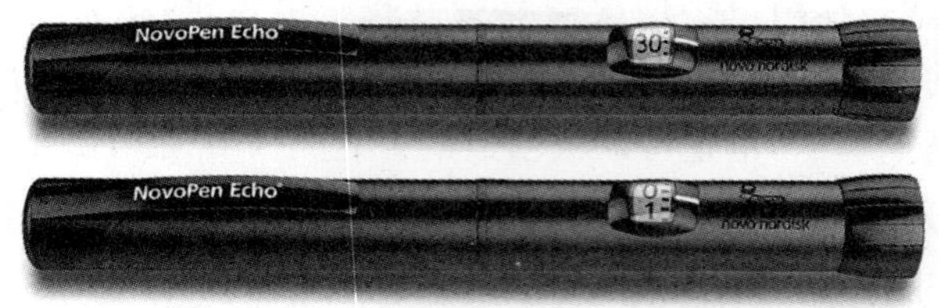


**图 3-5　Novo Nordisk 研发的笔形胰岛素注射器（图来自：互联网截图）**

二是横向寻找。当所有的竞争者都在关注用户的“使用”阶段，那么我可能应该看看其他阶段有没有痛点机会。比如过去中国的手机市场是渠道为王，手机厂商几乎一半的利润分给了渠道商。通过大量的渠道，手机厂商提供了购买的便利性，消费者随时随地都能买到手机，可以拿在手上一一比较，而且可以当场买走，不用等待。那么同样是 1 000～2 000 元价位的手机，消费者的主要障碍发生在什么阶段呢？其实很容易发现，主要障碍发生在使用阶段而不是购买阶段，即 1 000～2 000 元的手机性能太差。所以这就产生了最初的小米手机，当大部分厂商努力的重点在渠道，即购买阶段时，小米的努力重点在产品性能，即使用阶段。①

痛点的寻找就是解剖一个产品（服务）的全过程，分析用户的每个动作过程，在过程中

---

① 李叫兽.【李叫兽方法】一张图教你发现用户的痛点[EB/OL].[2015-8-19].https://zhuanlan.zhihu.com/p/20171958.

发现人们此刻的行为阻碍,并用更快、更多、更便宜、更好玩的理念来创新产品(服务)。

### (二)分析用户需求

如果说发现用户需求是一种思维方式,那么分析用户需求就是实际的操作方法。因此,本小节将主要从操作方法层面讲解如何进行用户需求的分析。

用户需求分析先通过需求采集方法,验证真实需求的存在,并对用户需求的目的(问题)、行为和原因进行量化。再进行需求的进一步提炼,要进行需求过滤、需求排序和用户分级,从而完成需求分析。所以需求分析包括需求采集和需求提炼两个部分。需求采集:通过 4 种需求采集方法验证需求是否存在,量化用户需求的目的、行为和原因。需求提炼:梳理用户需求,对需求进行过滤、排序,对用户进行分级(图 3-6)。

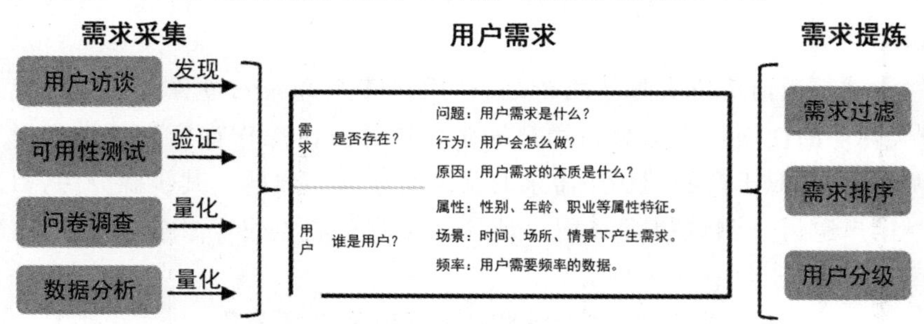


**图 3-6 用户需求分析流程表**

**(图来自:郝志中《用户力:需求驱动的产品、运营和商业模式》)**

1.用户访谈

用户访谈是最常用的需求采集方法,主要形式是和调研的用户进行一对一或一对多的直接沟通,最好是采用面对面的方式。如果条件不允许,可以通过电话、邮件、QQ、微信等方式进行,获取用户的需求。

用户访谈可分为:设定目标→设计问题提纲→用户筛选→现场(在线)访谈→结果汇总与分析→提炼需求 6 个步骤,凝练为访谈准备、现场访谈和需求分析 3 个关键环节,每个环节在执行过程中应注意以下事项(表 3-2)。

**表 3-2 用户访谈环节及注意事项**

**(表格来自:郝志中《用户力:需求驱动的产品、运营和商业模式》)**

| 用户访谈 | 注意事项 |
|---|---|
| 访谈准备 | 1.首先要明确访谈的主题和目的,目的不明确不访谈<br>2.设计访谈提纲,开放式问题,对什么的评价、有什么问题、出现什么情况等<br>3.确定访谈用户,要对邀请的用户打标签:“男 or 女”“陌生用户 or 忠实用户”“小白网民 or 高级网民”等 |
| 现场访谈 | 1.为用户建立轻松的环境和氛围,访谈像聊天,避免固定问答或审问<br>2.鼓励超出提纲跟踪用户回复,适当连续追问获得更深层次信息,做标记<br>3.观察用户肢体语言和表情,判断用户回复是否可以信赖,做标记<br>4.除了访谈收集信息,建议录音或者安排观察员帮助详细记录<br>5.建议 40 分钟内 |

续表

| 用户访谈 | 注意事项 |
| --- | --- |
| 需求分析 | 1.汇总结果后,先过滤无效信息(严重跑题的,不可信赖的,重复回复的)<br>2.提炼用户反馈的需求,避免被用户提出的“解决方案”误导<br>3.识别用户“说的”和“做的”是否一致<br>4.需求分析结果:<br>①用户:个人信息与网络使用偏好<br>②问题:用户遇到什么问题<br>③行为:用户会怎么做<br>④原因:用户问题和行为的原因是什么 |

2.可用性测试

可用性测试是邀请用户实际使用产品,在用户使用产品的过程中观察用户遇到的问题,从用户实际产品使用行为来分析用户需求。这种方法操作难度和要求相对于用户访谈与问卷调查更高,对于产品(服务)需求的验证是非常有效的。其步骤分为:目的设定→测试准备→用户邀请→测试执行→用户访谈→结果汇总与分析。需要注意的事项如下(表 3-3)。

**表 3-3 可行性测试的环节及注意事项**

**(表格来自:郝志中《用户力:需求驱动的产品、运营和商业模式》)**

| 可用性测试 | 注意事项 |
| --- | --- |
| 测试准备 | 1.任务设计:目的、用户、流程、环境<br>2.测试准备工作,主要是测试环境和产品准备<br>3.用户邀请很重要,根据测试目的邀请代表性用户 |
| 测试实施 | 1.给用户创造轻松的环境,避免给用户产品提示<br>2.测试中观察用户表情、肢体动作等,做好标记<br>3.多倾听和观察,不轻易打断用户,及时记录测试要点<br>4.测试后要和用户访谈 |
| 需求分析 | 1.测试后根据记录和记忆,快速做需求分析<br>2.需求分析结果:<br>①用户:测试用户是否是典型代表用户<br>②问题:问题是否重现或问题严重程度<br>③行为:用户遇到问题的操作和反馈<br>④原因:测试后访谈了解用户感受和想法 |

3.问卷调查

问卷调查是社会调查的一种数据收集手段,是用户研究中最重要的工作之一。问卷调查的步骤分为:目的设定→问卷设计→测试→问卷投放→结果汇总与分析→提炼需求。问卷调查需要注意的环节如下(表 3-4)。

表 3-4　问卷调查的环节及注意事项

（表格来自：郝志中《用户力：需求驱动的产品、运营和商业模式》）

| 问卷调查 | 注意事项 |
|---|---|
| 调查准备 | 1.用户访谈后，明确调查目的再做问卷调查<br>2.问卷设计：封闭式问题、无诱导用户、题目表述明确、避免专业词汇、不超过 15 个题目<br>3.确认问卷设计后一定要先小范围测试 |
| 问卷投放 | 1.根据调查目的，选择适合的渠道投放问卷，<br>2.要做网络调查问卷，收集超过 1 000 份以上数据<br>3.注意问卷调查的用户体验，不要让用户填写问卷的体验很差<br>4.为刺激调查样本数量，不要奖励过重，避免用户为奖励乱填写 |
| 需求分析 | 1.过滤不完整、无效问卷后统计调查结果<br>2.需求分析结果：<br>①用户：使用产品的用户特征比例与人数规模<br>②问题：用户遇到问题的比例、重要性与频率<br>③行为：用户行为选项的比例和行为意愿度及满意度<br>④原因：用户原因选项的比例 |

4.数据分析

数据分析是利用用户在互联网上被记录的行为和痕迹，通过在产品（服务）中植入统计代码，获得用户的实际使用数据，直观分析用户需求的一种科学方法。数据分析的具体实施过程可分为数据准备、数据收集和需求分析，步骤分为：目的设定→代码植入→数据收集→数据分析→需求分析。其注意要点见下表（表 3-5）。

表 3-5　数据分析的环节及注意事项

（表格来自：郝志中《用户力：需求驱动的产品运营和商业模式》）

| 数据分析 | 注意事项 |
|---|---|
| 数据准备 | 1.确定需求分析的目的：用户特性、用户行为，越小、越明确越好<br>2.定向植入代码，做短期测试 |
| 数据收集 | 1.数据收集的时长尽量长<br>2.数据收集完成后，统计结果量化、图形化 |
| 需求分析 | 1.分析前，确认数据采集的正确性<br>2.需求分析结果：<br>①用户：调取用户日志文件，分析用户特征<br>②问题：通过数据对比发现用户问题<br>③行为：数据结果直接反馈用户行为<br>④原因：通过用户数据结果判断原因 |

5.需求过滤和汇总

需求过滤是指首先排除合理需求、小众偏门需求和没有应用场景的需求，再运用四种需求分析方法来发现、验证和量化、过滤需求，然后提炼汇总。需求过滤和汇总的要点如下（表 3-6）。

**表 3-6　需求过滤和汇总的注意事项**

| 需求过滤和汇总 | | |
|---|---|---|
| 需求 | 问题 | 用户主要反馈的问题及数据是什么？这些问题就是用户的基本需求 |
| | 行为 | 用户的反应、行动及数据是什么 |
| | 原因 | 用户问题和行为的原因及数据是什么？原因就是用户的真实需求 |
| 用户 | 属性 | 主要包括用户性别、年龄、职业、收入、喜好等数据 |
| | 场景 | 在什么时候、什么地点、什么情况下用户产生需求，以及场景数据 |
| | 频率 | 用户需求的周期及数据 |

6.需求排序

需求排序是指根据用户需求的次数、比例以及用户反馈的重要性进行排序，即先做什么后做什么的问题。以优酷用户需求排序为例，2010 年优酷根据基本需求、用户行为和用户痛点三个需求排序指标进行了产品（服务）定位。

（1）分析基本需求，对用户上视频网站主要的目的排序，结果显示出 92.6％的用户是为了看电影，87.2％的用户是为了看电视剧，而只有 29.6％的用户是为了看原创 UGC（表 3-7）。从排序结论可以得出，用户上视频网站，是为了看电影、电视剧等，而不是为了看 UGC。于是从 2010 年开始，优酷视频网站开始购买电影、电视剧等长视频版权内容，以求更好地满足用户需求。

**表 3-7　2009 年 DCCI 用户需求调研（表格来自：2009 年 DCCI 报告）**

| 用户想看的内容 | 比例 |
|---|---|
| 电影 | 92.6％ |
| 电视剧 | 87.2％ |
| 新闻/资讯/社会时事 | 74.5％ |
| 电视节目直播 | 67.8％ |
| 搞笑/意外/奇闻怪事 | 62.1％ |
| 相声/小品/戏曲 | 60.5％ |
| 体育新闻/节目集锦 | 58.9％ |
| 娱乐节目/综艺 | 57.6％ |
| 纪录片 | 54.1％ |
| 游戏视频 | 29.7％ |
| 原创/自拍/DV 秀 | 29.6％ |

（2）分析用户行为，对用户通过什么方式访问视频网站进行排序。从排序的结果来看，71.6％的用户来自搜索引擎搜索，53.9％的用户是通过别人介绍和推荐，只有 32.3％的用户主动上视频网站观看（表 3-8）。大部分用户是通过搜索引擎导流到视频网站，这说明两点：视频网站内容同质化高；主要渠道依赖百度等搜索引擎。因此，2010 年爱奇艺决定利用百度作为视频入口。

**表 3-8　2009 年 DCCI 用户行为调研(表格来自:2009 年 DCCI 报告)**

| 用户通过什么方式看视频 | 比例 |
|---|---|
| 通过搜索引擎 | 71.6% |
| 别人介绍和推荐 | 53.9% |
| 通过视频网站站内搜索 | 43.8% |
| 浏览别人的博客发现 | 41.6% |
| 主动上视频网站看 | 32.3% |
| 通过其他网站链接/推荐 | 26.3% |
| 通过广告知道 | 25.5% |
| 通过下载软件 | 22.2% |
| 其他 | 11.0% |

(3)分析用户痛点,对用户选择视频网站的因素排序。从分析结果,对用户选择的原因进行需求排序(注:数据为重要度得分,0～5 重要度由低到高,0 完全不重要,3 一般重要,5 非常重要)。从结果可以看出,播放流程和画面清晰度高这两项,在用户选择视频网站的原因中排名第一和第二,这说明用户更需要高质量的观看体验,用户的真实需求是更流畅、更清晰(表 3-9)。优酷牢牢抓住用户的痛点,从上线开始就投入大量资金购买带宽和优化播放质量,满足用户真实需求,提供更好的观看体验,最终超越土豆,并购了土豆网。

**表 3-9　2009 年 DCCI 用户选择调研(表格来自:2009 年 DCCI 报告)**

| 用户选择视频网站的原因 | 比例 |
|---|---|
| 播放流程 | 4.52% |
| 画面清晰度高 | 4.41% |
| 内容免费浏览 | 4.25% |
| 内容更新快 | 4.22% |
| 分类合理,操作方便 | 4.16% |
| 内容配有能看懂的语言字幕 | 4.14% |
| 内容全面丰富 | 4.13% |
| 声音清晰,现场感 | 4.12% |
| 视频搜索好用 | 3.97% |
| 视频拥有合法权 | 3.68% |
| 网友原创相互分享 | 3.36% |
| 视频作者来自知名机构品牌 | 3.26% |

7.用户分级

用户分级基于 20%核心用户创造了 80%价值的理念,对用户进一步的识别和定义,为后续的产品(服务)设计和运营打好基础。可以通过 RFM 模型三要素——R(Recency) 最近一次消费，F(Frequency) 消费频率，M(Monetary) 消费金额，以及忠诚度(黏性和活跃度)和传播度(自传播程度)两个元素对用户进行分级。一般原始数据为 5 个字段：客户 ID、购买时间、购买金额、忠诚度和传播度，用数据挖掘软件处理[①]，加权(考虑权重)得到 RFM 得分，进而可以进行客户细分。对客户等级分类，从而把用户确定为三类：①无效用户：对产品认可度不高，也不主动传播。②目标用户：目标用户分两种情况，一是对产品或服务认可，忠诚度高，但不主动分享；二是兴趣不在产品，贪图奖品，但分享和传播非常给力。③忠实用户：(粉丝用户)频繁使用产品(服务)，传播力度大、速度快的用户。例如，滴滴出行在用户补贴时非常精准，根据用户在订单行为中使用券的比例，把用户分为价格敏感和不敏感的用户。不敏感的用户减少补贴，因为补个十元用户完全没有感知。敏感性的用户在有补贴的情况下，能明显提升打车的活跃度。网易游戏的运营会根据玩家在游戏里的花费情况，将玩家划分为大 R、中 R、小 R 和非付费玩家，设立专门的客服团队来服务好大 R 们的特别需求。

### （三）描述用户需求

描述用户需求也称为用户画像，是将产品(服务)的用户具体化、形象化，让产品(服务)团队的成员更好理解产品的用户，从而在设计过程中可以根据具象化的用户特点设计产品。用户画像，根据用户是谁、用户希望以及用户使用过程这三个目的，把用户画像分成三种应用场景，然后用“一个文档、一张画像、一个故事”的方式完成用户需求描述(图 3-7)。

女性电商类产品用户画像

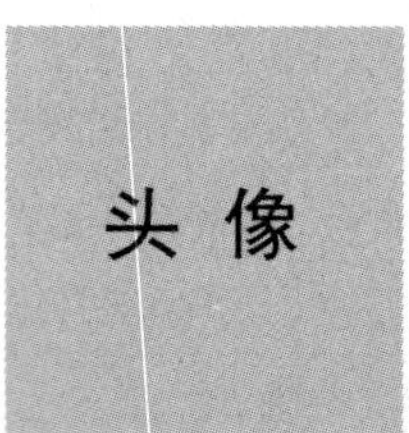


姓名：张小美
年龄：26
职业：白领
爱好：网购，喜欢海淘各种化妆品、衣服等，经常上各大海淘网站或者使用各种海淘App进行海淘

使用场景：
小美在上班路上、工作休息时间使用App查看喜爱的产品
可以查看其他用户的购买评价和使用体验，满足自己要求后会下单购买

用户故事：
小美并不是经常知道自己想买什么，更多的时候还是希望发现别人都在购买什么，通过其他用户对产品的使用体验从而决定自己是否购买。登录App后可以发现其他用户购买的体验分享，查看分享觉得还不错，点击进入产品详情查看产品详细信息，对产品感到满意后会在产品详情页下单购买

**图 3-7　用户画像(图片来自：互联网截图)**

值得注意的是，用户画像并不只是代表一个具体的用户，而是代表具有相同特点的一类用户。用户画像的目的是让团队中其他成员更明确用户特点以及行为习惯，为产品设

① 目前数据分析软件品类众多，大抵根据针对性和通用性进行分类。在这里介绍 5 种免费数据分析软件，供大家选择使用。Orange 功能是数据分析和可视化；RapidMiner 是一个独立的工具，也是一个数据挖掘引擎，可以用来集成到你的产品中；Weka 是一种基于组件的知识流接口，可以处理一个数据库的查询结果；JHepWork 主要是为了科学计算用的二维和三维的制图；KNIME 是一个数据集成、数据处理、数据分析和数据勘探平台。

计、研发提供辅助参考。对于以用户研究为目的的用户画像构建，在构建前期要明确目的，根据目的收集相关的用户信息。在用户画像构建完成后，要根据用户画像去发现这一类用户群体，并提出具体方案为这一类群体进行服务。

### （四）验证用户需求

在市场不确定的情况下，贸然倾全力投入资金大规模地进入是很危险的。验证产品（服务）是否可行，可以通过使用最小化可行产品（服务）MPV（Minimum Viable Product）来完成。这个概念是硅谷作家埃里克·莱斯在其创业学著作《精英创业》中提出的。[①]

最小化可行产品是指将产品原型用最简洁的实现方式开发出来，快速投放市场让目标用户使用，然后通过不断地听取反馈价值信息，对产品原型进行优化，尽早达到符合市场的状态。最简洁的产品（服务）原型可以是界面设计图，可以是带有简单交互功能的原型，可以是一段视频、一个公众号等。其优势在于节约成本、调转灵活，能够直观地被目标用户感知到，有助于激发真实意见。帮助解答产品（服务）开发中最重要的两个问题：一是这款产品是否能够满足用户的需求？二是用户是否愿意为产品买单？例如，"悠泊"是一家致力于解决停车难问题的代客泊车服务，在将产品构想落实成移动应用之前，他们花费了一周时间开发出了微信 MVP，提供了四个基本功能，即"一键停车""我要取车""查看车辆状态"以及"绑定手机号"，邀请了公司内部和邻居公司的所有有车一族来体验，并通过一周时间收集和处理这批种子用户的反馈。产品（服务）得到优化后，他们举着印有微信公众号二维码的牌子到特别堵车的医院门口去招揽真实用户试用。结果，第一天就在朝阳医院门口接到了 10 个订单。微信成功地扮演了简易入口的角色：几乎人人都安装，个个会扫码，关注一个服务号的操作成本近乎为零。通过微信的快速验证，客户群体的特征渐渐显现：开 30 万以上车型的用户占比很高，约为 70%。令悠泊团队喜出望外的是，这些早期用户们普遍反馈很好，都希望类似的服务能够常驻医院门口，以消除他们开车来医院的"停车恐惧症"。至此，悠泊才正式将微信上的 MVP 开发成了原生的 App 应用。

## 二、用户获取

用户获取阶段也通常被称为"冷启动"阶段，在新媒体运营中，是指产品之初尚未形成完善的生态体系和足够多可消费内容的情况下，从零开始导入第一批用户和制造内容的过程。早期用户的获取并不是盲目的，而是要在扎实做好用户需求的基础上，筛选出第一批的种子用户。高质量的用户加入和建立充足的数据沉淀，可为日后发展奠定良好基础，而一旦冷启动解决不好，很可能埋下后续运营的隐患。例如，我们之前提到的小米，它早在手机推出前，就通过发布 MIUI[②] 积累到一批种子用户。当时小米从竞品的网站精心筛

---

① 范冰.增长黑客：创业公司的用户与收入增长秘籍[M].北京：电子工业出版社，2015.

② MIUI（米柚）是小米科技旗下基于 Android 进行深度优化、定制、开发的第三方极受手机发烧友欢迎的 Android 系统 ROM，专为中国人习惯设计，全面改进原生体验。

选并主动邀请来一批人，请他们试用仍在不断完善中的 MIUI，听取反馈意见，并将他们留在自己的论坛里。2010 年 8 月 16 日，MIUI 第一版内测正式开启时，小米特地将这 100 个种子用户的 ID① 写到了开机画面上以表达谢意。这 100 个用户被小米亲切地称为“100 个梦想的赞助商”，还以此为题材专门拍摄了微电影。这为小米用户爆发式增长及销售收入的快速提升奠定了扎实的基础。

用户获取是一项劳心劳力的系统工程，这项工程方法、渠道众多，而且最终效果因人、因情景各有不同。因此，照搬以往有效的方法，可能会不适合具体产品（服务），而需要不断地尝试和创新。在本书中，介绍一些比较常用且曾经在具体产品（服务）中用户获取效果明显的方法和渠道，供大家在具体产品（服务）需求分析的基础上选择操作。

### （一）走访和了解用户

走访和了解用户是传统营销中最广泛使用的方法，它是一件复杂困难的事情，但确能与用户进行面对面的交流，掌握用户的真实需求。从走访用户做起，同时也是走进用户内心的过程，是将用户视作活生生的个体，通过面对面的沟通，吸纳意见并获得鼓舞，帮助许多初创公司走过了从零开始举步维艰的阶段。例如，网易旗下的有道云笔记，在推出协作版产品时首先拉来公司内部的 50 个员工每天高强度使用，不断提需求和反馈问题。在产品形态初见端倪后，他们又发布了小范围使用版，邀请近百位意见领袖和旧版本的核心用户体验。随后的公测版正式对外发布阶段，有道云协作团队制作了一个审核流程严格的内测邀请页面，通过论坛和邮件抛出橄榄枝，一天之内收到了 14 000 多个参与测试的请求。所有获得邀请的用户在专门搭建的反馈协作群里提问质询，接受产品经理和技术人员的实时回复解答。这批种子用户后来成为有道云协作的义务推广员，就连骨灰级的竞品用户最后也纷纷选择倒戈。

### （二）社交红利引爆用户

社交红利就是指利用种子用户进行从分享到转化再到分享的链接式反应，这是大部分产品（服务）在冷启动时的重要命题。社交红利是借助社交网络链，利用六度分隔理论，即每个用户能够直接覆盖、影响的好友（亲戚、朋友、同学、同事）称为一度，再通过 6 个人可以找到任何一个陌生人，形成节点。② 当节点与社交网络完成连接，就会引爆整个网络获取到大量的用户。例如，杏仁医生于 2014 年 9 月开始运营，2015 年 1 月就获得了近 7 万名医生注册，这款产品很有效地完成了社交网络与节点的连接，形成了 12 度甚至更多的社交链（图 3-8）。

---

① ID 是指身份标识号码。

② ［美］艾伯特-拉斯洛·巴拉巴西.链接：商业、科学与生活的新思维［M］.沈华伟，译.杭州：浙江人民出版社，2013.

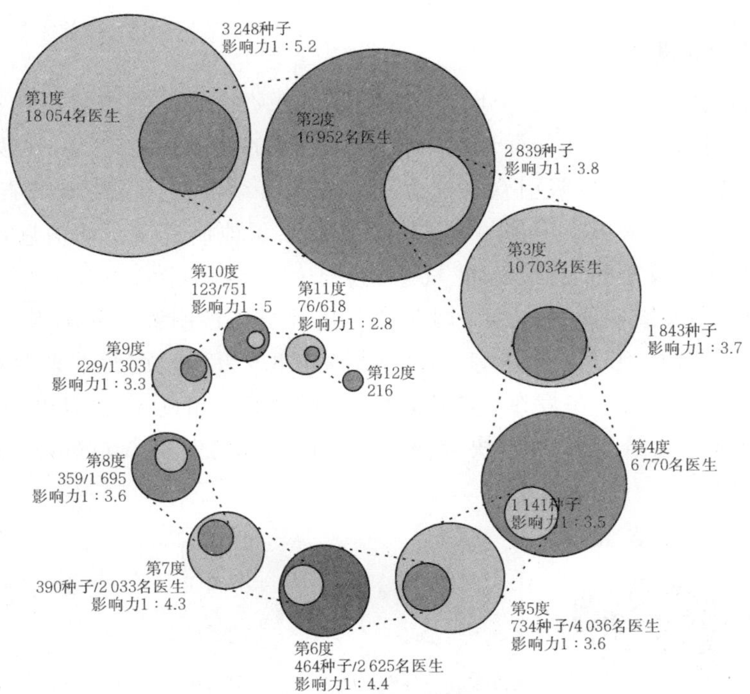


**图 3-8 杏仁医生用户分享及转化分析图(图来自:徐志斌《社交红利 2.0——即时引爆》)**

从图 3-8 中,我们可以看出,杏仁医生启动扩散的第一度是 18 054 名医生,他们来源于微博导入及之前各种渠道积累下来的种子用户。当第一度他们开始分享信息后,其中 3 248 名好友进行了第二轮的分享,带来了 16 962 名新医生的注册,平均每人影响了 5.2 人。新医生的注册中有 2 839 人进行分享,带来了 10 703 名新医生……链式反应不断进行,直到 12 度以后还在继续。由此,就实现了 4 个月 6.6 万的用户量。这就形成了我们所谓的病毒式传播,引爆用户增长。[①]

### (三)数据抓取

数据抓取是用来替代人工采集和标准化数据录入的有效方法。在获取用户过程中,数据抓取可以从竞品和其他相似产品(服务)中获取价值信息或用户。当然在进行抓取前要再三思考,以防侵害他人权益。例如,“追 TA”是一款移动交友产品,在冷启动阶段花了两三天时间才凑足几十名种子用户,而如此少的用户根本无法让产品动起来。为了尽快让现有用户玩起来,运营者们决定通过数据抓取技术从其他平台抓取一批照片,虚拟成真实用户的样子放到应用里。经过一番寻找,他们找到了一款将微博作为展示平台的 K 歌应用,通过抓取命令,从微博上下载了 10 000 多张用户照片,再通过人工筛选剔除不适合的照片后,将其上传至服务器,虚拟成真实用户,作为给种子用户体验产品的测试数据。

当然,数据抓取的能耐不仅仅在于搜索照片,它还可以通过用户行为分析和发现种子用户,进而进行用户转化。可以说它是一种比较高效、快捷的方法,但相对门槛比较高,需要专业的技术人员进行操作。

---

① 徐志斌.社交红利 2.0——即时引爆[M].北京:中信出版社,2015.

### （四）讲一个用户爱听的故事

故事是能够帮助我们理解这个世界文化意识的重要资源。故事能够栩栩如生地描述让人着迷的时尚情怀，快速而便捷地向人们提供大量的商家信息。一个很好的故事甚至不需要做任何的促销就可以吸引众多注意和顾客的持续消费。故事既节省了时间，也节省了精力，以一种人们最容易记住的方式向人们提供了他们最需要的信息。[①]例如，“伟大的安妮”在其微博上发布的《对不起，我只过1%的生活》组图（图3-9），迅速发酵走红，随后很快扩散到微信朋友圈，短短的一天，两大社会化网络均被刷屏。截至当天，该图在微博上已累计转发了43.69万次，点赞34.73万次，评论8.9万次。而其带来的转化也相当惊人，“伟大的安妮”于当日下午发布微博称，这篇文章已经有超过6 000万的阅读量，有超过30万的用户下载了她创业开发的“快看漫画”应用，该应用也在App Store里最高时冲到了免费榜榜首。

**图3-9　陈安妮画图组《对不起，我只过1%的生活》（图来自：微博截图）**

---

① [美]乔纳·伯杰.疯传：让你的产品、思想、行为像病毒一样入侵[M].乔迪，王晋，译.北京：电子工业出版社，2014.

### （五）优化搜索引擎和应用商店

搜索引擎(Search Engine)是指根据一定的策略，运用特定的计算机程序从互联网上搜集信息，在对信息进行组织和处理后，为用户提供检索服务，将用户检索的相关信息展示给用户的系统。87%的用户会利用搜索引擎查找需要的信息，70%的搜索者会直接在自然排名的第一页找到自己想看的东西。排序越靠前，优势越明显。利用搜索引擎的排序规则，通过人为手段来干预页面排名的手法，称为搜索引擎优化，它能获取更多自然流量，带动自我增长。常用的搜索引擎优化方式包括提高关键词的密度和权重、增加长尾关键词数量、建立外链、优化页面结构、付费收录和购买排名等。[①] 例如，2014 年上半年，Twitter 的产品总监特莱沃·奥布雷恩组织团队对站内的搜索引擎友好度进行了优化，定期自动将一段时间内最热门的 5 万余个标签(Hashtag)提交给搜索引擎。这项优化让站外未登录(包括未注册和注册后登出)用户的访问量提高了 9 倍，从 750 万人骤升到了 7 500 万人。

应用商店优化是指通过一些方式提升 App 在各大应用商店的搜索排名，类似于移动 App 的搜索引擎优化。主要有榜单优化、搜索优化、关键词优化、转化率优化等几种方式来达到提升排名。例如，应用“大姨妈”在 App Store 中的应用副标题里堆砌了这样一串文字：“痛经必备怀孕美妆颜秀秀恩爱奇 PPS 减脸拍淘艺宝预产期肥搜酷辣 q 图必备携萌妈妈狐帮东 q 百腾微乐我小清新万年日历频闻优迅度雷私情感程视食社区丽酷内涵谱时尚 q 壁纸”。普通用户根本看不到(也不会想去看)这串副标题，却是著名品牌名称的重组。其中隐藏着关键词搜索的机密，当用户搜索“爱奇艺”时，实际上搜索引擎反馈的是同时包含“爱”“奇”“艺”三个独立关键字的结果，那么“大姨妈”会出现，同理，当用户搜索淘宝时它也会出现。于是“大姨妈”利用了副标题中堆砌的这组被打散重组的产品名称，实际上起到了与标准写法几乎等同的搜索匹配效果，从而巧借东风，吸引到了额外的搜索流量。

### （六）免费增值

免费增值是指通过向用户提供免费内容或者补贴价格来实现两个目的：向用户销售另一种利润更高的产品；向第三方(比如广告商)销售用户数据的一种商业模式。常见的三种运营模式：永久免费模式，没有付费服务，[②]以广告盈利，如谷歌和 Facebook；会员付费模式，有永久免费的基础功能，用户也可选择付费使用增值服务，获得更高级的功能或更高的用户权限，如优酷；限免模式，在限定的时间内免费，或限定功能免费，例如，微软就使用了限免模式，微软通过 Twitter 宣布发布 iPad 版的 Office，发布仅一周，iPad 版 Office 下载量达到 1 200 万次，成为苹果 iOS App Store 应用商店中人气最高的应用。微软 iPad 应用采用免费增值模式，用户可以免费使用基本功能浏览文档，但付费购买 Office365 服务才能对文档进行编辑。

---

① 范冰.增长黑客：创业公司的用户与收入增长秘籍[M].北京：电子工业出版社，2015.

② 区块之巅.免费增值：起源、使用及如何更好地使用[EB/OL].[2017-5-4].http://www.woshipm.com/chuangye/652958.html.

### （七）捆绑下载及嵌入代码和小部件

安卓的第三方应用中心市场竞争非常激烈，百度手机助手、360手机助手、应用宝、豌豆荚、金山手机助手、安智等，而且现在几乎每个安卓手机厂商都有自己的应用中心，用户能下载App的渠道非常多。不少厂商把应用中心当作一个入口，所以就拼命地推广自己的应用中心，甚至不惜用上了流氓的捆绑手段让用户下载使用。例如，豌豆荚巧妙地通过用户在找的应用来顺势推广自己的客户端产品，在满足用户原本的需求之余，帮助豌豆荚发现了更大的天地。豌豆荚设计的流程是：当用户在手机里搜索到豌豆荚网页上的一款应用并点击下载时，会先将豌豆荚的移动客户端下载到用户手机上，再在豌豆荚的移动客户里自动开始下载用户想要下载的该应用，也就是俗称的"捆绑下载"。[①]

Gleam[②]通过广告及第三方平台获利，为了获取更多的新增用户实施了推广计划，只要用户愿意在自己的网站上添加他们的推广代码，即挂出带有"Gleam强力驱动"标志的小挂件（图3-10），就能享受月费优惠，甚至免除全部费用。现在，这套基于小挂件的推广方案每月为Gleam带来了1 500万次曝光量。顺着链接点击到达网站的用户占比为0.6%，在这当中又有3.88%的人完成注册。该计划成为Gleam新增用户来源最大的贡献者，其占比达到日新增注册用户总量的30%。

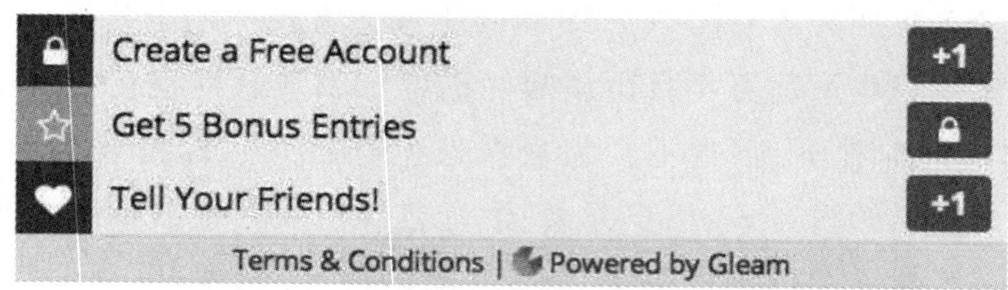


**图3-10 Gleam提供的小挂件（图来自：互联网截图）**

### （八）线下活动

除了寻找线上的宣传渠道，某些互联网产品因其覆盖人群特点和本地化特征，更适宜采用地面推广的方式。常用的地面推广策略包括派发传单、投放线下广告、设置摊位搞有奖活动等。该部分将在活动运营章节中进行详细的讲解。

## 三、激发用户活跃

用户活跃，其实就是要让用户积极使用产品（服务）并积极参与跟产品和其他用户的互动。用户活跃可以用来衡量服务的用户黏性以及服务的衰退周期，是用户运营的一个重要指标。那么，如何激发用户活跃度？常用的策略和方法主要有以下六种。

---

① 朱帝.移动App推广的6种流氓手段[EB/OL].[2014-9-29].http://www.woshipm.com/operate/109327.html.

② Gleam是美国的一家在线营销平台提供商，为中小型企业提供创建便于电脑和手机端访问的营销活动页面的服务。

### （一）调整准入门槛

提高准入门槛。对于拥有稀缺内容或者优质内容的产品（服务），可以采用抬高用户的准入门槛的方法，通过设置护城河、用户分级，让真正需要内容的用户进入，让不是真正需要内容的用户离开，不仅可以保障用户的荣誉感，也能让进入的用户的积极参与度得到提高，活跃氛围。该方法适用于个性专业产品（服务）或高端人群。

降低准入门槛。降低准入门槛可以使产品（服务）简洁，让用户不用花费大量的脑力、时间和费用便可轻松使用和操作，从而让更多的用户参与到产品（服务）中，并及时对用户需求做出反应和回馈。[①] 例如，新浪微博是通过140字限定，让用户发现其实制造内容并不是一件非常困难的事情，从而使微博这种形态与过去的博客形态分离，让用户发现制造内容的门槛其实很低，只要在规定字数内表达出自己的观点，即可以生成一条内容。通过关注、拉黑等功能让不发表内容的用户也有事情做，通过转发、@、评论、私信以及后来加入的点赞，来让不同类型的用户都有适合自己的动作。再如，2017年8月7日，摩拜单车宣布在全国超过150个城市推出新用户免押金试骑活动（原押金299元），即新用户通过微信小程序注册摩拜单车账户，即可参加“免押金试骑”，每周享受5次免押金骑行。致使QuestMobile[②] 数据显示摩拜单车周活跃用户量达2 625万，App使用次数达到23 313万次。易观[③]数据显示，摩拜单车日活跃用户量达855万，摩拜单车日活跃用户量单月增幅达31%，领先ofo小黄车67%。

### （二）A/B测试

A/B测试是物理学的“控制变量法”，即提供两个方案，设定一个变量并排除其他干扰因素进行测试，筛选出最优方案的方法。简单来说，就是为同一个目标制订两个方案，让一部分用户使用A方案，另一部分用户使用B方案，记录下用户的使用情况，确定其变化对用户转化率或者收益的影响。多用于测试和评判如何排除收益季节因素、市场环境因素的影响以及页面改动与收益关系等。

西医（现代医学科学）首先引入了A/B测试的方法来验证新药的疗效。新药的验证可能是这样一个流程：100位患者被测试医生悄悄划分为A、B两组，注意，患者自己并不知道自己被分组，且A、B两组患者的健康情况应该是接近一致的；A组患者将会得到试验新药，B组患者将会得到长得和新药几乎一模一样的安慰剂；如果最终A组患者比B组的疗效更好，才能证明新药的药效。那么对应到产品（服务）里，A/B测试的方法就是将产品的用户流量分割成A/B两组，一组试验组，一组对照组，两组用户特点类似，并且同时运行。试验运行一段时间后分别统计两组用户的表现，再将数据结果进行对比，就可以科学地帮

---

① 范冰.增长黑客：创业公司的用户与收入增长秘籍[M].北京：电子工业出版社，2015.

② QuestMobile成立于2014年，专注于移动端大数据商业服务，尤其聚焦移动App及移动用户行为数据拾取、分析研究。

③ 易观是易观国际推出的基于新媒体经济（互联网、移动互联网、电信等）发展研究成果的商业信息服务平台，兼具信息可视化、数据模型化、分析工具化、内容定制化与解读互动化等亮点，提供可信、可靠、可用、成本有效的商业信息。

助决策。比如在这个例子里，50%的用户看到 A 版本页面，50%的用户看到 B 版本页面，结果 A 版本用户转化率为 23%，高于 B 版本的 11%。在试验流量足够大的情况下，我们就可以判定 A 版本胜出，然后将 A 版本页面推送给所有的用户。

使用 A/B 测试，可以将产品的优化过程看作两个阶段。第一个阶段是后验阶段，即通过统计分析目前的用户行为和系统指标来判断产品（服务）的哪些地方可以做改进，如注册页面流失率太高需要优化，购物车报废率太高需要改进。第二个阶段就是试验阶段，尝试改进这些产品的薄弱环节。如是否可以在注册流程里增加一个送优惠券环节，是否可以精简一下购物车付款的流程，要不要改写文案，要不要替换图片等。这就需要对可能的决策进行 A/B 测试评估，只有那些被试验数据证明了真正有改进效果的决策才会被真正实施。例如，Google 每个月从上百个 A/B 测试中找到十几个有效方案，月营收提 2%左右，10 亿美元的规模广告位左移一个像素带产生 3%的营收，左移两个像素带产生 1%的亏损等。再如，滴滴出行在滴滴司机招募的着陆页上（图 3-11），通过尝试不同的设计和文案，使得注册率提升了 20%以上。

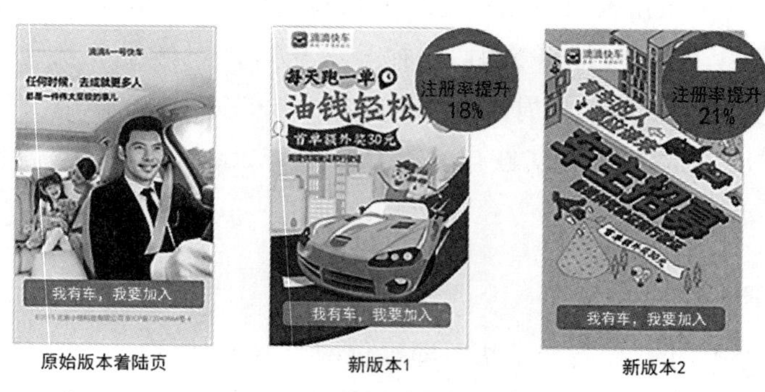


**图 3-11　滴滴司机招募页面（图来自：滴滴截图）**

## （三）持久补贴激发用户活跃度

返利和补贴是激发用户活跃度屡试不爽的惯用伎俩，二者的区别在于，前者是直接给出优惠条件，后者则是需要顾客先行付出，再获取一定的好处。补贴不仅能在短时间内影响用户的单次决策，还能在更大的时空范围内逐渐引导和改变用户习惯。最简单的补贴形式无非是线下玩法到线上的简单平移，即对用户消费后的直接返利。例如各大电商网站挂出的“买满 99 元送 10 元优惠券”“电子书全场 5 折起，买两本可免费获赠一本”。在此基础上，衍生出一种限期使用的优惠券，即当天消费获得优惠券并不能马上用来买新的东西，而必须等到未来的某一时间才能生效。例如在美团消费后，会收到一张限于一天后或一周内使用的现金优惠券，它试图通过赠送优惠券来促使用户在一周内再次在美团消费。

运用补贴激活用户活跃度，并改变用户习惯最具代表性的是滴滴出行和快的打车服务。2014 年滴滴出行与快的打车两家服务提供商竞争之初，首先运用了简单的补贴方式，对用户单程打车补贴几元乃至十几元不等的代金券，对司机除了每单 7 到 20 多元的补贴外，每天还能从打车软件那里获得 150 元的额外补贴，迅速让传统的线下打车市场接受了这种全新概念的服务。而如今，打车补贴虽越来越低乃至宣告取消，市场早已经被教育成熟，新的补贴方式开始出现，即打车红包。与此前直接补贴给用户的不同，打车红包并非直接存入用户的账户，而是必须分享到微信朋友圈或某个好友，给别人抢走及使用。相较于现金补贴，红包补贴的本质区别在于其具有通过关系链进一步传播的能力，有助于让种子用户引来更多的潜在用户，同时加强了参与感与荣耀感。红包的玩法逐渐也成为电商网站补贴用户的标配，如蜜淘网黑色星期五的海外购物节推出了1元、5元、10元、1 128元不同金额的随机红包大转盘，天猫双十一购物节的好友“合体红包”等。另外，也有综合了现金补贴与红包补贴两者所长的玩法，比如微信钱包里的优惠券卡包。用户通过各种形式获得的折扣券、代金券、团购券都存放在这里。最重要的是他们不仅能够自己用，还可以拿来“赠送给朋友”。这种送人和自用两相宜的优惠券，给了用户更多选择，也避免了过期造成的浪费，更将经济范畴的交换行为上升到了情感层面的交流互通。

### （四）自助激励

自助激励是指给出简单而清晰的目标，让用户主动寻找属于自己的游戏或社交，激励并逐级实现活跃的方式，其特征为目标清晰、规则明确、及时反馈和自愿参与，如在竞技场中获得更高排名，在社交平台获得更多点赞等。[①] 这包含了产品（服务）价值本身之外的另一重体验，即参与感和成功的激励。例如，星巴克在2012年初推出了“星成就”会员的成长体系：初次申请时的注册账户为“银星级”，可享受三张买一赠一的亲友券、一张早餐咖啡邀请券和一张免费的升杯邀请券；消费满五次后即升为“玉星级”，与之对应的奖励是一张生日邀请券和三张咖啡邀请券；最高等级为“金星级”，需要消费25次才能取得，不仅能获得专属金卡，还在银星级基础上增加周年庆邀请券和重复购买奖励等。它不仅通过品牌调性塑造和传递出身份认同感，更重要的是通过一种类似游戏里“打怪升级”的任务机制，牢牢将顾客绑定在自己的门店，心甘情愿地为某种可能超出原始意愿的目标而采取行动。再如，滴滴出行配有300多人的算法和数据处理团队，每天实时分析和匹配海量的用户打车数据。滴滴出行会对司机的用户画像进行分析，了解他们的使用行为，如经常出现的地点、交班的时间、在哪种情况下会拒单等。分析发现，某些场景下司机们普遍不太愿意接单，为此他们设计了新的激励系统“滴米”。司机在接单时，系统会根据这一单的难易程度来增减滴米，受欢迎的好单子会扣除滴米，而像上述存在一定难度的单子则会奖励滴米。司机的滴米越高，越能享受到官方的政策倾斜，获得更好的接单机会。通过这个类似游戏中积分的制度，滴滴出行可以优化某些场景下的实时交通状况。

### （五）脚本自动化运营

脚本自动化运营是指在产品（服务）早期，用户来源尚未稳定，但为了尽快让用户达到一定规模，并建立起对等友善的信号，而编写脚本开发“机器人”，自动替运营团队模拟成

---

① 网络营销翔子.互联网+时代社群运营4个基本原则[EB/OL].[2015-8-18].https://www.admin5.com/article/20150818/617240.shtml? utm_source=tuicool&utm_medium=referral.

用户，扮演玩家或采取的类似创建“马甲”自问自答的做法等。[①] 例如，2013 年下半年豌豆荚打造的贴吧神兽。贴吧神兽为自动聊天机器人，它能说善道，在帖子下评论盖楼，与网友互动。早期的贴吧神兽不仅能为用户查天气、搜应用、讲内涵笑话、回复诸如“待我长发及腰”这样的话题，还具有神奇的学习能力。在短短的一个半月内，贴吧内每日有 15 万个帖子产生，贴吧内会员也达到了 5 万人。11 月 12 日，贴吧神兽再度升级，推出了两个新功能：测试自己的贴吧 ID 和 QQ 号究竟有多值钱。新功能让贴吧神兽在实用之余更具娱乐性，一个月内，这两个功能累积被试用了 300 万次。之后的每个月，贴吧神兽就会升级一个版本。随后陆续推出的功能包括发帖量查询、漂流瓶、圣诞送祝福、签名图定制、壁纸搜索等。这些功能均获得了上百万次到数千万次不等的使用量。脚本自动化运营成功地解决了人工运营内容和互动的产出量的瓶颈，目前被大量的产品（服务）使用。如微博中频繁出现的连转发带评论的“僵尸粉”；交友应用无论到哪里都有长相俊俏的异性在线，哪怕身处荒郊野外、深山老林；招聘网站上时不时有神秘猎头或用人单位发来私信，交钱加入会员之后却发现那些消息都不见了；刚上线几天的众筹服务，赫然已有几十万用户贡献了超过千万的交易额，甚至在游戏里玩家会根据游戏行为和付费金额的特征被划分到不同的组别，进入专门为其量身定制的“副本”世界。在这个模拟的环境里，看到的其他在线玩家实际上都是通过数学建模与人工智能生成的机器人，玩家的行动都被精确地算计与实时地配合着，当系统发现玩家战斗屡遭失败，信心受到打击时，就会在下一场战役中派出较弱的杂兵；当系统发现玩家乐于为低等级的女性免费赠送武器装备时，就尽可能在玩家周围分布多一些女性“机器人”，以此激励用户充值付费。

### （六）制造观念冲突

这是一种比较有风险的做法，同时也是一种能够在短时间内制造出用户活跃和用户引入的做法。通常这一套运营方式是利用社会热点，形成多种不同角度、不同立场的初始内容，然后通过手段，让认同不同观点的用户发现彼此，并制造出冲突，从而引发用户的站队。例如 2012 年初的方韩大战，即方舟子质疑韩寒代笔事件，结果引起了大量网友的关注，这场论战的结果是微博火了、论坛火了、门户网站火了，甚至斯巴鲁汽车也火了。至此，很多产品（服务）都频繁使用这一方法让用户活跃度有了不错的提升。

## 四、增大用户留存

用户留存是一个相对于用户流失的概念。用户留存是指那些机缘巧合下使用了产品（服务）的人群，留下来不断光顾且持续带来价值；用户流失则是用户一段时间后兴趣减弱、逐渐远离直至彻底丢失。任何一款产品都会出现用户流失，是用户新老交替中不可避免的，用户流失与用户留存的比例和变化趋势能够说明产品（服务）满足用户的能力和在市场中的竞争力。造成用户留存率低的原因可能有这么几种：程序存在漏洞，性能瓶颈，

---

① 范冰.增长黑客：创业公司的用户与收入增长秘籍[M].北京：电子工业出版社，2015.

用户被频繁骚扰，话题的热度减退，出现更好的替代品和其他因素（游戏通关、设备遗失、需求不再存在、产品生命周期终结等）。那么应该如何增大用户留存？下面将围绕这些原因提出几个用户留存的方法。[①]

### （一）提升用户体验

用户体验的核心思想就是以用户为中心，考虑用户使用产品的感受和体验。基于用户视角改善产品（服务）的性能以提升用户的体验，就能够将用户留在产品（服务）中。提升用户体验的方法和原则众多，本书主要介绍5个最重要的用户体验原则，分别是不强迫用户，不让用户思考，简单易操作，遵守用户习惯，超出用户预期。

#### 1.不强迫用户

不强迫用户就是让用户在使用产品（服务）的过程中有足够的自由，随时随地想用就用、想关就关。不要强迫用户注册，不要强迫用户升级，不要强迫用户使用。例如，MSN在2010年前是与QQ争夺即时通信市场的产品，它定位在办公应用上，功能设计方面做得非常优秀，但在运营过程中，微软却对用户不了解、不重视，强迫MSN用户注册使用Hotmail邮箱，如果是非Hotmail的注册用户，MSN需要重新验证，将注册账号修改为微软的Hotmail，否则就不能正常使用。同时，用户把个人资料、日常沟通、好友关系留在MSN上，结果却遭到强迫必须统一验证升级，否则停用，升级过程极其复杂，造成大量用户升级困难。此时，QQ以用户为核心，不在使用过程中对用户形成任何的强制阻碍。因此QQ得以击败MSN，独霸即时通信市场。

#### 2.不让用户思考

新媒体时代，产品（服务）的核心能力不是设计出多么炫目的产品（服务），而是应该设计出使用门槛最低的产品（服务），让用户在不需要思考的情况下便能使用，如任何一个3岁以上的小孩都能使用智能手机，这种没有任何学习成本、拿在手里就可以使用的产品，就是好的用户体验。用户在开始使用产品（服务）之前，已经形成了某种心理预期，他们希望在产品（服务）中尽快满足这种预期，而不是在产品中浪费时间。如用户对骑行类产品的预期就是尽快找到能用的车，对借贷类产品的预期就是尽快能借到钱，对修图类产品的预期就是尽快完成图片处理。那么，在产品（服务）的主要流程、核心功能的设计上就要遵循这一原则，尽快满足用户的核心诉求。而相反，看不懂、找不到、选择多都会导致用户进行思考，大大阻碍用户的留存与转化。例如，当你想要购买飞机票出行时，选择登录国航官网，不仅注册烦琐、页面信息杂乱，而且查询结果中，还有“享”“停”“PEK－SZX”（机场代码）“S”等特殊图标和专业用词，生涩难懂，需要停下来研究。而选择使用携程App，你会发现，不仅注册登录便捷、信息简单，提供比价以及快速购买、值机、退改签服务，还会推荐接机、住宿、景点门票等外出一条龙服务，自然你就更愿意留在携程中继续使用产品（服务）。

---

① 范冰.增长黑客：创业公司的用户与收入增长秘籍[M].北京：电子工业出版社，2015.

3.简单易操作

简单，主要是在产品结构、用户流程方面尽量简化，易操作主要体现在产品(服务)的交互设计方面。当我们了解用户需求后，为了全面满足用户需求，会不自觉地增加产品功能，这样做反而会让产品越来越复杂，导致核心功能弱化，用户迷茫。好的产品(服务)一定是最简单、最容易让用户理解和上手的，它需要产品(服务)的结构和用户流程简单、易操作、交互强。例如，360 的产品在用户体验方面做得非常好，360 安全卫士将核心功能描述为“立即体检”四个字(图 3-12)，产品功能让用户一眼就明白了，用“体检”而非专业术语“检测”，运用了形象的表述，让用户很容易与身体体检关联起来，很容易明白是给电脑做检查。同时，用户只需要点击“立即体检”后，不用管理 360 安全卫士就会自动对计算机进行全面的查毒、清理、修复、加速等工作，使任何一个识字的人都能轻松操作，因此用户更愿意持续使用 360 安全卫士，从而让其占据了电脑、手机监控的主要市场。

**图 3-12　360 安全卫士页面(图来自:360 安全卫士截图)**

4.遵守用户习惯

对于用户体验的研究，需要时刻记住用户不是专家，对于产品(服务)不会从专业角度理性判断，用户只会使用产品，从使用角度感性评价。

产品(服务)在最初决策时要十分谨慎，一旦功能上市，就很难被取消。在产品升级时，也尽量不要破坏用户的使用习惯，产品要优化，但不要一次性颠覆性改变，因为任何巨变都可能让用户因不适应而产生抱怨的情绪，从而离开选择其他的产品(服务)。尊重用户习惯，不破坏用户习惯是用户体验的重要原则，主要有两个方面需要注意:不破坏用户的视觉习惯和不破坏用户的使用习惯。例如，MOMO 陌陌 6.0 版本的改版是非常剧烈的，我们对比一下新旧版本的不同(图 3-13)。MOMO 陌陌打开默认界面就发生了巨大改变，由原来附近用户查找变成了附近用户动态展现，新版本增加了重要的聊天室产品，并将用户常用的查看好友动态放在了个人资料里边。整体看 MOMO 陌陌 6.0 版本可以说是“颠覆性”的改变，老用户升级为新版本后，会突然发现不会用了，要重新学习。这样巨大的使用体验的改变，对于用户的挑战非常大，直接破坏了用户的使用习惯。

**图 3-13　新旧版 MOMO 陌陌页面对比（图来自：MOMO 陌陌截图）**

5.超出用户预期

超出用户预期代表着不仅要更好地满足用户需求，而且用户体验要远超同类产品，用户使用感受超出用户原有的体验，让用户有额外的惊喜。这是产品（服务）设计以用户为中心，努力为用户着想，极致地追求用户体验的设计思路。例如，在百度的搜索框内写入周杰伦，百度的联想功能就会给用户与之相关的周杰伦歌曲、周杰伦演唱会等十条最热搜索提示。再说 360 安全卫士在超出保卫用户电脑的功能之上，设计了一个开机时间提示如“您的开机速度击败了全国 75％的电脑，您这次开机共用了 44 秒”，提醒用户再也不用傻傻地坐在电脑前等着开机，更不用不停地用鼠标点击桌面尝试能不能用。有了这个提示，我们可以去倒杯水，和别的同事说说话，44 秒后回来就可以正常顺畅地使用电脑。同时，“您的开机速度击败了全国 75％的电脑”的提示，把一个枯燥的开机过程变成了一种游戏，既满足了用户开机时间的需求，又满足了用户愉悦的需求。这种用户体验的设计超出了用户的预期，获得了用户的好感。

### （二）引导新用户快速上手

产品（服务）开发团队经常陷入一个误区，即以己度人地将自身对产品（服务）的了解代入到普通用户的认知中，想当然地觉得用户能理解产品（服务）的作用和操作方法，遗憾的是，绝大部分用户是一群慵懒忙碌的聪明人，必须让他们迅速上手，有事可做，否则他们的注意力很快会被其他更加简单有趣的东西吸引走。在此，比较常用和有效的方法是添加蒙版引导进行说明，可以有效地节约阅读时间，也更加容易被用户理解和吸收。[①] 例如，采用较为醒目的气泡或者箭头等指示性图形配合文字，直接标注在界面上进行说明（图 3-14）。

使用文字+箭头或者气泡框直接在界面标出要说明的功能点

**图 3-14　标注式蒙版（图来自：互联网截图）**

或是如 Issuu（一款聚合了全球各类热门杂志的阅读类应用）一样，为了留下更多版面来展现杂志的封面和内容，把一些针对书籍操作的功能隐藏了起来，通过蒙版引导上的手势图形得知，只需在封面上轻轻长按，这些功能就会立即显现（图 3-15）；以及 Rent The Runway（一款服装租赁应用），通过照片查找相似风格服装也是其功能的一项亮点。而它的蒙版引导就采用了图例对比说明的方式，告诉用户上传多大的衣服细节才能够使得搜索功能正常使用。而这样的尺寸把握却很难用极少的文字说明来表示（图 3-16）。

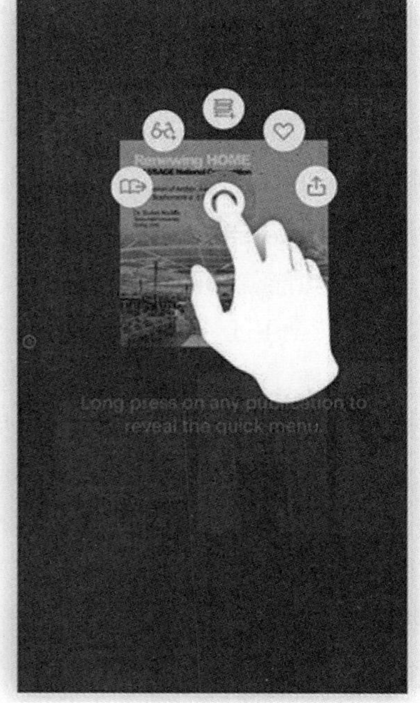


**图 3-15　Issuu 的手势蒙版（图来自：互联网截图）**

① 范冰.增长黑客：创业公司的用户与收入增长秘籍[M].北京：电子工业出版社，2015.

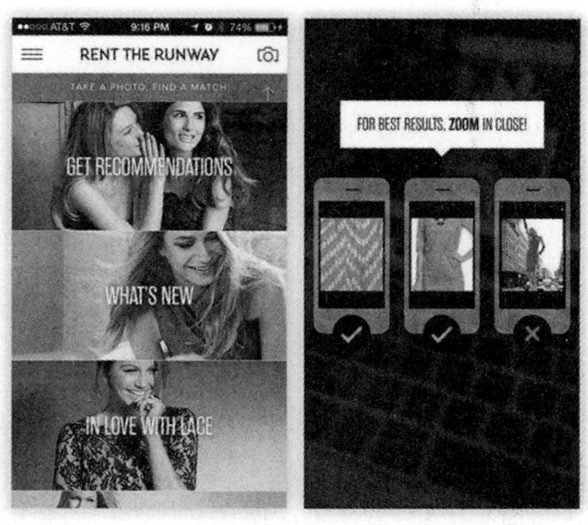


**图 3-16 Rent The Runway 的服装风格图示蒙版(图来自:互联网截图)**

### (三)社交绑定，让用户留下来

社交绑定是一个非常柔和且效果显著的用户留存方式,其核心是依赖于人与人之间的情感关系进行链接,这种链接关系能使用户自愿、自动地在产品(服务)中留下来,并积极地进行活动。例如,2013 年底至 2014 年初跨年之际,一款名为“全民飞机大战”的游戏登录微信、手机 QQ 游戏平台。这款游戏,一经发布即势不可挡,席卷全国。在游戏中,玩家扮演飞机驾驶员,依靠手势操作在天空自由翱翔,击杀敌人,其流畅的手感、华丽的弹幕、爽快的升级,都让玩家们欲罢不能。此外,游戏中的“合体”设计,即玩家可以进入好友界面,从自己的微信或 QQ 好友列表中选择一个好友,进入“合体”流程。选择强大的好友合体,不仅可以在游戏中增强自己飞机的火力,还会有好友的卫星机从旁辅助发射威力强大的导弹,有利于快速提高过关成绩,成为吸引玩家眼球的热门话题。玩家每天有三次免费合体的机会,合体双方都能获得额外分数奖励。这个策略延长了游戏的生命周期,那些原本因新鲜感过去而将要流失的用户,因好友“求合体”而被召回。当发现自己即便在离开的日子里也“躺着赚钱”收到了合体奖励,他们很可能被重新激活,再次成为全民飞机大战的活跃玩家。

### (四)设计唤醒机制

唤醒机制是指互联网产品中专为召回流失用户而设计的产品机制。常用的唤醒机制包括:电子邮件唤醒、消息推送通知、移动网页唤醒等。目前在新媒体中,最广泛使用的唤醒机制为消息推送通知。应用内的消息推送通知(Push Notification/Push Alert)机制是移动产品唤醒用户的有效手段。市场分析公司 Localytics 报告称:移动调研公司 Urban Airship 对 2 400 款应用以及 5 亿个推送通知样本进行调研后得出,使用推送通知的应用,日启动率可提升 540%,分享到 Facebook 和 Twitter 的内容量可提升 30%,通过推送通知进入应用的用户的平均使用时间,比普通进入方法的使用时长多 26%(在游戏上则高达 35%),6 个月内的留存率也更高。但频繁和不合时宜的推送也会造成用户的困扰和反感,甚至引发卸载。因此根据目标人群的使用场景,推送符合其兴趣和需要的优质内容,才能带来更高的黏性。

1.做有针对性的推送，让用户感兴趣或者觉得有用

推送应该要做到有针对性，建立用户数据库，按照年龄、喜好、地域、行为等进行用户细分。然后，把合适的消息传达给最适合的用户，做到精准的点对点推送，用户才更易于接受并产生兴趣。例如，一个健身App，想对广东地区的注册会员做福利活动，那么，只需要把信息通知推送给广东的用户就可以了，其他地区的用户收到这样的消息，没有参与的资格，就是打扰，只会引发反感。

2.写好消息推送的文案，增加用户点击欲望

推送消息先呈现给用户简短的几十个字的篇幅主题概述，用户是进一步点击该消息，还是直接忽略删除，取决于这个消息的内容吸引力。假如文案能够深入用户内心，引发共鸣，就会让用户有进一步了解的欲望，对整个产品(服务)产生好感，增加黏性；而假如文案相当敷衍，用户则会相当排斥和厌烦，最终可能使产品(服务)面临被卸载的命运。①

写好消息推送文案可以简单地概括为三个方法：借用时下热词，为避免文案过于生硬死板，可以适当运用当下流行的词汇，紧跟潮流，让消息更接地气一点；在文案中加上数字，用户对数字是相当敏感的，出现人数、促销价格、优惠金额、百分比等这些数字，简单粗暴，更具说服力，比如：满199减100，跨店满3件7折；适当加点小图标(表情包)，若都是文字，用户可能会看得比较沉闷，如果加入图片元素，会显得更加生动显眼。目前来说，一般都是以添加表情包为主。

3.消息推送的频率要适当，避免造成打扰

消息推送的频率很重要，这是关于度的把握，推送的频率要刚刚好，可以根据产品(服务)的属性特点以及用户的使用频次来确定。对于微信、QQ这种社交型产品(服务)，用户使用频繁，每天打开的次数可能是几十上百次，其推送聊天提醒消息，都是用户想立即收到的，因此，可以频繁进行消息推送。对于工具类的产品(服务)，用户通常一天使用一次，因此，消息推送最好也是每天一次的频率，甚至是固定好推送的时间。比如，天气类固定在每天早上推送当天的天气信息，让用户形成习惯，对其产生一定的依赖。

4.做好场景化消息推送，在最恰当的时间把消息推出去

消息推送应该做到场景化，这是因为人处在不同的生活场景下，对消息的接受程度和处理方式存在差异。在对的时间推送过来的消息，往往更能让用户接受；而不考虑场合时间的盲目消息推送，只会让用户反感。② 比如，晚上十一二点的时间发消息过来，并且不是紧急性的通知，直接影响到用户休息的心情。消息的场景化推送是要设身处地地站在用户角度，分析用户的使用习惯，以及在每一个时间段大部分用户所处的生活场景，并试想在当前的场景下，发送消息过去，用户是否有时间、有心情、有需要去看。例如，一款外卖App，主要面向上班人群。那么，分析一下就可以得知这个用户群的生活场景：周一到周五朝九晚五的8小时制，有时会加个班，得知用户使用高峰集中在工作日的上午10点

---

① 活动盒子.不干扰不过载，你的App消息推送也能打动用户！[EB/OL].[2016-12-8].http://www.woshipm.com/operate/493997.html.

② 活动盒子.不干扰不过载，你的App消息推送也能打动用户！[EB/OL].[2016-12-8].http://www.woshipm.com/operate/493997.html.

至12点，用户一般会在午休前订餐，这个时间段推送订餐优惠等消息，正好切中用户现时需要，无疑是最容易被关注并接受的。

## 五、促进用户转化

商业运营的本质是将用户的需求变现。一款产品或服务，从需求分析开始到内容建构再到用户管理等，归根结底都只是为了通过对用户需求的迎合与满足，采取适当的方式达到用户转化和变现。用户的转化是整个运营过程的核心目标，决定了整个产品或服务运营的成败。

用户转化包含两个内容：转化率和转化数。转化率是指真正产生消费的用户比例（公式：转化率＝有效用户/所有用户×100％）。这里所指的有效用户就是真正持续使用产品（服务）并可能为之付费的用户。转化数是指有效用户的具体数量。用户的转化，可以是一个环节，比如登录、点击、支付，也可以是很多环节组成的一个流程，比如电商的购买流程、理财产品的注册绑卡流程。[①]

用户要发生购买行为，需要产品（服务）单独或完全具有以下八种“比免费更好”的原生性特征[②]：即时性，付费解决等待问题，如排队等；个性化，付费解决自我独特需求，是一种对时间的消费，是创造者与消费者、艺术家与粉丝、生产者与用户之间的不断对话；解释性，付费解决理解和使用问题，例如软件是免费的，但是能适应你理解力的指导方式是非常有价值的，十分昂贵；可靠性，付费解决质量与安全问题，如免费下载应用，需要考虑是否有缺陷、是否为恶意程序或垃圾应用；获取权，付费获取简单便利，例如付费给优酷就可以很快看到你想看的视频节目，虽然这些视频也可以在百度中慢慢地搜索到；实体化，付费体验，如音乐是免费的，但观看演唱会是非常昂贵的；可赞助，付费表达喜爱、崇拜，例如直播的打赏行为；可寻性，付费提高效率、寻得价值，如免费版本的电子书可以在网络中找到，但读者还是会付费购买亚马逊的电子书包月服务 Kindle Unlimited，这是因为评论能指导他们找到自己想读的书。基于上述特征，究竟如何才能促进用户的转化？本书接下来将详细讲解四种最为有效的方法。

### （一）做好螺旋上升式的需求管理

用户需求是一切行为、一切结果之源，需求是需要心理与支付能力、行为的总和，因而，它包含了除需要以外的大量诉求。例如，我要买一部手机，希望它是正品、质量好、价格便宜、到货迅速、整个购买流程简单方便等，我们发现，此时用户除了“买手机”这个目标外，还存在大量的其他诉求，时间层面的、价格层面的、体验层面的等，如果我们把用户“买手机”这一明确目的称为显性需求，其他大量的时间、价格、体验等这些软性诉求则称为“隐性需求”，“隐性需求”常常是因为用户在达成目标过程中的限制性、影响性因素引起的，即用户在达成目标时的成本因素。所以，用户要发生购买行为，需要用户购买的商品符合用户需求；把握显性需求和隐性需求和转化率之间的关系；完成这个行为需要的成本

---

① 果子.产品转化知多少：高转化的四种分析模型[EB/OL].[2017-5-3].http://www.woshipm.com/operate/651127.html.

② [美]凯文·凯利.必然[M].北京：电子工业出版社，2016.

是可接受和可达成的。就此，我们有三个基本的思考方向：需求层面，探索和激发用户真实的需求和意愿；转化率层面，提高卖点和目标用户需求吻合度；成本层面，降低用户的达成成本。

1.探索和激发用户真实的需求和意愿

这是一个用户变量的维度，主要受用户自身需求因素影响，同时，我们也可以激发用户的需求，引导用户探索和发现新需求，因为用户不知道自己不了解的东西，就像乔布斯之前没人知道 iPhone。我们可以让用户需求的程度更加强烈。例如，我们做活动要塑造活动氛围，其实是希望传递活动感知、带动用户的购物情绪，影响用户的情绪其实是为了进一步影响用户的购买需求。虽然需求产生是由用户控制的，但是我们发现用户的自身的需求受到方方面面的影响，而这些影响因素则是我们可以思考、发力和延伸的方向。

2.提高卖点和目标用户需求吻合度

在针对目标人群进行运营时，把握用户真实需求点很重要，努力让你的卖点和目标用户需求吻合度增高，吻合度越高，用户对你的认可程度就越大，成交的可能性就越高。通常，在实施过程中会把用户分为四个层级，对不同层级用户实行不同运营策略。第一层，这部分用户是最理想的目标用户群体，要做好维护，经常与他们互动，做好二次营销；第二层，这部分用户基本需求度满足得还是不错的，但是对产品（服务）品牌认可度不够，或者忠诚度不够，所以要把重点放在产品（服务）品牌灌输上面；第三层，这部分用户对产品（服务）有一定认知，但是宣传的卖点和用户本身的需求不是非常地吻合，这个时候就要挖掘用户的显性和隐性需求，然后有针对地运用运营策略来打动用户；第四层，这部分用户基本上可以判断不是你的用户群体，可以不用花费太多时间。

3.降低用户的达成成本

用户的达成成本主要受到客观因素、设计因素影响。例如，我们把用户从想卖某商品到让商品达到用户手中看成一个行为，那么，要达成商品到手这一目的，用户所需要花费的时间、精力、金钱等则是用户需要付出的成本。我们对这个行为进行粗略的分解，会得到这样一个行为路径：用户想买某物（需求）→打开手机→打开应用→选购→付款→等待快递→收货。在这个购物行为中可能付出的成本就包括：时间成本、精力成本、金钱成本、习惯成本、心理成本等。[①] 运营需要解决的是如何通过渠道和设计去降低它们，方法通常分成三个方面：减少时间和精力成本，运用动线规划、页面节奏、高识别度的信息、具有辅助决策意义的内容或细节元素等，让用户更高效地找到目标产品（服务）；降低金钱成本，运用折扣、满减、秒杀、直降、优惠券等优惠让利，降低用户的金钱成本；贴合习惯成本，运用排版布局、反馈、文案等设计来保证符合用户的习惯；削弱心理成本，削弱用户心理负担、用户决策的心理门槛，让用户快速进行转化。

### （二）巧妙运用互联网免费经济

免费，早已成为互联网行业的通识。互联网的“免费”并不是“左口袋出、右口袋进”的

---

① yoyo.2 个方向 4 个维度，探索电商运营活动中的交互设计[EB/OL].[2017-3-15].http://www.woshipm.com/ucd/607355.html.

传统营销噱头，而是一种把货物和服务的成本压低到零的卓越能力，这意味着企业的核心服务永远不收费。[①] 如QQ的聊天、360的杀毒和百度的搜索，正是这种模式的代表。免费模式之所以得以在互联网行业大行其道，得益于以下几点。首先，互联网极大地降低了信息的传播成本，这是免费模式的基石所在。其次，产品通过互联网面向全球的海量用户，这进一步摊薄了边际成本，即使付费转化率较低，最终也总能凭借整体用户量与付费率的相乘得到一个还不错的付费用户总量。再次，免费天然地对人们有着难以抗拒的魅力。在使用免费产品时，人们抱着反正不会损失什么的心态，更加宽容豁达，行动能力更强。因此，大家都想靠免费这一招来快速跑马圈地，抢占市场，迅速实现用户转化。那免费模式如何才能转化成收益呢？常见的免费转化收益策略包括以下几种。

1.基本功能免费，高级功能收费

基本功能免费，高级功能收费的策略称为Freemium模式，这个词最早由AVC[②]的弗雷德·威尔逊(Fred Wilson)于2006年提出。它的含义是指企业通过免费服务吸引用户，然后通过提供增值服务，将一部分免费用户转化为收费用户，实现创收。Freemium策略的提出基于"二八法则"现象：产品中有一小部分面向的是对价格不敏感的高端用户，愿意支付额外费用来换取全部的高级功能，而这部分费用成为服务提供商的大部分收入来源，凭借这块收入负担起那些免费用户的服务成本。Freemium模式兴起于传统软件行业，如早期的"共享软件"(Shareware)，允许用户先免费使用一段时间，等到期之后就给软件加"锁"(一般是通过硬件序列号来作为判定用户身份的依据)，必须付费换取注册码才能继续永久使用。例如，QQ利用会员为广大的QQ用户提供专属的VIP服务。开通QQ会员后，用户可以获得会员身份图标、等级加速、聊天炫彩字、魔法表情、专属皮肤等个性化特权，还能开启诸如聊天记录漫游、好友克隆、提高群组上限、好友克隆恢复等实用功能。特别是在2013年7月，QQ会员将PC和手机打通后，彰显会员身份的途径有了新的释放点。目前QQ会员已囊括聊天、游戏、生活、购物四大领域，覆盖人数超过3 000万。

2.交叉补贴

交叉补贴策略，思路是通过有意识地以优惠甚至亏本的价格出售一种产品(优惠产品)，从而达到促进销售另一种盈利更多的产品。传统商业的典型代表案例，如吉列剃须刀的刀身免费刀头收费，以及苹果出售iPod补贴iTunes等。交叉补贴需要人们对优惠产品的价格足够敏感，而对盈利产品的价格不那么敏感。此外，两种产品的互补性越强，同时购买的概率就越高。交叉补贴在新媒体应用中最具典型的代表是游戏行业。在游戏中，游戏免费、道具收费，免费玩家不得不花费大量的时间和精力来换取等级的提升、装备的升级或被强制暂停，而对于有付费能力和意愿的玩家而言，完全可以靠充值人民币来一步登天，直接成为神一样的存在。如此，游戏开发商从中获得了巨大的利润。

3.第三方市场的流量变现

当你在使用免费服务时，你自己就是商品。的确，免费的流量本身不会凭空变出钱

---

① 范冰.增长黑客：创业公司的用户与收入增长秘籍[M].北京：电子工业出版社，2015.

② AVC全称Asia Vital Components，它是全球五大散热器制造厂家之一。主要以研发和制造CPU散热器、笔记本电脑散热模组、热导管和直流风扇为主。

来，但如果将这批流量导入另一项服务，就能攫取出更大价值。最典型的代表就是互联网广告，例如在体育爱好者社区里投放运动鞋广告、在演员的粉丝集中营里在线售卖电影票。从消费习惯和付费意愿来说，将精准人群导流到电商平台是目前最为成功的盈利模式之一。Google 实际上是一家“广告公司”，其广告收入占比在九成以上，Facebook 的广告占比在八成以上，而国内互联网公司中，百度和阿里巴巴的营收主要也依靠平台内的广告。

4.开放源代码的盈利可能

开放源代码项目是当今不可忽略的一支生力军，其开放、平等、分享的精神造就了电脑和手机上的一大批优秀系统和程序。例如，上海资深安卓开发工程师何晓杰利用业余时间维护着一个私人的开源项目——Root Tools①。这是一个对安卓设备进行全方位优化和保护的工具。在最初决定将项目开源时，何晓杰希望通过众包开发的方式来打磨完善自己的这一项目，并且通过吸引一部分用户来听取意见，开发或修改用户呼声最高的功能。随着项目逐渐成熟，他为 Root Tools 建立了简单的主页，放置一些功能预告和联系方式，以此更贴近用户，加快迭代速度和项目市场价值。这个过程足足积累了三年，直到拥有 50 万活跃用户，取得了良好的口碑后，Root Tools 开始接受用户的捐赠。

### （三）利用社交进行关系转化

本质上而言，人与人建立关系链都是为了获得心理动机或者共同目的而进行资源的协作、交易行为。相互协作关联的次数越多，协作成本越高，产生的关系链越多，也越巩固。因此，基于社交关系链进行用户转化也就十分地有效。下面将介绍三种利用社交进行用户转化的方式。

1.亲自询问

当面获取用户反馈是社交运营最有效的方式。一对一亲自询问用户反馈的方式无疑会达到极好的效果，亲自询问的效果是通过邮件询问效果的 7～8 倍。② 例如，家具销售，一名销售助理可能会花费一小时的时间来帮助用户挑选出最适合家庭风格的一款沙发，并且在这过程中，他们也对彼此有了非常多的了解，比如，他们的家乡在哪儿，他们的家庭等，如此一来，他们之间也就在无形中建立了一种微妙的联系。所以，在销售中或结束后，销售人员可以通过质量反馈等方式和用户进行更深入的接触并建立相对的关系，从而实现用户转化及再次销售的可能性。

2.用户“奖励”

利用小小的奖励来促成用户转化率的增长是非常有利的，即可以让种子用户对产品（服务）进行传播和推广，并通过老用户带新用户消费奖励或颁发特权等方式进行奖励，这也是非常有效的用户转化方式。例如，一个通过购物返利的应用——返利网就推出了老

---

① Root Tools 是一款 Android ROOT 根权限的必备工具，是 Android 资深玩家定制系统和 Android 开发者修改程序的终极工具。Root Tools 能够最大限度地定制你的 Android 系统，能够随意改变系统的字体和引导动画，删除系统或软件数据。

② DUG.教你如何获取用户评价，并将其转化为粉丝[EB/OL].[2016-5-26].http://www.woshipm.com/it/345149.html.

用户邀请一名新用户注册，就可以与新用户共同享受1元购买价值30元包邮物品的优惠，来鼓励种子用户引导新用户的转化。

3.促使用户进行评价

当新用户在选择产品或服务时，既不熟悉产品（服务），又要面对琳琅满目的竞品，此时，查看以往用户的评价（口碑）便成了最好的依赖途径。用户评价（口碑）好，评价数量多的产品（服务）自然就会最快促进用户转化。因此，用户评价（口碑）是新用户进行转化不可或缺的一个有效方法。

### （四）通过设计引导用户行为提升转化率

在做运营时，很容易把用户想象成一个完美的用户，具有鹰的视力、大象的记忆力、蝙蝠的导航能力、骆驼的耐心、猴子的灵活度。但实际情况是，2013年人平均注意力是8秒，较2000年注意力时长减少了4秒；金鱼的平均注意力是9秒。人的平均注意力还不如一条鱼来得持久。17%的用户浏览网页的时间少于4秒，每多100个英文字，用户只愿意花4.4秒的时间去扫描阅读。以这个速度，可以评估出49%的用户平均阅读每页的内容在111及以下字数，花费的时间约是5秒以下。可见，用户浏览页面以扫描为主，每个页面停留时间很短，没有耐心逐字逐句去阅读。同时，也没有耐心去填写繁杂的注册信息，去主动探索经常使用软件的各种功能等。真实用户其实是注意力不集中、不爱记忆、视觉不敏锐、不爱探索、没有耐心的。因此，在产品（服务）设计过程中，应该避免让用户去记忆、思考、寻找和反复尝试。可以通过巧用神奇的数字（分组、记忆、选择）、赋予进度效果、任务拆分、界面排布（图片大小、运营内容的展示）、视频的展示、增加紧迫感和稀缺性元素、折扣信息和授权信息展示、重视移动支付、提升响应速度、提升用户满意度等方式来调整产品（服务）的设计，促进用户转化。①

例如，eBay用A/B测试来确定用户对图片大小的偏好，eBay的研究人员普遍认为如果明显位置列出的商品数量越多，滚动或者分页的次数越少，就越能吸引买家。根据这种假设所列出的A/B测试就应该证明小的图像可以增加每个页面的商品数量，并因此更能吸引顾客。但令研究人员吃惊的是，与尺寸较大的图像相比，尺寸较小的图像并未达到预期效果。通过深入调查和后续试验，研究人员了解到事实与他们的假设刚好相反——即使图像尺寸较大就意味着每一页上列出的商品数量会减少，但这种方式更能吸引买家。得出试验结果之后，eBay迅速做出调整，在整个网站上都换成了尺寸较大的图像（图3-17）。再如，唯品会的20分钟购物车清空功能，实际上这是一个减库存的功能，并不是纯属为了诱导或刺激用户购买。倒数计时告知用户，货物只为用户保存20分钟，20分钟后不购买，将返回到购物架供别人选择。一个简单的时间倒计时元素，会让用户自然而然地产生紧迫感。产生如果现在不买，20分钟后可能就会没货了的感觉，让用户感受到什么叫时光稍纵即逝，肾上腺素上升，心跳加快，进入买买买模式。我们再看一些例子：视频展示有助于做出消费决策。电商网站商品详情页中，将图片替换成视频后，用户转化率提升了12.62%。除了是否默认展示视频外，视频长度也对转化率有影响。视频长度接近60秒，有一半用

① 米可.行为·设计·转化率：通过设计引导用户行为提升转化率[EB/OL].[2016-8-13].http://www.woshipm.com/pd/392135.html.

户放弃观看，视频长度短于30秒用户更有观看的意愿，注意力也更为集中。在点击按钮的设计中，文字按钮的点击率高于图标按钮20%。加入购物车（Add To Cart）、+购物车（+Cart）和购物车图标按钮，三种样式的点击率测试，以购物车图标按钮为基准，可看出纯文字的点击率是最高的。因为文字表意更明确，用户更容易理解，更容易触发用户去操作等。通过上述的例子可以得知，通过设计引导用户行为提升转化率的基础就是保持测试，不断优化，与生活中大多数事情一样，最合理的设计不是直接从设计师脑子里蹦出来的，而是需要经过一系列失败的尝试、合理的分析和不断调整优化的过程。

**图 3-17　eBay 网站图像尺寸的选择（图来自：互联网截图）**

## 六、用户传播与回流

用户传播与回流是整个用户运营的最后闭环，也是检验和优化产品（服务）的有效指标。一般而言，设计精良且能满足用户痛点的产品（服务）会获得用户的青睐，并能引发用户主动传播和增加用户回流。当然在此基础上，也可以采取四个有效的方法来促进用户传播和回流，获得更好的运营效果。

### （一）触发病毒式传播

病毒式传播是基于用户诉求的一种传播方式。一款产品（服务）如果采用了正确的病毒式传播方式，能够自然地勾起人们分享给他人的欲望，在新媒体的语境下用最低的成本将产品扩散给更广的人群。形成病毒式传播在内容上需要具备三个特征：与我相关，符合利益诉求，彰显个性、爱心和优越感。病毒式传播的效果由其循环周期决定，病毒循环周期，是指从用户发出病毒邀请，到新用户完成转化（如点击阅读、注册、消费的行为）所花费的时间。病毒循环周期越短，效果越好。[①] 在这方面的佼佼者要数视频网站，例如，在优酷上看完一则奇趣搞怪的30秒视频，将它顺手分享到微博上，马上便能引来粉丝围观，整个病毒循环周期只需几分钟。为了缩短病毒循环周期，首先应当尽可能减少用户的操作成本，如醒目的行动号召、方便的一键分享按钮、傻瓜式的下载安装注册流程。其次可以设法增加用户的“紧迫感”，如24小时后就会失效的优惠券、注册后能立即收到10元返利的承诺等。

### （二）用 Bug 引爆传播

Bug 是一个英文单词，本意是臭虫、缺陷、损坏、犯贫、窃听器、小虫等意思。现在用于指代电脑系统或程序中隐藏着的一些未被发现的缺陷或问题，统称为漏洞。利用 Bug 营销

---

① 范冰.增长黑客：创业公司的用户与收入增长秘籍[M].北京：电子工业出版社，2015.

是基于用户爱占便宜的心理，完成一场完美的传播和转化。例如，2013 年 6 月 21 日晚，各大论坛、微博、QQ 群上出现了一条广为流传的消息"百度云网盘的支付系统疑似出现了重大 Bug，所有付费套餐的价格变成了原来的 1/1 000，1 毛钱就可以买一年会员，100 GB 最高等级套餐也只要 5 毛钱，快去抢福利"，一时间网民炸锅了，不管之前有没有百度云网盘的账号，这会儿都麻溜地奔去抢购。百度网盘的病毒营销"Bug"经过亲自验证，所谓的"Bug"的确存在。原本 15 GB、30 GB、50 GB、100 GB 的套餐年费分别为 75 元、150 元、250 元及 500 元，当时的实际支付环节只需花费 0.08 元、0.15 元、0.25 元及 0.5 元(图 3-18)。5 天后，百度宣布百度云用户量突破 7 000 万人，并以每天 20 万人的速度增长。无独有偶，在百度云网盘的"Bug 营销"事件一周后的 6 月 28 日晚上，迅雷副总裁在微博上主动自揭其短：迅雷会员今天活动的支付页面出现 Bug，1 分钱可以买 180 元的白金年卡，在发现之前，5 000 多张年卡被一抢而光，迅雷迅速收入 100 多万元。

**图 3-18　百度云网盘的 bug 页面(图来自：互联网截图)**

### (三) 借用时机乘势而上

现代社会信息的剧增和传递速度的加快，使任何传播都会迅速爆发并迅速衰减。从某种程度来说，病毒传播追求的是"时机的艺术"。一条消息从什么时候开始推送，在什么时候影响到特定的人群，如何延长半衰期等，都是依赖于技术层面的精密策划。例如，猎豹移动在 2013 年 1 月初，针对 12306 官方订票网站在春节期间访问迟缓、购票通道拥堵的问题，高调推出了"春运抢票版"，围绕春节购票来强化宣传。所谓的"春运抢票版"，是在原本的猎豹浏览器产品基础上预装了"抢票"插件，并在推荐网址里加入了与春节相关的元素，用户下载猎豹浏览器春运抢票版后，登录 12306 购票网站，电脑就能自动重复刷新订票页面，直至成功购票为止。而在等待抢票的过程中，还会推荐用户观看视频，以减少等待的焦虑。整个流程围绕订票前后的各个环节精心设计。很快，猎豹浏览器以"抢票神器"的姿态在网民中形成口碑传播，也有一些平时很少上网的人听闻后特地下载猎豹浏览器进行网上购票。2013 年的抢票风潮造就了产品的口碑与用户量双丰收，猎豹浏览器次年又同样将目光牢牢锁定在 2014 年春节。这次，猎豹适时推出了"我的猎豹浏览器"公众号。网民只需关注这个公众号，不需安装任何应用就能在线自动刷票、查询余票。借助微信本身发送地理位置的功能，它还能为用户智能推荐附近的售票点。许多年轻白领、大学生，甚至平时不怎么接触电脑的农民工、老年人，也学会了用微信抢票，“我的猎豹浏览器”粉丝数蹿升。猎豹浏览器的手机版也加入了抢票功能。除了在首页九宫格导航增加了醒目的“抢火车票”入口、优化了全自动刷票时的输入体验外，还加入了杀手级的“超省流量刷票模式”，连续刷票 1 个小时消耗的流量仅有 0.32 MB，不及在线观看 1 分钟的视频。这样一来，广大流量吃紧的学生、农民工朋友就不再有任何后顾之忧了。猎豹浏览器借助“春节抢票回家”的民众普遍刚需，在激烈的浏览器厮杀中找到了独特而可信的卖点，强化了自身品牌形象，在赚得盆满钵满的同时也赚足了口碑。

### （四）镶入病毒小游戏

基于情绪释放、人际交流需求和粉状时间场景，一款小而有趣，可以及时分享的 HTML[①] 游戏能立刻引爆微信朋友圈，达到不可置信的程度。2014 年 8 月 30 日晚上，交友应用“追 TA”的市场推广负责人黄嘉艳被屏幕上的统计数字吓蒙了：他们头一回尝试性开发的微信朋友圈病毒小游戏，在仅凭公司内部同事帮忙转发的前提下，上线首日玩家数量就突破了 10 万人。原本公众号积攒了几个月才做到 2 000 个粉丝，竟在一天之内数量翻了两番，几近破万。更恐怖的是，这样的增长还在以几何级数持续递增。“追 TA”将自己的第一个微信朋友圈小游戏主题定为整蛊。设计的玩法是：整蛊者将链接分享到朋友圈，不明真相的人点击链接进入页面后就被锁定为被整蛊的对象。页面的标题赫然写着“哈佛心理系情感分析测验”，系统会向被整蛊者抛出 7 个敏感私密的情感问题，如你心爱的人的名字是？你的第一次发生在什么时候？一切都伪装得像模像样，让人误以为这是一个老套的朋友圈小测试，孰料当被整蛊者一五一十地将这些敏感问题作答提交后，换来的不是测试结果，而是你被整了的嘲弄。被整蛊者填写的内容会被呈送到整蛊者的微信上，所有答案一览无遗。在幡然醒悟、哭笑不得之余，被整蛊者也会立志报仇，将这承载了满满恶意的整蛊链接转发给自己的死党来调戏对方。于是便出现了开头的那一幕——用户量井喷。上线一周后，参与朋友圈小游戏的人数突破了 200 万人，微信公众号的粉丝数也开始以每天五位数的趋势增长，最高的一天净增 6 万人，累计粉丝数达到 40 万人。在这一过程中，通过整蛊游戏关注微信的转化率约占 10%，而点击悬挂在整蛊页面下方的广告条下载“追 TA”的转化率为 1%。即使如此，这也为“追 TA”每天带来了 2 500～3 000 个日新增下载量。在没有任何付费推广的情况下，这个成绩让团队喜出望外。整蛊的切入点满足了人们好奇偷窥的作恶心理，加上情感是人们永恒关注的主题，因此投入相同的工作量，收获的是完全不同级别的用户量。

## 【知识回顾】

用户运营是用户研究的一种角度，其实质来源于传播学的重要研究部分——受众研究，是新媒体运营最重要的前提和保障。用户运营定义为：以用户为中心，通过用户获取、用户留存、用户活跃、用户转化、用户回流等流程，赋予产品（服务）更多创意和功能，进行用户维护的互动行为。根据用户运营的定义可以看出，用户运营的整个过程

① HTML(Hyper Text Markup Language)超文本标记语言，标准通用标记语言下的一个应用。“超文本”就是指页面内可以包含图片、链接，甚至音乐、程序等非文字元素。

就是用户获取、用户活跃、用户留存、用户转化、用户传播的一个漏斗式循环模式。在这个漏斗中，被导入的一部分用户会在某个环节流失，而剩下的那部分用户则在继续使用中抵达下一环节，在层层深入中实现最终转化。而要完成用户运营的整个流程，就必然会运用到一些方法和策略。一般来说，用户运营有：定位用户需求、用户获取、激发用户活跃、增大用户留存、促进用户转化、用户传播与回流六种运营的方法和策略，在整个用户运营中层层互动、相互推进。

## 【思考题】

1. 如何理解新媒体用户运营？ 其概念是如何演化而来的？
2. 新媒体用户运营有哪些流程？
3. 在新媒体用户运营过程中，可以用到哪些策略和方法？
4. 思考新媒体用户运营的策略和方法的实际使用范围和成效。

# 第四章
# 新媒体内容运营

## 【知识目标】

☆新媒体内容运营的概念和特点

☆新媒体内容运营中内容的来源方式

☆新媒体内容运营的流程与方法

## 【能力目标】

1.能了解新媒体内容运营的概念、特点和功能

2.能明确新媒体内容运营中内容的来源

3.能清晰地理解内容运营的流程与方法,并能在现实环境中运用

4.能结合具体的案例分析内容运营的收益方式

## 【案例导入】

20世纪70年代由两位童年玩伴Ben Cohen和Jerry Greenfield创办的Ben & Jerry's,是美国冰激凌的经典之作。这家公司轻松有趣并且擅长制造新闻,和粉丝们建立了亲密的关系。他们是如何做到的?

首先,Ben&Jerry's喜欢制作各种古怪口味的冰激凌,比如"Yes, Pecan!",用来调侃奥巴马的"Yes, We can"口味(图4-1)、美国梦口味……不仅名称和包装吸引眼球,口味也别具匠心。第二,Ben & Jerry's在Instagram[①]上发布他们制作冰激凌过程的短片,打食品安全牌,增强了粉丝的好感。第三,结合当下热点话题,例如用冰激凌融化来提醒人们关注全球变暖的现象:"只要2℃,冰激凌就会融化,气候也会发生变化。"当用户吃起冰激凌的时候,就会联想到气候问题。第四,用超出预期的行动来回应顾客的需求和不满。例如,他们为顾客订制了一张Golden Ticket(图4-2),给不满意的顾客准备一次VIP小旅行,到工厂参观以及参与冰激凌制作。

图4-1 Ben&Jerry's冰淇淋
(图来自:互联网截图)

① Instagram是一款跨平台(iOS、Android、Windows Phone)的图片社交应用,以正方形照片和个性的滤镜效果获得用户的青睐,搭配强大的社交分享功能,为用户搭建起快速分享生活瞬间的平台。

图 4-2　Ben&Jerry's 工厂旅行券（图来自：互联网截图）

# 第一节　新媒体内容运营的概念和特点

从新媒体运营的简史中可以知道，内容运营在新媒体运营变化和发展过程中曾占据非常重要的地位，但随着信息内容的爆炸，动摇了内容运营的优势地位，让运营者们开始反思何为内容，何为内容运营。在信息量不断充斥和持续反思下，内容运营有了新的定位：内容的产生是基于差异化人格的，是基于用户真实需求之上的，是为用户服务的等。基于此，将从新的角度去讲述内容运营特点、方法和策略。

## 一、内容运营的概念

通常我们所说的"内容"是指所读到的东西，如网页、博客上的文章以及视频、图片。在新媒体运营中，"内容"则指知识与信息，是具有价值与很明确的目的性，为特定人群创建并能够打动特定用户的有用信息。近年来，有价值的内容运营已经跃升为精明运营人员和经营者的首选方式。那何为内容运营？

根据美国内容营销协会（Content Marketing Institute，CMI）的定义，内容运营是"一种通过生产发布有价值的、与目标人群有关联的、持续性的内容来吸引目标人群，改变或强化目标人群的行为，以产生商业转化为目的的营销方式"。[①] 可以说，内容运营就是通过创造、编辑、组织、呈现网站内容，提高互联网产品的内容价值，制造出对用户的黏着、活跃产生一定的促进作用的运营内容。

## 二、内容运营的特点

做好内容对新媒体运营来说具有举足轻重的作用。但是，今天对好内容内涵和形式的定位与传统定位有着天壤之别。今天对好内容的定位有三个特征：稀缺、高场景度和体验性。在现今，对稀缺的需求已经颠覆了大众传播时代对于重要的需求，稀缺是一种低频度的需求，它决定着生活的质量和品质，是通过细节的差异来显示的，如教你怎样登上月球；高场景度就是个体产生的专业需求，如需要专业人士进行精确的就医和咨询；体验性

---

① 范冰.增长黑客：创业公司的用户与收入增长秘籍[M].北京：电子工业出版社，2015.

的内容是一个人的人生宽度，是消费升级的推动力，能为人们打开不同的人生窗口。根据内容定位的三个特征，可以把内容运营的特点分成以下四个方面。

### （一）内容运营先提供解决方案，帮助用户解决需求问题，而不是直接展示产品

内容运营不同于传统营销直接展示产品、重复品牌的做法，而是先提供解决方案，帮助用户解决实际问题，培养用户信任。在此基础上，再引导用户自发消费。在内容运营中，解决用户需求的方案和产品（服务）并不是割裂的。事实上，好的解决方案必然成为产品的一部分，甚至是产品的核心组成部分。而传统营销打造出来的产品往往将“品牌”作为核心资产，围绕品牌打造系列产品（图 4-3）。① 例如，专注红酒的公众号“企鹅和猫”，前期通过提供专业、系统、有趣、免费的红酒相关问题解决方案，包括如何点酒，如何品酒，如何选酒等，收获了大批粉丝。在此基础上，“企鹅和猫”顺势推出了企鹅团葡萄酒会员，企鹅团精选葡萄酒每月订购，以及企鹅团精选商城等付费产品及服务，成功实现了粉丝的付费转化。在订阅号平均 5 000 阅读量的情况下，销售额成功突破百万，这说明内容和产品高度结合可以做出极高的转化率。

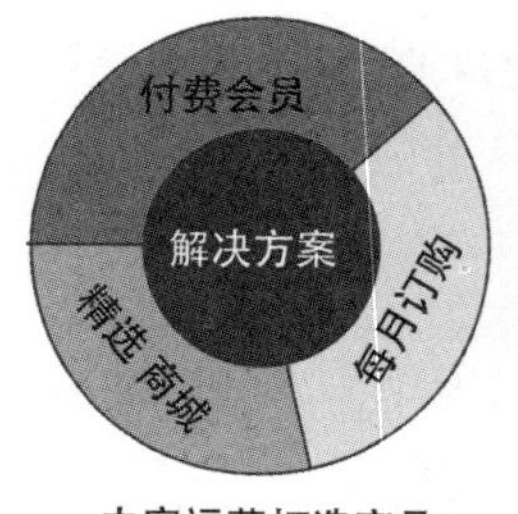

**图 4-3 内容运营与传统营销的区别（图来自：互联网截图）**

### （二）内容运营是搭建感性购物场景，向用户传递产品独特价值，而不是采用价格战

内容运营喜欢向用户传递产品独特价值，而传统营销往往更喜欢价格战。为什么呢？因为购物场景有了新的变化。在传统购物场景中，无论是线下商城还是线上商城，都存在着大量同质化产品供用户挑选，消费者面临的主要问题是“买哪个”，此时，价格高低，有无促销，是很多用户重点考虑的因素。而在新媒体环境下，新型购物场景是躺在床上，悠闲地刷着朋友圈，突然被一个《15 分钟，完美复刻一碗日式拉面》标题吸引。打开文章后，发现此文制作精良、图文并茂、内容翔实。此外，文章中还穿插了大量“日本拉面小百科”，极大丰富了你对拉面的了解。文章最后，很不经意地推荐了几款日本经典拉面，并附上了精美图片和点击“阅读原文”即可购买的链接。此时在价格适中的情况下，用户更关心的是什么时候可以到货。由此可见，在新的购物场景中，内容运营通过有趣的标题，更好地吸引用户注意，继而通过场景搭建，强化用户对产品价值的关注，弱化用户对价格的关注，促使其产生感性的消费。

---

① 琛姐.这 4 页 PPT，让你明白什么是互联网“内容营销”［EB/OL］.［2017-6-23］.http://www.woshipm.com/operate/698194.html.

### （三）内容运营一般依赖品牌自媒体进行，而不是传统主流媒体

传统媒体时代，信息单向线性传播，内容制造权被少数主流媒体把控，运营推广不得不依赖主流媒体。新媒体时代，信息网状交互传播，人人都可生产内容，自成媒体。此时，内容运营和自媒体战略紧密结合。一方面，内容运营中方案的发布、传播，购物场景的搭建、转化，都基于品牌自媒体来持续有效进行；另一方面，通过持续、稳定地生产高质量内容，产品（服务）具备了媒体功能，通过自媒体直接接触目标用户。自媒体的本质仍然是媒体，构建合格的自媒体，实施内容运营，至少需要达到3个要求：有足够数量的粉丝，持续稳定地生产满足用户需求的内容，有切实可行的盈利模式。

### （四）内容运营下，用户分享发生在用户决策的任一阶段，而不是只有体验过后

分享产品（服务）体验是用户行为决策的重要环节，社交媒体的兴起，放大了这种口碑效应对品牌的影响，也使得企业越发重视用户口碑。不过，传统营销模式下，用户通常只有在亲自体验过产品后，才会产生分享行为，且分享的内容一般以产品体验为主。而内容运营模式下，用户分享可能发生在用户决策的任何一个阶段，只要内容有价值，引起了用户兴趣，即使最终没有消费，用户也会很乐意分享产品（服务）的相关内容。由此可见，内容运营能更好地利用社交媒体的传播优势，扩大产品（服务）的影响。[①]

# 第二节　新媒体内容运营的内容来源

随着以论坛、博客为代表的Web 2.0跨入以社交平台、微博为代表Web 3.0时代，内容的生产方式基本上分为了OGC、UGC、PGC三个类型。OGC为各大新闻站点、视频网站，其内容均由内部自行创造和从外部花钱购入版权；UGC为各大论坛、微博、微信等，其内容均由用户自行创作，管理人员只是协调和维护秩序；PGC则在这两种网站中都有身影，由于其既能共享高质量的内容，同时网站提供商又无须为此给付报酬，所以OGC站点和UGC站点都很欢迎PGC。

## 一、职业生产内容（OGC）

OGC是以职业为前提，其创作内容属于职务行为，工作职责所在。可以把OGC理解为电视台和影视公司等。例如，新浪网是典型的中心化模式，内容由专业记者和编辑参与生产，由于都是职业工作者，内容生产的质量和数量都有所保证。OGC有自行创造和从外部花钱购入版权两种模式，内容基本上不产生收益，收益大多来源于广告。

① 琛姐.这4页PPT，让你明白什么是互联网“内容营销”[EB/OL].[2017-6-23].http://www.woshipm.com/operate/698194.html.

## 二、专业生产内容（PGC）

在 OGC 以及 UGC 中间有个区域称为 PGC。这种形态的内容是由专业人士制作，但其大型程度比不上 OGC，却也不是 UGC。这个部分的内容不是头部，也不是尾部，而是腰部（图 4-4）。目前热门网红、IP 都属于这个领域。

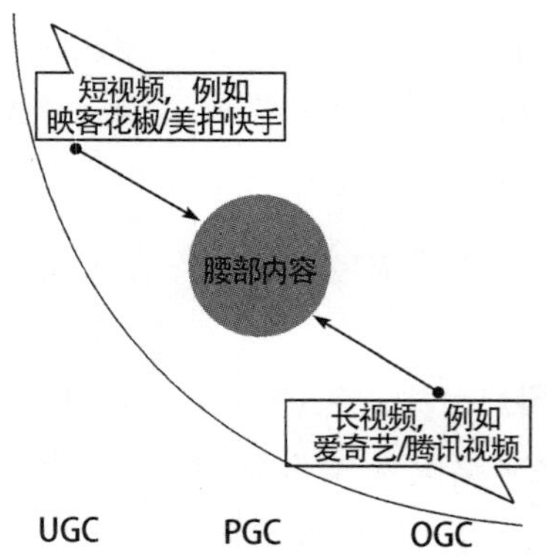


**图 4-4　内容来源示意图（图来自：互联网截图）**

### （一）PGC 的发展历程

PGC 市场发展模型经历了五个时期：2005—2010 年，是 UGC、短视频发展的雏形期。2010—2013 年，是 PGC 发展的萌芽期，这一时期专业的 UGC 制作者出现，乐视、优酷等视频平台陆续上市。2013—2014 年，是 PGC 发展的蜕变期。这一时期 UGC 的专业度持续提高。2014—2015 年，是 PGC 发展的兴起期。这一时期 PGC 制作、运营、商务的团队形成，自制内容成为重点。优酷的 PGC 视频数量已经过半，腾讯、今日头条等开展了"原创平台"，面向专业用户和机构建立的内容合作渠道，分为个人认证包装、品牌及内容宣传展示、商业分成回报等模式。2015 年至今，是 PGC 发展的爆发期，PGC 的生产、融资日益旺盛，商业模式陆续形成，打造"品牌共建—内容共创—商业共赢"的三维闭环，构建产业共赢的内容生态。从内容上来看，PGC 生态系统是从内容生产、内容推广到品牌的形成、粉丝的汇聚，最终品牌内容被粉丝反哺并进行自推广的整套生态闭环；从商业上来看，优酷让优质内容形成品牌价值，再通过价值变现让创作者无后顾之忧，更专注内容创作平台链接内容，通过内容推动商业的升级发展。①

### （二）PGC 生态系统的完善

完善 PGC 的生态系统，包括价值延伸、商业变现和 PGC 生态体系下自制内容的发展等几个方面。

1.价值延伸：从自建 IP 到衍生品开发

在 PGC 生态系统下，自建 IP 成为提升附加值的重要途径之一，内容运营已经成为广

---

①、言之有范.PGC 生态形成，网络自制节目下一步如何发展？［EB/OL］.［2017-8-24］.http://www.sohu.com/a/166939938_182272.

告的重要传播方式，通过内容嵌入，让品牌成为内容的一部分，让消费者产生兴趣，最大化提升传播效果。例如，网络自制节目《侣行》计划推出 IP 电影，邀请明星与张昕宇、梁红夫妇共同出演，同时开启相关手游制作计划，“边看边购”众筹等运营模式。《侣行》众筹的互动糖果书，23 小时内便筹款 40 万元，最终以 60 万元收官。对没有剪入节目中的海量素材，制作微系列，以付费或者会员制的形式在网上呈现。《侣行》同名传记《侣行 1》《侣行 2》延展至线下的落地活动进行社群传播，开展主题分享会。价值的延伸也成为网络自制节目发展的趋势。这种既契合中国年轻人价值观，又具备国际视野与水准的本土开创性节目，以及融入国家外交元素正能量的节目越来越受到观众的欢迎。

2.商业变现：形成长尾消费的市场

PGC 生态系统的参与者分别为投资者、内容生产者、生态平台、用户、广告主，相对应主要发挥资金、资源、制作、服务、运营及消费商业变现功能。各平台更多介入内容产业链条中，以加强对内容的掌控力。随着内容精品化发展，各平台之间的互动与合作增多，精品内容多平台联合传播已经成为趋势，为内容付费和衍生品开发提供了较大的潜力。在网络时代，小众市场的受众忠诚度不断提高，在粉丝经济时代，优质内容变现能力提升。因此在用户消费上，撬动粉丝和会员力量形成长尾消费市场。①

3.PGC 生态体系下自制内容的发展

PGC 生态体系下自制内容的发展，表现为以大数据引导内容制作、内容生产更具国际视野和以原生广告带动社群运营。

（1）以大数据引导内容制作。

内容制作基于趣味、利益、互动、个性四原则，在未来随着大数据技术的发展与应用，新媒体的技术、传播模式优势将得到进一步的凸显，将会出现新的 CGC（Calculation Generated Content 算法生产内容），这种内容生产方式体现出对 UGC 与 PGC 的融合与超越，能够科学洞察受众的信息需求与偏好，并且在生产、营销、传播等各个环节予以体现，大幅提高内容生产与传播效率。

（2）内容生产更具国际视野。

在内容制作上，秉承用户参与、内容为王的原则，就需要合理构建互动平台，提供汇聚集体智慧的网络平台，不但要根据搜集分析出的用户需求制订生产内容，还要积极响应用户想要参与内容制作的愿望，增强用户体验。加强 UGC、PGC 融合，创作具备国际视野与本土开创性的 UGC、PGC 与形式融合的节目。

（3）以原生广告带动社群运营。

UGC 使内容题材更贴近受众并显多元，制作机制更加大胆开放，PGC 提供了尖端技术和平台支持。因此，网络自制节目的广告生产投放与传统的生产投放模式有所差异，广告与内容也形成了伴生状态。在传播渠道上，通过新兴技术将推送内容精准化，展现形式多元化，注重移动端的用户体验。在经营方式上，通过打造完整的产业链，拓展盈利渠道。

---

① 艺恩.2015 年 PGC 产业生态研究报告[EB/OL].[2015-9-28]. https://mp.weixin.qq.com/s?__biz=MzA4NzA0NzM1MQ%3D%3D&idx=1&mid=211725042&sn=98b124f81b34ddce69e01f569827a115.

## 三、用户生产内容（UGC）

UGC 指用户创造内容，即用户将自己动手制作的内容通过新媒体平台进行展示或者提供给其他用户。在 UGC 模式下，浏览者和创作者为一体，用户既是观众，也是演员。最早的国内 UGC 模式，以起点中文网、酷 6 视频为代表，要求用户具备一定的专业技能或独家资源。现在，随着互联网科技的成熟，特别是智能手机、App、H5 的普及，用户记录生活、抒发心情、交流互动的手段越为便捷，UGC 的门槛大幅度下降，并融合了更多的社交性、即时性、多媒体性，更加追求个性化。①

### （一）UGC 与用户关系

UGC 作为一个网络情感诉求渠道，可以让用户达到与他人交互、满足多维度的心理需求的目的。首先，可以让用户获得成就感。用户都有一定的表现欲，希望能够把自己最擅长的东西拿出来给别人看并且得到认同，实现自我价值。新媒体的出现，给了每个人一个大展拳脚的可能。例如，爱好唱歌，不一定要选秀或者成为歌星，可以在原创音乐网站发表音乐作品；有丰富的旅游经验，可以在旅游网站上传攻略帮助其他驴友；不少知名的作家都是先在榕树下、晋江等文学网站出道，渐渐地为人所知。所以，用户通过贡献高质量的 UGC 展现才华，受到尊重，同时也能获得自我满足。

其次，可以获得愉悦感。用户总是希望能在这里看到好玩的事情，热衷围观、欣赏他人的喜怒哀乐。由于用户自己生产的内容是真实和接地气的，所以更容易使人感受到亲切和共鸣。像一些颠覆性的认知、搞笑夸张的段子、脑残体的神吐槽，可以满足用户享乐生活的诉求，给用户带来新奇与刺激。

第三，可以满足归属感。现代网民渴望消除孤寂感，想与志同道合的陌生人进行交流。互联网、新媒体打破了地域、身份的界限，用户借助 UGC 觅到知音，不再孤芳自赏，而是与他人畅谈言欢，满足交际的诉求。

### （二）UGC 与品牌关系

UGC 模式对产品（服务）品牌来说也已经是一种新型的营销手段，其特点表现为三个方面：

1.主动参与程度高，形成病毒传播效果

相比 PGC 来说，UGC 最大的特点在于用户主动参与程度高，互动空间更大。通常用户自主产出内容后，很容易就会进行自发性的二次散播，引来爆炸式的关注与追随，形成病毒传播效果。比起在资源渠道上花钱砸广告，用户的转发分享才是产品（服务）品牌宣传的最佳助力。例如，最近走红的魔性 H5《穿越故宫来看你》，该款 H5 主要来源于朋友圈，随后通过用户的二次传播迅速地成为爆款和焦点（图 4-5）。

---

① 纸盒小卡车.不论 UGC 还是 PGC，戳中用户 G 点就是好 C[EB/OL].[2015-12-13].http://www.woshipm.com/operate/255045.html.

图 4-5　H5《穿越故宫来看你》(图来自:互联网截图)

2.内容优质而多元化

未来的新媒体以 90 后、00 后为主要受众，这群互联网的原住民更习惯表现自我，更具创新精神，他们具有超乎我们想象的智慧，结合平台渠道与创作模式的多元化，将会有更多的优质 UGC 产生。

3.沉淀核心用户，提高用户忠诚度

在 UGC 社区平台，用户除了可以利用 UGC 与广大网友交流分享，还可以从自己创作的内容中获得收入分成。这样一来，UGC 不仅刺激到用户使用平台，提高平台的盈利收入，同时也是平台巩固核心用户的有效手段。例如，斗鱼直播平台，粉丝购买虚拟礼物送给主播是可以换算成人民币的，主播也能从中获得一部分分成。利益驱使用户更积极地为平台产出优质内容，大大增强了用户黏性。

### （三）常见的 UGC 玩法

目前，常见的 UGC 玩法有弹幕、图片生成和内容征集三种，以下将进行详细的讲解。

1.弹幕 H5

弹幕就是个简单而强大的 UGC，应用到 H5 更是神来之笔。例如，美的在中秋节点时推出的 H5《谁动了你的中秋?》(图 4-6)正是因为弹幕而迅速走红。弹幕极大地增加了用户的参与度，用户可以吐槽、祝福，炫酷的弹幕为中秋 H5 玩法增添了更多不一样的色彩；凡科微传单 H5《做一个 logo 少一个朋友》通过风趣幽默的微信聊天形式道出了设计师的心声，结尾处的吐槽弹幕视频更是激起了广泛的共鸣。大量用户一同加入，爆出了不少让人捧腹大笑的段子，让用户在此感受到了二次创作的成就感，整个 H5 因为穿插了有趣的评论而带来了更丰富的娱乐效果，刷出了超高的存在感。

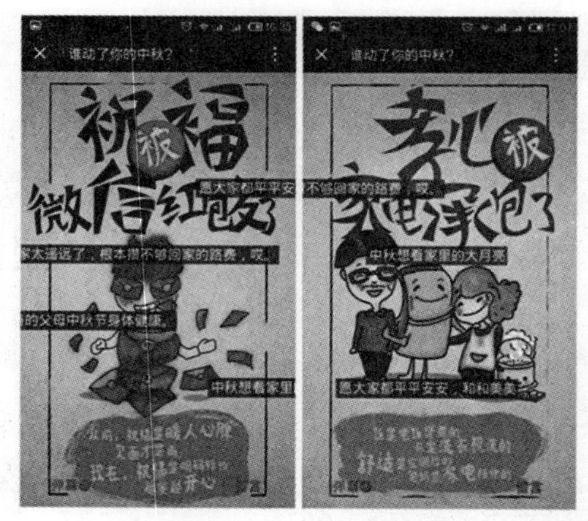


**图 4-6　H5《谁动了你的中秋?》(图来自:互联网截图)**

2.图片生成

朋友圈本身就热衷于晒照，为图片生成、海报生成的传播提供了肥沃的土壤。图片生产门槛低，用户一看就懂得怎么玩怎么用，加上傻瓜式的交互体验让用户输出了趣味性极高的内容，因而备受追捧。例如，腾讯新闻哥的《没品新闻颁奖礼》，用户可以自由选择新闻与名字，生成个人定制版的日报并分享出去，将恶搞进行到底。

**图 4-7　H5《没品新闻颁奖礼》(图来自:互联网截图)**

3.内容征集

内容征集是通过邀请用户一起创造传播内容，为产品(服务)增加黏性，并逐步培养出忠实用户。例如，星巴克曾经举办了一个手绘纸杯的竞赛活动，邀请热爱手绘的消费者在星巴克的白纸杯上涂鸦。这个活动除了让用户帮产品(服务)制作出内容之外，更重要的是借此成功推广了星巴克的可重复使用纸杯。汲取了优秀的创意让纸杯变得有专属感，参与活动的用户可以获得奖金或因此而出名，星巴克的品牌影响力也迅速扩散至全球，可谓是宾主尽欢，一举多得。

### (四) UGC的运营方法

投资讲究风险错配，UGC讲究内容错配。假设有两个平台的粉丝分布如下图(图4-8)：

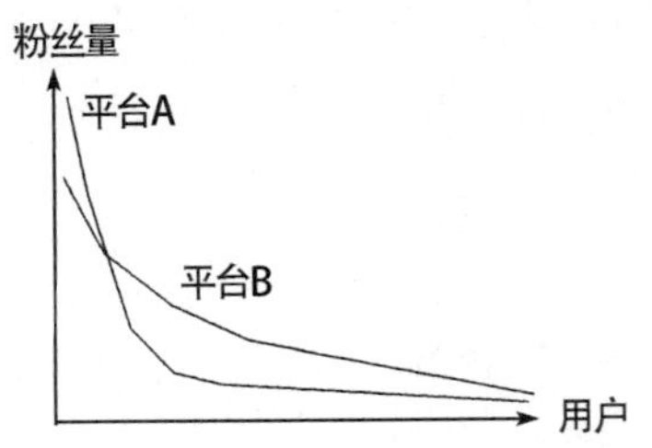


**图 4-8　A/B 平台图(图来自:互联网截图)**

平台 A 和平台 B,对于平台 A,少量头部内容制造者聚集了大量粉丝,而绝大多数用户输出的内容则无人问津。这会造成两个问题:平台风险高,顶级内容制造者一旦逃离,会带走大量用户,造成平台瘫痪;用户黏性差,普通用户没有生产内容的动力,只会关注头部用户,这种单向的关注不足以形成关系链。而关系链是提升用户黏性的核心因素。所以,平台 A 不是 UGC,而是 PGC,社交属性比较弱。再看平台 B 粉丝集中度较弱,腰部用户产生的内容才是平台的中流砥柱。因此,头部用户出逃对平台的损失很小。同时普通用户的内容也能得到一定量级的曝光,甚至互动,大家更乐意贡献内容,用户黏性较高。平台 B 才是真正的 UGC。例如,知乎、MOMO 陌陌、快手都是典型的平台 B。MOMO 陌陌平台的主心骨是一批腰部的内容生产者,前十对直播收入的贡献只占 3%左右。快手同样如此,这也是为什么在火山小视频 2 000 万挖走 MC 天佑之后,快手只是微微一笑。粉丝分布曲线的背后,其实是平台的运营策略,其核心是内容分发机制,关键在于运营策略和分发资源倾向于哪部分用户。[①]

除此之外,对 UGC 来说,最可怕的就是内容的水化。而为了避免内容水化,UGC 的运营往往需要极强的克制力。保持克制体现在三个层面:产品功能、推广节奏和平台变现。例如,MOMO 陌陌刚试水直播,发现效果很好,但迟迟不敢放大规模,担心损害产品本身的社交生态。一直等到通过数据分析,发现参与直播的用户社交活跃度没有受到影响,甚至略有提升,才开始大规模推广直播。而天涯论坛,放任各公关公司、广告公司大量注水,自身又不加节制地投放广告,形式也是简单粗暴,引起老用户的大规模逃离。

## 第三节　新媒体内容运营的流程与方法

一个产品或者服务,只要说到内容运营,就要涉及内容供应链的建立和产品(服务)本身、内容生产者以及内容消费者三个方面。内容消费者与产品(服务)定位息息相关,它决定了产品(服务)的内容给谁看,谁会对这些内容感兴趣从而提供可转化的流量。内容生产者是产品(服务)内容的发动机,它决定了产品(服务)会输出怎样的内容给内容消费者。内容生产者所提供的内容与内容消费者兴趣的匹配,是保证内容流转效率和产品(服务)转化能力的动力。产品(服务)本身需要维系内容生产者、满足内容消费者,通过各种方式去保证产品(服务)的运转。从内容运营的角度来看,它不仅仅需要明确定位内容消费者,

① 36 氪.UGC 的秘密,都在这了[EB/OL].[2017-6-29].http://news.ifeng.com/a/20170629/51342258_0.shtml.

也需要努力维系内容生产者，同时通过对用户的反馈进行跟踪和跟进，以期让内容流转更顺畅、内容消费更黏着、用户转化更快捷。[①]

## 一、内容运营的流程

内容运营的流程就是内容生产、输出(传播)、转化的整个过程，包括内容消费者定位、内容生产者维系、内容反馈与跟进等。

### (一)内容消费者定位

内容消费者定位，是一个以内容为主的产品(服务)。首先要做的事情是决定最早一批种子用户，它是定位内容消费人群的关键。例如，知乎早期的内容消费者定位是IT、互联网人群；豆瓣早期的内容消费者定位是喜欢读书的人群；时光网的内容消费者定位是电影爱好者等。对内容消费者的定位，能在早期提供一个内容聚焦的用户群体，建立比较直接的效果评价体系，让后续运营调整和改进有依据。定位内容消费者是一个动态的过程，因此，每个以内容为主的产品(服务)需要评估让用户进入的速率以及用户选型的控制。用户过快进入可能会导致内容消费定位来不及进行调整，甚至冲击最初建立的内容消费者定位，影响产品(服务)提供者所提供内容的质量和用户接受度。通常，控制内容消费者进入最成熟的方案是邀请制。采用邀请制能产生稀缺感和紧迫感，形成人群精确锁定；能人为制造垂直领域或者单一结构的用户群；能有效考验内容运营者与内容生产者的能力。虽然，邀请制本身让潜在的用户充满了好奇，想要知道邀请码背后的世界究竟如何，但是，如果内容生产者或者运营者的能力不足，甚至网站或产品的技术有问题，就很容易产生用户活跃度低，无法激活有效用户留存和活跃，从而带来不好的结果。[②]

### (二)内容生产者维系

定位了内容消费者，就会返回考虑内容由谁来提供、提供什么样的内容是内容消费者所喜欢的。这一点类似于电子商务，某产品定位的是女性客户，就不会去进男士外套。定位内容消费者只是第一步，而下一步就是要提供内容消费者感兴趣的内容，这部分内容可以自己制作，也可以外包制作，但不管由谁完成，都是内容的生产者。内容生产者制作出内容后，还需要根据内容消费者的需求与变化进行内容的维护、修改，以保证内容消费者在产品(服务)中能获得充足的内容，与产品(服务)维持比较长久的用户、消费关系。

### (三)内容反馈与跟进

完成内容消费者的定位，制作并持续维系产品(服务)内容后，就要时常关注内容反馈，并进行跟进，形成日常的内容采集与管理工作。在内容的采集与管理工作中，必须要考虑用户反馈和对应反馈的跟进策略，该策略可以根据平台的不同挑选展现方式。设定内容运营的关键绩效指标(Key Performance Indicators，KPI)，并与数据挖掘机制相结合，进行数据挖掘之后的反馈与跟进。

---

① 张亮.从零开始做运营[M].北京：中信出版社，2015.

② 张亮.从零开始做运营[M].北京：中信出版社，2015.

## 二、内容优化的传播方法

内容优化的传播方法可以分为内容故事性优化、内容可信度优化、传播方式优化、传播技术优化等方面，优化的最终目的是以更快捷、更容易被认知、更低成本的方式，在新媒体时代进行最有效、最广泛、收益最大化的传播与运营。

### （一）内容故事化、事件化、娱乐化

信息本身并没有情感上的冲击力，仅有一堆事实资料的信息是无法和用户产生共鸣的。逻辑表述与情感说服之间是存在着较大差异的，用户可以赞同思路而不响应号召，很少有人仅凭因果关系就会付诸行动。为了增强说服力，必须触动人们根深蒂固的欲望和信念。这就需要用比事实更锋利的情感来刺痛心灵。因此，情感成为人们强有力的消费驱动。内容要具有情感召唤力，就需要故事化、事件化和娱乐化，让传播的信息喜闻乐见，能“抚慰我”“逗我开心”“让我思考”“令我感动”“让我难过”“让我幻想”“给我欢笑”“令我愤怒”“让我哭泣”等。例如，有“社交网红”称号的万豪酒店，是内容营销领域的先行者，通过创作使用户看到生活的时尚和一些娱乐性内容，以崭新的方式吸引新一代旅客的同时，展现奢华的酒店品牌系列。2015 年万豪做了一次内容事件：一个匿名捐赠者提供 100 万美元寻找 Judy Garland 博物馆丢失的红色高跟鞋（图 4-9）。虽然听起来有些荒谬，但团队成员很快便加大推广的筹码，提供任何线索找到红色高跟鞋的人都可以获得百万奖励。团队的内容创建者迅速制作了一个画面在时代广场的荧幕上循环滚动。同时，团队成员创作了一篇以内容与万豪的旅行者们建立联系的文章，发表在非常受欢迎的数字旅游杂志上，这样读者们便可以在那儿找到其他三双拖鞋。结果证明，活动是成功的，吸引了 1 050 万观众在时代广场观看，并且在 Twitter 上留下了 450 万个打卡印记。很快，万豪宣布：“我们会在伦敦、迪拜、迈阿密（为说西班牙语的人）建造酒店。所有这些房间将在六个月内开放。”从事件营销到转化一气呵成。

**图 4-9　Judy Garland 博物馆丢失的红色高跟鞋（图来自：互联网截图）**

### （二）内容短视频优化

在视频移动化、资讯视频化和视频社交化的趋势带动下，短视频内容运营正在成为新的风尚。短视频和图文内容一样都是社交传播的介质，但是短视频因为其视频化的表现形式使得其在传播过程中具有更强的表现力，更多的互动形式，同时也容易形成更强的壁垒。从各大短视频平台的迅速崛起到头条视频每天十亿次的播放，再到微博和秒拍联合

建立起来的中国最大的短视频“分发＋播放＋社交”的生态联合体，我们看到的是短视频在短时间内占据了大量的流量入口，形成了广泛的影响力。[①] 短视频的内容凭借有情、有趣、有用、有品等特点，进行着广泛的口碑传播。例如，淘宝在内容营销上面一直是走在各大电商平台的前列，第二季第一集《逆转钢盔》一推出就达到 248 万的播放量和 440 万的访客数，而其片尾植入的商品“悦味元木锅具套装”一经推出就创造了该商品正常时段月销量 36 倍的成绩。不得不说，从短视频到内容运营到品牌好感再到销售转化，存在着一定的必然联系。

### （三）在 SEO 中植入内容运营基因

中国互联网环境迅速变迁，SEO 大环境的确发生了翻天覆地的改变，但搜索引擎在现阶段以及未来的一段时间，都将会不断进步，用户体验会变得越来越好。搜索引擎的用户体验，最核心的一项指标就是内容质量。无论搜索结果以哪种形式展现出来，最终还是要以内容展现。在 SEO 中植入内容需要做到以下几点。

#### 1.非常精准的定位

网站内容用 1～2 个核心关键词概括出来，网站主题用一句话说清楚，实现内容垂直化。比如，你是做英语培训的，就专心挖掘英语培训方面的关键词，不要搞太多其他小语种，也不要太多英语翻译、英语考试方面的内容，尽量专注于英语培训这一点。

#### 2.增加百科类内容比例

百科类知识一直是搜索引擎的最爱，是在它的数据库中沉淀得最厚实的一层内容。所以，你的网站应该增加百科内容的比例。比如，一个有机食品的网站，与有机相关的概念都应该在你的网站得到解答：什么是有机蔬菜、什么是有机大米、有机肥是什么、有机农场怎么样等。具体到编辑层面，要注意大小标题尽可能多地使用，使文章看起来有很强的层次感。

#### 3.开通博客专栏

如果说百科类知识是各种提问，博客专栏就是处理各种问题的解决办法，专门为别人解决各种难题。比如，一个做翻译服务的网站会开通一个“翻译大学”，里面介绍各种语种的翻译技巧、奇葩翻译、翻译工具使用方法等。

#### 4.内容不要太自我

作为内容策划者，必须懂得站在访客的角度考虑问题，多想想你的内容给他们带来了什么。比如，创始人枯燥乏味的创业故事、公司文化、企业介绍、我们的优势、员工故事等，根本产生不了 SEO 效果。简单地说，用户不会关心你有多么呕心沥血，他们只想知道可以从你这里得到什么好处。

#### 5.放弃外链，专注内链

发外链是 SEO 工作中最耗体力的事情，也是最吃力不讨好的事情。而内部链接是把

---

① 十里桃花.从淘宝二楼看短视频内容营销的趋势[EB/OL].[2017-3-20].http://www.woshipm.com/operate/611428.html.

网站内容进行有机组合的筋络，可以把整个网站的内容很好地串联起来，使网站成为一个完整的可用产品。比如，在文章中做指向首页的链接；在文章中插入不可见的链接；一个页面有多个链接指向同一页面等。

6.改友情链接为深度内容合作

友情链接的意义早就不是单纯地传递权重了，现在的友情链接，更多的是合作伙伴的关系，更需要“先友情，后链接”的思维，先要摸清一个人，再摸清他的网站，然后寻找更深层次的内容合作。比如，这种合作可以是互相引用对方的优秀文章，互相在正文中推荐并链接对方的文章，或者专门制作一些内容介绍你的伙伴等，达到资源互补和共享的效果。

7.主动导出链接

导出链接的意义不局限于权重的聚散，是更高层次的内容集合。链接指向优秀并且相关的内容，可以让搜索引擎对你的网站内容进行更明确的归类，也会让你的网站有更好的用户体验。所以，如果看到好内容，不妨大胆地给出链接。[①]

### （四）做真内容

用户自从被新媒体解放，尝到了多源内容的甜头，人口红利带来的大量流量让移动资讯里做内容的都能分到一杯羹。但很快，随着大鱼号（UC）、百度纷纷开始清剿做号者，也称“垃圾生产中心”，移动资讯宣告转向竞争状态，取代了人口红利的内容红利被搬上台面，成为竞争核心。内容红利时代的到来，移动资讯平台都在打着内容为王的旗号：今日头条10亿扶持短视频、百家号百亿利润分享、UC公布W＋量子计划，一个比一个嗓门大。[②]

然而所谓做优质内容，可能并不是培植、扶持那么简单。重复轰炸，再丰富也变成垃圾内容。对用户来说，媒体追求热点无可厚非，不过都汇集到一起，就变得千篇一律。加上标题党横行、低劣爆文充斥平台时，算法又助长了垃圾内容，于是平台们又慌忙搞起人工审核和推荐。但是不论如何，妄图通过技术优势构建移动资讯的护城河，显然都是舍本逐末、缘木求鱼。在此环境下，唯有“真内容”才能破局，热点＋角度＋态度的不重复组成，才是真内容正道。例如，腾讯新闻做“真内容”稳坐钓鱼台。在去年的奥运会，腾讯新闻专题有17×24小时的视频直播，10档原创视频节目；百人大直播邀请到傅园慧、孙杨、白岩松等观众喜闻乐见的明星；4 000平方米三地演播间，千人团队报道，所有奥运冠军全部接受采访。整个奥运专题内容，腾讯新闻在形式上主动并善于利用了直播、视频、图文、声音等多种类型；在内容来源上，既有门户积累下的专业媒体产出深度内容，又有新媒体特征的明星、体育相关意见领袖发声；在互动上，多场景观众交互，形成5.5亿互动总量。这种全方位的新闻内容体验优化，背后体现的其实是“立体内容空间”的策划价值，以整体化、立体化的思维进行新闻专题的构建。这种做法不但能让内容“真实”，而且能帮助用户获

---

① 疯鸟.怎么在SEO中植入内容营销的基因[EB/OL].[2014-5-18].http://www.woshipm.com/operate/85232.html.

② 曾响铃.移动资讯进入内容红利时代，做“真内容”是破局关键[EB/OL].[2017-7-17].http://www.woshipm.com/it/721617.html.

得更好的消费内容。腾讯新闻之所以能够做到立体化的内容策划，在于其内容出产的“两手抓”：对未来最强劲的内容生产力 UGC 的重视和引导，让深度内容更加具有“价值”，同时又把传统媒体时代的头部优质内容聚合和出品的能力继承和强化下来。所以，做“真内容”，就是腾讯新闻稳坐钓鱼台的秘密，也是后来者无法超越的理由。

### （五）跨界内容优化

现在流行一句话，运营做得好与坏，朋友圈来验证。显然，朋友圈已然成为行业广告风向标，验证着产品（服务）传播的好与坏。当优质内容被朋友圈刷屏分享时，即意味着给品牌的一次加冕，一场来自行业盛大的“注目礼”，从百雀羚一镜到底的神广告再到网易云音乐的乐评地铁的现象级刷屏案例，无不在验证这一点。当然，除了网易等一众玩转运营的企业，最近引得大家狂晒朋友圈的“职场回复帖”也脱颖而出。当你在摩拜单车、嘀一巴士、楼宇电梯捕抓到这些来自职场人士的“职场神回复”时，你可能也会有些许共鸣。其实，这次刷屏的背后，是“脉脉”联合一些明星企业发起的一次跨界内容运营活动。“脉脉”是一款职场社交软件，里面聚集了各行各业的职场人，他们有着自己的圈子文化和标签。在“脉脉”，他们可以结交同行、吐槽八卦，也可以讨论工作、招人跳槽，也正因为基于社交属性，“脉脉”每天都会产出非常多的 UGC，里面不乏一些或扎心或惹人发笑的职场神回复。为了表达这个时代职场人的真实心声和多元化的态度观点，团队从 1 万条热门八卦点评中甄选出 100 条内容作为对外沟通点，与职场人一起洞悉职场万象，并与摩拜等企业充分洽谈，达成品牌资源置换和市场合作，最终实现了行业内现象级的零成本投放。例如，2017 年 7 月 31 日，脉脉将这些扎心的“职场真相”统一以“脉脉”蓝色视觉为主制作成 KT 板（图 4-10），规整地放置于杭州的摩拜单车前，并让这些摩拜单车在上班族聚集地摆放，供其使用。[①]

**图4-10　脉脉和摩拜的主题内容（图来自：互联网截图）**

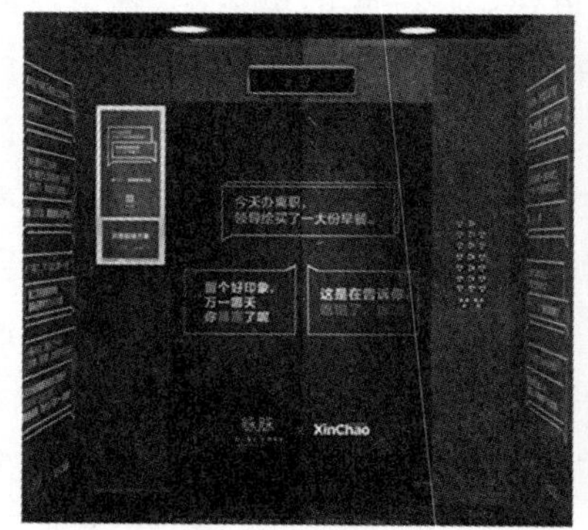


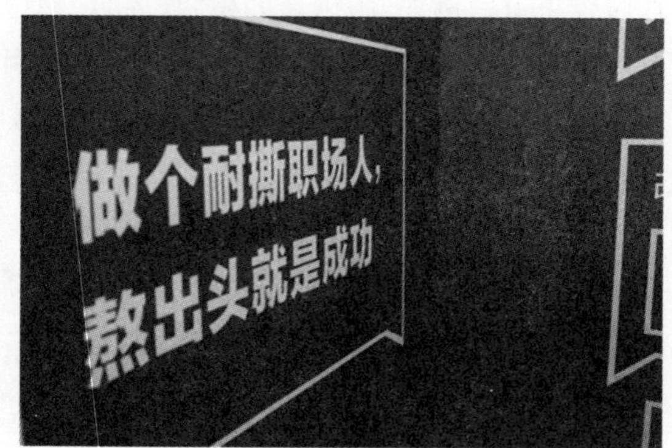


**图 4-11　脉脉的场景化内容设计（图来自：互联网截图）**

① 科技茶馆.专访脉脉市场负责人：如何用零成本，玩一场跨界内容营销？[EB/OL].[2017-8-4].http://www.woshipm.com/operate/741795.html.

与此同时，杭州摩拜在App端，也将此次活动调至推广优先级，在App端予以弹窗支持，向百万杭州摩拜用户推送活动；2017年8月5日，北、上、广、深、杭5个一线城市，对2万个办公写字楼的电梯进行了包装，除了将“职场神回复”制作为电梯包装物料，也把部分神回复文案制作为文艺范的书签，悬挂于电梯顶部，这个讨巧的创意源于许愿树，让办公楼的白领们在来来往往间感受另一番体验(图4-11)。

## 三、内容运营的盈利模式

在新媒体中，内容运营的核心与追求是内容产生的价值与效果，可以称为内容变现。

### (一)补贴：平台掏钱

在平台运营初期，通过现金补贴的方式，迅速吸引内容生产者入驻，已经成了业内常见的做法。平台补贴一般按曝光量计算，或者被称作广告分成。UGC、今日头条、大鱼号和很多直播平台，也都采取类似方式。下面列举几个平台的补贴、分成方式。

1.今日头条

今日头条在“新手期”阶段只有少量的头条广告收益，而想得到平台分成就一定要度过“新手期”。其中观众打赏功能、千人万元计划则需要得到内容“原创”标记。只有原创的内容才可以获得“观众打赏”功能，从文章读者处获得额外收益，并且有“原创”标记的内容可获得更多广告收入。

2.一点资讯

一点资讯的渠道目前有一个点金计划，但主要是针对图文自媒体的。在这个渠道的视频创作者想得到收益，需要向平台小编申请才可以。

3.网易号媒体开放平台

在网易平台，获得平台分成的方法与其他平台有些不同，主要是通过网易平台的星级制度。账号初始为零星，涨到三星后就会有平台分成了。

4.企鹅媒体平台：天天快报、腾讯新闻

企鹅媒体平台收入来源于天天快报、腾讯新闻产生的有效流量补贴。想得到企鹅平台的收益需要满足以下要求：入驻满30天，正式运营(后台右上角状态为“企鹅号”)；同时发文被推荐满20篇(文章推荐量大于0)；文章(含视频文章)质量优，发文与媒体定位一致；无违规记录。

5.大鱼号

大鱼号由于是优酷、土豆、UC这三个平台升级而来，目前注册需要邀请码。但是如果之前有优酷、土豆、UC任何一个渠道的账号，可以直接升级。如果目前想得到广告分成的话，要满足其中任意一点：五星大鱼号；已开通原创保护功能；内容推荐及阅读量达到平台一定标准。但目前对于流量分成，需要让大鱼号达到五星才可以。

6.腾讯视频

腾讯视频渠道平台分成要求必须是原创视频，总播放量达到10万，至少上传5条原创视频才可以。不过腾讯视频目前的收益分成仅仅在于平台限定的一些方向，如娱乐类内容，而像生活类的短视频是没有平台分成的。

平台补贴、内容分成，这种方式存在两个问题，一是钱给得少，聊胜于无，不足以吸引用户为你的平台贡献独创内容。更多的是在其他平台发布后，再在该平台同步。二则更为致命，现金补贴会吸引来大批的羊毛党，利用规则套利。头条号补贴高的时候，不少人批量注册几千个头条号，机器发文，一个月也能赚到1万多。甚至有些号靠手工或者机器抓取别的作者在其他平台发布的内容，立即发布在自己的账号上，靠打时间差赚取原创标记，骗取现金补贴。因此，对平台来说，这一方面会造成内容的水化，另一方面则会劣币驱逐良币，影响原创作者输出内容的积极性。

### （二）广告与软文

优质内容与广告相生相伴。设定目标人群—生产优质内容—吸引用户—产生影响力—行业周边广告主投放，是互联网内容平台的标准流程。当内容平台或公众号拥有了一定的流量与用户时，广告主自会找上门来，形式有冠名广告、漂浮广告和软文。相对于硬广告，植入式软文更受广告主青睐。例如，云科技的“图片＋链接”的广告模式。2013年1月，云科技向业界推出微信广告业务，以“图片＋链接”的形式，附在公众号和网站所发布文章的末尾，报价为1万元/天或5万元/3天，每天发布1～2篇文章。凭借云科技的巨大人气，其微信广告大获成功，在不到两个月的时间里就获得了13万元的广告收入。

目前广告模式面临的最大问题是僧多粥少。到2014年底，中国有350万个独立域名的网站、1亿左右的博客、6亿多个微博账号、1 000多万个微信公众号（且在以日均3.5万的速度增长）、5万多个今日头条号。在全民皆可发声的年代里，自媒体的数量多得惊人。2014年中国的网络广告增长大概有40%，达到1 540亿元，网络广告垄断态势相当明显。BAT① 三家加起来，已经超越了一半的市场份额。TOP10总和达到九成。可以想见，做内容产业能拿到的广告有多可怜。不过值得乐观一下的是，自媒体广告不高的投入成本与高转化率已渐渐被企业所认知，持续增长指日可待。

### （三）内容电商

内容电商模式是指通过在内容平台之上衍生出的电子商务业务来获取利润。内容电商有以下三种模式，三者之间并非完全并列，其中也有交叉。

1.情怀营销

在这一模式中，用户出于对内容创作者和内容平台的信任，延伸至信任其推介的产品，追随信任的人扩展自己对周边世界的认知与体验。如罗辑思维平台卖月饼，吴晓波频道卖“吴酒”，都卖得不错。这一模式中，在内容平台上无论买什么东西，本质上都是精神消费，建立以人为中心的商业逻辑，用心来维护与用户之间的关系是最重要的商业逻辑。

2.垂直营销

在这一模式中，内容创作者是行业专家，推荐的产品值得信任。一些内容平台还就此

① 百度（Baidu）、阿里巴巴（Alibaba）、腾讯（Tencent）三大巨头公司的首字母缩写。

推出产品使用体验及分析报告，深耕产品专业性和用户体验。如果一个内容号能在某一个垂直领域保持话语权，不仅可以聚集粉丝，还可以吸引到大量关联的行业资源，便于精准地进行品牌推广和产品营销，这样，由阅读量到最终用户下单成交的转化率就会更高，内容电商的生态体系愈加完善。

3.需求整合

网络技术促成信息内容与产品消费的跨界融合是一个不争的事实。在传统工业时代，一个需求需要不同行业来满足，比如一个母亲的需求是抚养孩子健康成长，她既需要育儿知识，又需要奶粉和尿布，但这些产品需要由不同商家提供。而在内容电商平台上，这些需求却可以同时得到满足，只要在传授育儿知识的同时，提供相关产品的电商服务即可。内容和电商，可以在一个平台上实现，内容消费与产品消费可以合二为一。在网络支付体系与物流配送日益成熟的今天，这种跨界融合的集成服务模式为网友提供了省时有效的一站式需求满足。

### （四）知识付费：用户掏钱

知识付费主要包含两种形式：打赏和内容付费。

1.打赏

打赏是非强制行为——爱的供养。打赏的价值不在钱，而在于对内容创造者的激励，以及创造全新的用户关系——付费用户。付费用户的黏性往往要高出普通用户很多。当然，秀场直播里的打赏另当别论。

2.内容付费

2012 年 12 月上线的罗辑思维，以其独具特色的风格和理念，聚集了众多爱真求知的 70、80、90 后群体。以庞大的影响力和粉丝群为基础，于 2013 年 8 月推出名为“史上最无理”的付费会员招募活动。在短短的 6 个小时里，就将计划的 5 000 名普通会员和 500 名铁杆会员名额销售一空，获得了高达 160 万元的收益。从此，推开了内容付费的全新模式。内容付费模式一般分为三类，订阅专栏、咨询服务、讲课付费。订阅专栏以得到和喜马拉雅为代表，一般一次订阅 1 年的专栏，形式为 1 对多，内容制造者边际成本为 0，本质是出版社模式，是内容金字塔顶端的顶端级生产者首选。咨询服务以分答和在行为代表，形式为 1 对 1，按次收费，边际成本较高，是内容金字塔腰部生产者的选择。讲课付费是以知乎直播、一块听听、分答小讲、喜马拉雅、虎嗅怒马为代表，形式为 1 对多，按课收费，边际成本为 0，头部和腰部生产者都均可选择。

### （五）IP 运营

IP（Intellectual Property）是指知识（财产）所有权或者智慧（财产）所有权。大 IP 运营，包括拥有知识产权的内容、形象、故事、漫画、动画、电影、游戏，也可以是经营作家（如韩寒）、节日（巴西狂欢节）、活动（丽江雪山音乐会）等。近几年热播的影视剧多出自网络小说，仅在 2015—2016 年，就有 30 部网络小说被改编为影视剧，各网络文学网站中，前 100，甚至前 200 的网络小说改编权，都已被买光。与此同时，游戏开发无疑是目前 IP 运营中最快的变现方式。2015 年，天象互动推出和电视剧同步上线的《花千骨》手游，成功地吸引到女性玩家，月收入达 2 亿元，赚得比电视剧还多。但目前游戏开发的成功率要远远低于影视改编。

优质 IP 的形成和升华需要不断进行用户刺激，引发用户情感代入，增强用户黏性，生成更高的品牌价值。《变形金刚》《蜘蛛侠》《魔兽世界》等超级 IP 的开发可以延续几十年，伴随着一代人的成长。在我国，这种超级 IP 的粉丝培育与情感代入还需时间，但利用粉丝成功运营 IP 的例子已显见。电影《小时代》的导演郭敬明没做过导演，但懂得经营粉丝。《小时代》的选角做过细致的粉丝量计算，保证了这部豆瓣评分只有 4.4 的电影收获了 4.8 亿的票房，并在之后又连拍了 3 部，未有败绩。①

### （六）PR：公关掏钱

随着新媒体的兴盛，传统的公关面临着严重的挑战。在自媒体驱动下，每个人都是媒体，每个人都有话语权，增加了公关事件的偶发性，也加大了公关的难度。与此同时，企业领导人借助社会影响力获取强势话语权，直接兼任公关总监冲到第一线，利用微博等社交平台宣传自我以及攻击别人来提高企业知名度。在此环境下，内容发布、修正、删除也成了内容运营的获利途径，企业及商家为了提升竞争力或消除负面影响，不惜拿出大量资金用于内容公关。例如，2012 年著名的“食京链”事件。2012 年 10 月 18 日，《每日经济新闻》刊发的调查《一个神秘包裹牵出的真相：京东副总裁的“食京”生意链》一文中称，吴声利用自己的职务便利，以参股或由他人代持等形式，围绕京东构筑了一系列企业，形成了以自己分管业务为中心的寄生于京东的企业，甚至还参股一些与京东有竞争关系的企业，通过业务分包等形式，将自己的权力变现。揭露了“6·18 电商价格战”和“8·15 电商价格战”中，京东将微博营销业务外包给了 NTA；罗振宇则以“活跃于微博的自媒体人”进行私下配合操作，转发有利于京东利益的价格战信息，以形成有力的舆论支持等。京东在此次价格战中花费了千万元级别的公关费用。

## 【知识回顾】

内容运营是一种通过生产发布有价值的、与目标人群有关联的、持续性的内容来吸引目标人群，改变或强化目标人群的行为，以产生商业转化为目的的营销方式。可以说，内容运营就是通过创造、编辑、组织、呈现网站内容，提高互联网产品的内容价值，制造出对用户的黏着、活跃产生一定的促进作用的运营内容。内容的生产方式基本上分为了 OGC、UGC、PGC 三个类型，其运营的特点为：提供解决方案，帮助用户解决需求问题，而不是直接展示产品；搭建感性购物场景，向用户传递产品的独特价值，而不是采用价格战；依赖品牌自媒体进行，而不是传统主流媒体；内容运营下，用户分享发生在用户决策的任一阶段，而不是只有体验过后。

内容运营是新媒体运营的核心，是撬动用户产生收益的关键。运营的流程就是内容生产、输出（传播）、转化的整个过程。包括内容消费者定位、内容生产者维系、内容反馈与跟进等。通常会使用的方法和优化策略有：内容故事化、事件化、娱乐化；内容短

① 人民科学出版社郑州代表处.互联网内容产业的十大赢利模式[EB/OL].[2016-12-30].http://www.hlgjtz.com/yimin/1818.html.

视频优化；在 SEO 中植入内容运营基因；做真内容；跨界内容优化等。内容生产完成后，再通过补贴、广告和软文、内容电商，知识付费、IP 运营、PR 六种方式完成内容变现。

## 【思考题】

1. 什么是新媒体内容运营?
2. 内容运营中，内容的来源有哪些? 不同来源的内容有没有异同?
3. 内容运营是通过什么流程、什么方式进行的?
4. 新媒体的内容能产生收益吗? 为什么?

# 第五章 新媒体活动运营

## 【知识目标】

☆新媒体活动运营的概念和特点

☆新媒体活动运营的流程与方法

☆新媒体活动运营的风险与管理

## 【能力目标】

1.能表述新媒体活动运营的概念和特点

2.能清晰地理解活动运营的流程与方法，并能在现实环境中运用

3.能结合具体的案例思考如何进行有效的活动运营

4.能对活动运营中可能发生的问题和风险有所了解

## 【案例导入】

**天猫“11·11购物狂欢节”**

自从2012年11月11日零点，天猫“11·11购物狂欢节”正式拉开帷幕起，每年的双十一都成为必不可少的购物狂欢节，堪称是新媒体活动运营中的航母。概括来看，天猫双十一活动分为活动预热、活动执行(站内运营)、活动反馈三个环节。首先，天猫通过预热活动，在线上、线下铺满各种广告，借用微信、微博等新媒体进行引流，结合AR、VR、H5、直播等新型媒介形式加强用户互动。同时通过明星打造多个行业级的大事件，让不同的人群聚集在不同的话题下，实现了一场实打实的内容向电商的导流行为。其次，通过无处不在的入口，各种主题会场的展示＋聚合，以及漫天飘飞的各种红包＋折扣信息，最大程度确保了用户进入淘宝中后，有尽可能大的概率会完成购物的付费转化。最后，通过活动反馈，例如代金券形式的感恩回馈、物流延迟补偿、二手转卖、“双十一账单”，完美地形成了一个活动运营的闭环。

## 第一节　新媒体活动运营的概念和特点

活动运营是目前新媒体运营中普遍运用，也是最直接、最高效的运营手段。从广义上来讲，活动是一种用于获取和活跃用户的方法，实际上活动运营是个比较复杂且庞大的体系，包含活动策划、活动实施、活动执行跟踪、分析评估活动效果等步骤，其主要目的是拉新、活跃用户及提高用户留存率和转化率。

### 一、活动运营的概念

活动运营是针对不同的产品、商品或者项目，用线下活动的形式进行运营，包含了活动策划、活动执行以及嫁接相关的产品和对产品或者项目的后期反馈，这样一个整体的产业链，也可以说是一个整体的执行链。对于所有新媒体的产品和服务来说，活动运营人员几乎是标准配置，因为活动是用户感知最明显的一项工作。活动除了可以提升用户参与和转化，还可以为产品（服务）探路。比如，一个电商网站发现用户很喜欢促销打折的活动，那么电商网站就可以将它固化成团购系统、优惠券体系、秒杀功能等；一个社区网站发现邀请活动可以有效地拉动用户注册，那么它就可能将这类活动固化成推广员机制；一个产品网站发现可以用签到等手段提升用户的持续活跃，指引用户行为，那么它就可能将一大类差不多的活动固化成任务系统等。

### 二、活动运营的意义和价值

活动运营的意义与价值的根本在于为什么要做活动，做活动能够为产品（服务）带来什么样的效果。主要有以下四点。

#### （一）吸引新的潜在用户

这是大多数活动运营的目标，即拉新。活动拉新是以活动为手段、以拉新为目的的过程统称。通过不同的活动形式去提升新用户的注册量、激活率和关注量。拉新是所有新产品走向市场的第一步，事关产品（服务）的成败。在拉新活动中，可以把潜在用户进行分类，比如说学生、家庭主妇、白领、单身、旅行爱好者或宠物爱好者等。依靠活动来聚集同类别的目标用户，让这些用户可以通过活动更加直接地了解产品，加深用户与产品之间的距离，完成拉新的目标。[①]

#### （二）维护和活跃已有用户

以用户维护和活跃为主的活动，最终的目标就是制造一个机会，让老用户有机会可以互相沟通，互相交流，也可以让用户跟我们工作人员之间或者产品相关人员有更亲近的关系。这类活动形式多种多样，通常会依照用户的级别来安排。比如，很多公司都会在年终

---

① 朱朱.活动运营：以拉新为目的的活动该如何做？［EB/OL］.［2017-7-3］. http://www.woshipm.com/operate/707068.html.

的时候邀请用户参与年会；双十一可能会办单身节 Party，有世界杯的话也会办世界杯的Party。就是会找一些机会让用户聚在一起培养感情。①

### （三）快速提升运营指标

活动的参与者基本上都是目标用户，是对产品有一定兴趣的用户，如果是销售方向的活动，就能够提高一些产品的销量；如果是拉新方向的活动或者产品迭代方面的活动，就能够提高产品的转化率，如果能配合非常好的传播形式，运营的指标就能得到快速的提升。

### （四）提升塑造产品形象

活动是非常直观的，具有体验和参与感。就如新产品发布、产品的更新迭代或者产品的销售等，可以结合邀请嘉宾的属性，配合宣传，能够迅速地扩大活动影响力，提升塑造产品（服务）的形象。最常见的是请各种明星代言，比如李宇春代言 Gucci（顶级奢侈品），代言人有更能够切合产品的点，可以间接地塑造这个产品的形象，增加产品的软实力。

## 三、活动运营的特点

活动作为客户推动信息流动扩散、吸引用户注意力最常采取的策略，在微博、微信等新媒体平台上比比皆是，同时，各种线下活动也俯拾皆是，创新与创意的要求节节攀升，总是希望用更低廉的成本实现更好的效果。因此，活动的运营者们绞尽脑汁，思考最好的活动方案。根据这些活动进行简单的总结，可得出活动运营的一些基本特点。

（1）免费。免费既包括费用，也包括额外的要求和条件。参与活动的门槛越低，覆盖的人群就越大，从中能够发现与获得的目标用户就越多。

（2）简单。在轻量原则下，活动的规则也需要尽可能设置简单。越多越复杂的规则，用户越不耐烦。移动互联网的从业者们曾提出过“2 秒定律”，即如果一款应用，一个活动在 2 秒时间内无法让用户明白自己是什么及如何操作，就将遭到被抛弃的命运。在实际工作中，用户在某一个环节多花一秒钟时间，这个环节的用户流失率就将增加 8%～10%。

（3）透明。如何获得活动设置的奖励、是否获得了奖励、谁最终凭借什么条件获得了奖励等，整个流程的公开透明、可查可证，不仅是和参与用户最好的沟通，也会极大降低后续的无谓投诉。在新媒体平台中，获利冲动也催生了“刷奖党”现象，因此，透明的流程在其中就显得非常必要。

（4）有趣。在新媒体中，自娱是一个最为典型的现象，各种玩法像游戏一样在其中不断推陈出新。有趣能够吸引更多用户参与，也能够激发用户新的自娱创造，从而推动信息扩散再度拉升效果。

（5）可累积。利益的累积能够充分调动参与用户的积极性，就像周品在新用户邀请注册活动中设定的规则一样，每位参与用户都会变成自己的传播员。不过，这一规则也不能无上限，而是在一定限制条件之下，比如“最高三次”的界限。

---

① 人人都是产品经理.17 张 PPT 告诉你：靠谱活动的 2 个法则和 8 个坑[EB/OL].[2017-4-19].http://www.woshipm.com/operate/633983.html.

(6)可兑现。获利的兑现是互动激励,要细微并及时,只要用户达到了条件,就可以获得奖品。奖品并不一定要大,但尽量实现随时兑现与汇总兑现。①

## 第二节　新媒体活动运营的流程和方法

活动运营是个比较复杂且庞大的体系。一般来讲,包括活动需求分析、活动主题策划、活动文案策划、活动宣传、活动执行、活动总结六个流程。活动运营的方式多种多样,并且随着场景和用户不断地发生变化,常用的有制造话题、发放福利等。下面内容中,将对新媒体活动运营的流程和方法进行较为详细的梳理。

### 一、新媒体活动运营的流程

新媒体的活动运营可以说是新媒体所有运营中,与用户最为贴近,最为灵活多变的一种。同时,活动运营还会根据不同的场景和空间分为线上和线下两种运营方式。因此,在本小节中将对活动运营的流程分为线上和线下两个部分进行分析。在这之前,我们先来完整地探讨一下活动运营需要的态度、思维和能力。

#### (一)新媒体活动运营的态度、思维和能力

1.积极主动:设立活动运营的愿景

积极主动是一种态度,在活动运营中,积极主动是指运营要对活动的结果负责,更是要对企业负责。活动运营的愿景就是在运营之前,需要先明确产品(服务)的"价值观",为产品(服务)定位,再设立这次活动运营的目标。产品的"价值观"是运营用来判断用户需求是否合理、活动策划是否有效的依据。因此,在做活动运营前需要思考:设计的活动是产品(服务)真正需要的吗?活动的需求定位与产品(服务)的定位是否一致?如何解决活动中用户愉悦和转化之间的关系等问题,学会用一种积极主动的态度来设立活动运营的愿景。

2. 以终为始:制订好目标与计划

以终为始指的是在做活动运营时,需要先通过头脑的构思,即智力上的第一次创造,然后付诸实践,完成行动上的第二次创造。因此,在行动之前,需要提前进行活动策划,形成活动策划书。做策划书的目的是找到通往活动愿景的可行路径,拆解活动的事项,安排给对应的工作人员,同时给参与的工作人员传达活动的愿景和目标。同时,策划书也是在处理突发事件时候的依据。如某次活动中,有工作人员发生突发状况不能到场,根据策划书,可以快速安排另一个人员接手相关工作等。一般来说,策划书中应包含:活动的目的(愿景)、事项执行表(事项、相关人、风险)、人员职能表(人员、对应职能)、资金物料表(物料需求、资金预算)等。

---

① 辉声辉语.关于活动运营,互联网大牌案例告诉你六大法则[EB/OL].[2018-2-5].https://www.sohu.com/a/221027569_110035.

3.要事第一：活动管理

在活动运营中要学会对活动事项按照优先级进行排序，分为紧急和重要的2个维度，结合人力、资源对事项进行安排。其中，重要性根据事项对活动的影响和价值来判断，紧急性的高低则按照事项的剩余时间来判断。优先处理紧急重要的事情，其次是处理重要但不紧急的事情，对于不重要的事情可以安排给其他人，如果有空余人力和时间才去考虑做。尽量不要让重要的事情变得紧急，留出多余的时间来处理突发状况或者优化活动。

4.知彼知己：了解各方意见

知彼知己是一种做事的战略，是一个相互取长补短的技能。每一方都是一个拥有长短不一木板的木桶。每一方都各做各的话，那么木桶中的水也就只有短板那么高。但如果能几方相互整合我们的木板，长短互补，重新组建一个木桶的话，那么木桶所能承载的水则更多。因此，在活动运营中，需要对产品（服务）链条中的各方进行详细的了解，清楚目标和预期；了解实现目标的原则和方法，同时还要提升已拥有的人力、物资、技术等资源。

5.统合综效：创造性合作

统合综效是一种做事的态度，往往其结果会产生1+1>2的结果。例如，如果你是腾讯的QQ会员，除了享有一些QQ特权外，还能经常获得其他腾讯系列产品的福利，比如腾讯游戏VIP、腾讯视频免费看等。因此，QQ会员就可以转化到其他的产品（服务）中，其他产品（服务）的会员也可以转化到QQ会员中来，从而形成各方利益均得的局面。

通常在活动运营的过程中，少不了与团队外部进行协作和合作，包括公司内的其他人和公司外的其他人，这个时候求合作会比互相竞争更具优势。例如，在活动的宣传中，活动主办方都会展现其他的品牌产品（服务），先不论在活动中是否有具体的合作，单是在宣传上就已经达到统合综效的效果，各个品牌共同获得更多的曝光，也让活动看起来更具品质。

6.双赢思维：资源的共享

双赢思维是一种做事的思维，也是一种高效法则。在活动运营中，双赢思维其实是资源的共享，其中博弈的是相互利益，考验的是各方的诚信、成熟、知足的三个品德。诚信是指活动有明确的愿景，合作方能够信守承诺；成熟是指在争取我方利益和了解合作方利益之间的平衡状态，也就是付出和获得之间的平衡；知足是指以我方的目标为底线，知道自己什么时候能够满足，也不让对方超越底线。在活动运营中，需要展示出活动的信心，表示合作的诚心，了解对方的观点，知道要达到什么目标，分享出资源换取其他的资源，综合发挥这些资源更高的价值，让各方得利。

7.不断更新：复盘

不断更新是对以上六个实践的不断更新和提升。每次活动都应遵循“策划—执行—复盘”的整个环节，其中复盘是最为重要的。一方面，在每次活动结束后，对本次活动的执行过程进行回顾，与策划的方案进行比较，找出其中做得不够好或者可以做得更好的地方，把这些可改进的地方和对应的方案记下来，尝试在后面的活动中进行改进；另一方面，除了具体地执行复盘，尝试把活动运营标准化，提炼出活动运营中的底层态度、方法、技能，形成通用的原则，以便下次活动参考和使用。[①]

### （二）线上活动运营的流程

线上活动顾名思义是在网上进行，线上发布、线上执行、线上反馈，如果有奖品再加个线上领奖。线下活动一般则要有线上推广、线下执行，最后线上反馈。在线上活动运营中，没有百分百完美的活动，只有尽量完美的活动。事先考虑得越周到细致，活动才能越顺畅。因此，首先要明白为什么做和怎么做，这点在上一要点中已做介绍，不再赘述。其次就要完成以下的5个步骤。该步骤以2016年中秋阿里巴巴月饼活动为例进行分解，并做出分析。

1.制作活动方案

活动方案指的是为某一次活动所制作的书面计划，具体行动实施办法、细则、步骤等。对具体将要进行的活动进行书面的计划，对每个步骤的详细分析、研究，以确定活动的顺利、圆满进行。活动方案大致包括以下几点：

(1)活动主题：阿里巴巴月饼成本价特卖抢购。

(2)活动对象：阿里巴巴内部员工。

(3)活动时间：2016年9月12日下午。

(4)活动描述：每年中秋节，阿里巴巴的员工都能分到一盒月饼。但因为今年的月饼造型可爱，不少人希望再多买几盒送给亲朋好友。所以9月12日下午，公司决定将为数不多的余量月饼通过内网，面向员工以成本价销售，欢迎各位同事抢购。

(5)参与方式：员工登录阿里巴巴内网，打开内部预定页面，14时、16时两次整点秒杀抢购机会，付款成功即为成功抢购。

(6)推广渠道：公司行政通知。

(7)成本预估：为数不多的余量月饼（提前找领导确定本次活动的月饼礼盒投放数量）。

(8)预期效果：余量月饼全部销售完毕。

2.制作活动承载页面

确定好活动方案后，就该开发一个内部预定页面，即本次活动的线上承载页面。这时需要准备一份需求文档，将流程和需求罗列清楚，至少讲明如何设计、如何实现、何时上线等关键问题，然后随时与技术保持沟通，确保页面准时制作完成并通过测试没有问题后正式上线。

大概的需求文档为：

(1)活动说明：临近中秋，公司决定将为数不多的余量月饼通过内网，面向员工以成本价销售，需要技术支持开发一个内部预定页面。

(2)活动流程：登录阿里巴巴内网—打开预定页面—整点点击抢购—付款—抢购成功。

---

① 湘尘Cheryl.运营进阶：高效能活动运营的7个习惯[EB/OL].[2017-5-5].http://www.woshipm.com/operate/653958.html.

(3)设计需求：整体页面风格、月饼礼盒展示、活动规则、FAQ(包括常见问题答疑、支付问题说明)。

(4)开发需求：仅限阿里巴巴内网登录参与，14时和16时整点开启两次抢购，前端实时显示月饼剩余数量，抢完为止，仅限支付宝在线支付。

(5)上线时间：2016年9月12日12时前。

3.制定活动规则

活动规则视活动而定，小活动规则比较简单的话可以与参与方式写在一起，比较复杂的活动最好作为单独的一部分列出来。比如，明确每人或每个工号ID限购一份。

4.协调推广渠道推广宣传

需要协调预定的推广渠道下发活动通知。推广可以和第二步同时进行甚至早于第二步进行。在推广中需要确定的有以下三条：

(1)投放时间：2016年9月11日。

(2)投放方式：行政发文通知、内部邮件通知。

(3)覆盖范围：你的投放渠道能让多少人接收到活动通知。

5.进行活动风险控制

在设计时应考虑活动中可能遇到的各种突发情况，做好对应预案及应对措施，并在活动进行过程中一旦发现问题迅速启动应急预案。在这个案例中，除了活动正常进行，还要考虑活动参与人数不足怎么办，要不要再次推广通知；活动过于火爆，大部分抢不到怎么办，投放的月饼礼盒数量会不会有追加，这些都需要提前考虑并做好应对措施。活动运营的活动预案可以用文字写下来，也可以做成预案流程图(图5-1)，任何形式都行，但一定要考虑周全，把逻辑理顺。

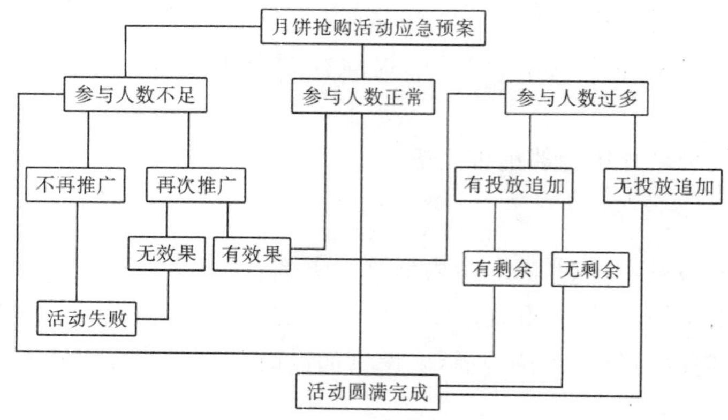


**图5-1 活动风险应急预案流程图(图来自：互联网截图)**

6.活动正式开始

线上活动运营开始后，需要监控活动数据，在这个案例里需要重点监控用户参与情况、月饼剩余情况等数据，并根据数据分析及时做出活动调整。同时，这些数据可以成为活动评价的有效指标，供活动复盘时使用。

7.活动结束，做一份活动效果报告

(1)活动概述：本次面对阿里巴巴内部员工的月饼成本价特卖抢购活动在2016年9月

12日下午进行，员工通过内网登录预定页面，在14时和16时两个整点以秒杀的形式参与活动。

(2)活动效果统计：活动开始XX分钟内完成公司余量月饼XX盒的销售任务。

(3)宣传效果统计：对各个投放渠道进行数据分析，了解各个渠道带来的流量和转化率数据。

(4)经验总结：活动存在哪些问题、学到什么经验和教训，以及下次活动如何提高和优化。①

### (三)线下活动流程

做一场线下活动虽然不简单，但也不是很难。线下活动是一种有目的性的策划事件，比如吸引新用户、品牌曝光、回馈用户、提升用户活跃度等。活动一般都带有奖品或者福利，往往还会调用一些内部资源或外部资源进行推广。其一般步骤如下。

1.明确活动目的，制作活动方案

线下活动一般会涉及与销售和BD(业务拓展)的合作，如果公司(机构)没设这两个岗位，那活动运营就该完成包括销售和BD(业务拓展)的所有相关工作。依据明确的活动目标，设计完整方案。包括：

(1)活动主题：提前想好，与甲方协商。

(2)活动时间：提前定好，与甲方协商，并考虑用户时间。

(3)活动地点：与甲方协商。

(4)活动对象：你的已有用户或潜在用户，同时也是甲方潜在用户(这是合作达成的基础之一)。

(5)活动描述：表现出你会做什么活动，怎么做，有什么亮点，从而打动甲方提供赞助。

(6)推广渠道：投放时间、投放渠道、投放资源位置等。

(7)预期效果：准备两部分，一个是给甲方看的，写明白活动能给甲方带来什么利益。一个是内部看的，比如获取活动平台数据或用户的数据。

(8)成本预估：有甲方的话需要给甲方一个报价单，包含各推广渠道费用、线下执行费用、各环节礼品或奖品费用等。

2.制作活动推进时间表，推进准备工作

此时，你的方案已经得到甲方通过或者签过合作合同，正式进入执行阶段，一般需要召集参与此次活动的人员开一个准备会议。根据已确定的活动时间向前倒推，梳理活动节点，分配好各项准备工作并确定各项工作负责人，活动总负责人随时跟踪完成情况。

---

① 一网推天下.策划一场线上活动常见的五个步骤[EB/OL].[2016-10-24].http://www.sohu.com/a/117002365_495367.

表 5-1　活动推进工作样表（表格来自：互联网）

<table>
<tr><td colspan="5">××××活动推进时间表</td></tr>
<tr><td>时间</td><td>事项</td><td>负责人</td><td>电话</td><td>备注</td></tr>
<tr><td rowspan="2">9 月 1 日—4 日</td><td>活动专题制作</td><td>小甲</td><td>131××××8541</td><td>专题页面需求 1234…</td></tr>
<tr><td>线下物料设计</td><td>小乙</td><td>132××××8542</td><td>物料设计需求 1234…</td></tr>
<tr><td>9 月 5 日</td><td>活动征集发布</td><td>小甲</td><td>131××××8541</td><td>征集注意事项 1234…</td></tr>
<tr><td rowspan="5">9 月 5 日—9 日</td><td>投放渠道安排</td><td>小丙</td><td>133××××8543</td><td>监控各渠道投放情况及效果</td></tr>
<tr><td>用户咨询接待</td><td rowspan="2">小甲</td><td rowspan="2">131××××8541</td><td>熟悉活动规则事项</td></tr>
<tr><td>活动报名统计</td><td>统计每日报名情况并反馈给老 A</td></tr>
<tr><td>线下物料制作</td><td>小乙</td><td>132××××8542</td><td>物料制作需求 1234…</td></tr>
<tr><td>活动礼品落实</td><td>小乙</td><td>132××××8542</td><td>与赞助方沟通确保数量<br>无误，约定送达时间、地点</td></tr>
<tr><td rowspan="5">9 月 10 日—11 日</td><td rowspan="2">人员筛选通知</td><td>小甲</td><td>131××××8541</td><td rowspan="2">划分通知单，准备通知话术</td></tr>
<tr><td>小丁</td><td>134××××8544</td></tr>
<tr><td rowspan="2">活动场地布置</td><td>小乙</td><td>132××××8542</td><td rowspan="2">及时反馈完成进度</td></tr>
<tr><td>小丙</td><td>133××××8543</td></tr>
<tr><td>主持人与串词</td><td>小戊</td><td>135××××8545</td><td>联系主持人并撰写<br>串词，如需活动通稿一并准备</td></tr>
<tr><td>9 月 12 日</td><td>活动执行</td><td></td><td></td><td>详见活动执行方案</td></tr>
<tr><td colspan="5">总负责人：老 A　136××××8546</td></tr>
</table>

不论是小活动还是大活动，一个活动的准备期大体上会包括上面表格（表 5-1）的各个事项，时间节点安排和参与人员数量要看各自公司的实际情况。

3.制作活动执行方案，分解执行任务

在各项准备工作有条不紊推进的过程中，活动负责人还要制作一份活动现场执行方案，结合设定的活动流程，把签到、主持、摄影、道具、场务、直播等现场执行中的各项工作分配到具体个人，执行方案一般精确到分钟。在线下执行之前的一两天，召集所有执行人员开活动动员会，下发执行方案，逐项分解任务到个人，保证每个人都清楚自己到现场应该做什么工作。活动现场执行方案包括：

（1）活动目的：简单描述活动，并说明本次活动目的。（执行人员和项目推进人员不一定是一批人，所以需要再次申明）

（2）活动时间和地点：工作人员一般要在活动正式开始时间前 1～2 小时到场，熟悉场地环境，准备各自负责的物料和奖品，尤其是负责签到的人员，要提前赶到聚拢活动用户，不要让用户觉得早到无人接待。

（3）活动流程：活动流程表根据活动环节安排而定，从开始到结束每项工作分配到个人。大活动的流程复杂，用到的资源众多，牵涉人员很多，更需要细致。这里就以 50 人相亲的小活动为例，大家熟悉基本套路，根据具体活动增删即可。

**表 5-2　一场 50 人的活动执行流程表(表格来自:互联网)**

| ××××活动流程表(9 月 12 日) | | | |
|---|---|---|---|
| 时间 | 项目 | | 备注 |
| 14:00—14:30 | 嘉宾签到 | 嘉宾签到统计 | 小一 |
| | | 签到嘉宾到场,发放臂贴号牌 | 小二 |
| | | 引导嘉宾按号落座,填写张贴征婚宣言 | 小三、小四 |
| 14:30—14:50 | 活动开场 | 活动介绍说明 | 主持人 |
| | | 商家代表发言 | 小三催场 |
| 14:50—15:30 | 暖场破冰 | 破冰游戏规则 | 主持人 |
| | | 游戏道具准备 | 小四 |
| | | 游戏奖品准备 | 小一 |
| | | 自我介绍 | 主持人控场 |
| 15:30—16:00 | 才艺比拼 | 邀请嘉宾上台展示自己 | 主持人 |
| | | 才艺奖励礼品 | 小一 |
| 16:00—16:30 | 三分钟约会 | 三分钟换位时间提醒 | 主持人 |
| | | 移动秩序维护 | 小二、小三 |
| 16:30—17:00 | 最后的游戏 | 游戏规则及游戏分组 | 主持人 |
| | | 游戏奖品准备 | 小一 |
| 17:00—17:15 | 心动互选 | 发放收集心动互选卡片 | 小三、小四 |
| | | 互选结果统计 | 小一 |
| | | 结果公布 | 主持人 |
| | | 互选成功礼品发送 | 小二 |
| 17:15—17:30 | 自由活动 | 留场用户维护 | |
| | | 离场用户伴手礼发放 | |
| 活动摄影:小五　微博图文直播:小六　视频直播:小七 | | | |
| 现声总调度:老 A | | | |

(4)活动环节设计一般在活动方案确定时就已基本成型,这里需要明确各环节规则。在设计活动环节时应以用户体验为核心,设计适合目标用户的活动内容。比如,让一群老年人去坐过山车就严重违背用户体验。

(5)物料、礼品清单:逐项把活动所有需要用到的物料和礼品种类、数量注明,并备注各物品在活动执行中出现在哪个环节、什么地点,然后交代给各自的负责人。如果所需物料和礼品种类比较多,最好再做一个表格,交给各项物品负责人。

4.现场执行，所有的努力都将在这里呈现

现场执行就是把上一步的活动流程表一项一项落实，最好的状态当然是执行人员各司其职，用户满意，活动顺利进行。但是，完美的活动大多时候只是奢望，总负责人要处变不惊，面对各种状况迅速应变，做出应对措施，并通知到相应负责人。现场执行常见问题及应对办法有：

(1)内部人员问题：执行人员到场后应迅速进入各自工作岗位，签到引导人员招呼用户，主持人再次熟悉串词，各项物品负责人厘清清单数量并提前送到预定位置，提前与摄影摄像说明需要什么场景的人物特写等拍摄需求等，尽快把现场所有的准备工作做到位。提前建一个活动执行群，出现突发情况及时通报，比如某个执行人员迟到，总负责人要立马安排其他人补位；有人遗忘工作内容或走神，旁边的同事要及时提醒协助，总之，执行人员要齐心协力保证活动顺利进行。

(2)用户问题：用户签到环节，签到负责人要快速联系未准时到场用户，查明情况并标记清楚，对最终到场人数做出准确预估。一旦用户人数不足，及时通知总负责人，评估是否影响后续活动环节，如有影响，总负责人做好决定后第一时间找到主持人告知其调整方案，同时通知受影响环节的执行人员；参与用户出现问题或发生矛盾，如果相应负责人不能单独解决，第一时间通知活动现场总负责人出面协调解决。

(3)活动流程有变：如果活动进行中再出现流程变化，总负责人趁主持间歇快速告知主持人以便主持人临场应对，并通知其他执行人员。

5.活动回顾和活动效果报告

活动结束后一般要有活动回顾，发布时间是和甲方提前约定好的。活动结束后一般还需要给甲方提交一份活动结案，大致包括活动概述、活动效果统计等各部分，将成果和数据汇总做成一个方案。活动结束后应该及时做出活动效果报告，除了结案中的成绩，还要总结经验教训。需要从头到尾把整个活动梳理一遍，重点总结两个方面：活动流程，哪些环节之间存在衔接不畅、哪个环节当中存在问题，思考以后如何优化流程；总结出现的所有问题和自己的应对措施，有哪些应对得不错，有哪些应对不足及以后如何改善，最好都记录下来。通过复盘，能清楚认识到一次活动的成功与失败。①

## 二、新媒体活动运营的常见方法

新媒体活动运营的方式多种多样，并且随着场景和用户不断地发生变化。要想完整地罗列出活动运营方法实属不易，因此，本章节仅对目前比较常见的三种方法进行简要的陈述与分析。

### (一)制造和炒作事件

制造和炒作事件是活动运营中比较常见和比较容易理解的方式，其关键在于所制作和炒作的事件的涵盖人群、规模与产品(服务)之间的融洽程度。

---

① 人人都是产品经理.策划并执行一场线下活动的全流程清单[EB/OL].[2017-2-18].http://chuansong.me/n/1583893031920.

1.制造新闻事件

制造新闻事件通常称造势，是通过新闻事件来吸引大众与媒体的关注。制造新闻事件要从用户的心理和关注点去策划事件的方向、领域；事件要具有娱乐化、社会化特征，并能与产品（服务）有机地紧密结合，达到“润物细无声”的效果。例如，澳大利亚大堡礁久负盛名，2008 年因遭受金融危机冲击，游客数量大减。于是，昆士兰旅游局就策划了一场新闻事件，2009 年 1 月，昆士兰旅游局发布招聘通告，面向全球招聘大堡礁看护员，并专门搭建了一个名为“世界上最好的工作”的招聘网站。这个职位共吸引了来自全球 200 个国家和地区近 3.5 万人应聘，包括 11 565 名美国人、2 791 名加拿大人、2 262 名英国人、2 064 名澳大利亚人和 503 名中国人。招聘的广告视频、全球应征者视频、幸运儿上岗及其工作视频都在网络上引起了广泛的关注，大堡礁的知名度也随之大幅度提高，其美丽的风光也牢牢印在了人们的脑海中。①

2.事件炒作

事件炒作就是通过制造话题、包装网红或与人吵架等方式来制造热闹的景象，同时植入产品或服务信息，引发用户的关注与传播。激烈的矛盾冲突是事件炒作的灵魂。事件炒作分为三个步骤：制造话题，选择媒体平台和发布信息与炒作。

（1）制造话题：制造话题的关键是争议第一。从用户的情感、欲望和社会心理出发，利用争议、情色、炫富、愤怒、同情，以及八卦、无厘头等作为热点话题进行炒作。例如，京东团队的话题运营杰作，就是通过刘强东与“奶茶妹妹”的恋爱事件制造了一系列话题，吸引人们不停地谈论，从而让刘强东和京东在互联网上持续地保持热度和关注度。

（2）选择媒体平台：各种媒体平台有不同的属性，如论坛、QQ 空间等是以话题为导向、具有共同兴趣群体的谈论平台；微博、微信等社会化媒体是以用户为中心的分类群体平台等。在发布话题时，要选择一个适合的媒体平台为主阵地，进行密集式发布，形成热点。

（3）发布信息与炒作：信息在发布后需要进行维护，就是要将信息保持在最吸引人的位置，促进转发和评论。具体的炒作手法有制造争端、一人多角等，通常由网络推手、网络水军、职业粉丝等进行操作。例如，魅族 M9 手机在北京、上海、珠海、深圳和广州 5 个城市同时开卖，每个店内都有几百人排队，让人联想到苹果发售 iPhone 的场景，引起了大量的关注。随后，某 IT 业内知名人士在微博中透露，这是魅族花了近 30 万元雇佣网络水军进行的炒作，是在蒙蔽消费者。很快，该名人与魅族之间爆发了激烈的骂战，引发了更广泛的关注。有网友认为，这场骂战是魅族针对排队事件进行的“再炒作”，目的是持续提升 M9 手机的知名度。

### （二）设置线上、线下福利活动

线上与线下福利活动就如同以往实体商业的促销活动，是基于用户想获取更具性价比的产品或服务所制定的。在实体商业竞争中，促销活动往往以降低成本、缩减利润为前提。在新媒体时代，线上、线下福利活动则更多地关注用户的真实心理需求。②

---

① 高天游.借势与造势：62 个成功的事件营销案例[M].北京：中国海关出版社，2005.

② 张亮.从零开始做运营[M].北京：中信出版社，2015.

1.签到

签到就是让用户像上班打卡一样，每天在不同的主题吧中点击“签到”按钮，能将用户的归属感不断地激发起来，并用作衡量平台热度的通用标准。对个人而言，连续签到可以获得更多经验值，经验值可以换取头衔、积分、现金或实物奖励，让用户在特定的时间（如凌晨12点）形成习惯和依赖，最终将用户长期留存在平台上。对群体而言，“签到”或变体“抢沙发”意味着展示一种独属文化。个人用户通过点击和分享，获得群体地位及文化认同感，大量的个体集合形成群体选择，促使平台在“不运营”和“弱运营”的状态，接受群体的选择，实现群体互动，实现接近“零成本”运营。“签到”是一个非常常见的周期性活动策划。从腾讯到阿里，不管是游戏、娱乐、会员等，都在着力培养用户的习惯——经常上来看一下，久而久之就成了习惯。

2.抽奖

满足一定条件的用户参与抽奖，抽奖的类型可以是礼盒、转盘、彩票开奖结果、股市指数等，时效可以是即时的（立即开奖），可以是延时的（指定时间公布开奖结果），奖品可以是现金、实物或者虚拟物品（积分、游戏的道具、商户的优惠券等）。

3.红包

满足一定条件的用户可以获得红包，红包中有一定金额的可以抵扣的代币或者现金，有些可以提现，有些不可以提现，红包可以限制使用场景。

4.收集

用户通过行为去进行收集，收集后的物品可以组合或者单独进行兑换。比如，集齐七颗龙珠召唤神龙其实就是收集类活动。

5.返利

用户满足一定的消费金额和笔数，可以获得返利（可以是现金，也可以是积分），返利获得的奖励可以限定使用场景。例如，2014年11月20日，东风日产启动了一场促销活动，在微信中向所有车主发放优惠券，只要购买东风日产指定车型时出示该优惠券，就能获得一份价值2 500元的汽车用品和服务礼包。40天的活动运营，共有819家专营店参与活动，352 795人领走了122万张优惠券，实际用户到店量与新增意向客户数比预期增加了38%，实际订单量比预期增加了28%，成交车辆增加了12%。本次活动的另一大收获是企业微信服务账号用户由58万增加到83万，其中11万人被清晰识别为东风日产车主，企业与用户长期联系的建立，为后续的社交接触奠定了基础。

6.竞猜

用户参与活动，进行竞猜，赢取奖励，多见于世界杯年。

### （三）组织社群活动

社群活动运营是一种效果好、成本低的运营方式。它的运营目的，一是自然构建更多和用户的“接触点”，将产品（服务）和用户之间的联结时间变得更长；二是让用户之间互相服务，实现黏合。组织社群活动有四个原则：

(1)原则一，不是企业自建社群，而是让用户自己来。这一原则重点解决企业构建社群或者进入社群环节问题。由于这一原则体现了社交网络中的“零成本”，因此还将对企业长期运营风格产生影响。例如，随手记 App 在前期推广时，运用了社群活动思路，邀请用户自建跑步群，或加入身边的跑步群。自 2014 年底发起至 2015 年 1 月，全国有大约 4 000 个跑步群被爱好者们自发组建起来，不同的跑步群分别在自己的城市举办各种活动。这个社群活动不但产生了巨大的影响力，也让随手记 App 受益匪浅。

(2)原则二，给出简单而清晰的目标，并逐级实现。这一原则重点解决用户个体在社群中长期活跃的问题。举个游戏的例子，最近比较热门的手游《刀塔传奇》，这个游戏营造了一种氛围，协助用户不断树立自助目标。这个游戏每时每刻都设计了一个或多个目标，仅仅面向用户的重点目标设计就被划分为 4 个阶段：第一个阶段是用户进入游戏的前 10 分钟，重点是吸引用户留下来。在这个阶段中，《刀塔传奇》强调游戏美术设计，吸引玩家留下来。第二个阶段是用户玩游戏的第一天，重点是让用户体验游戏。用户刚进入游戏就是一段对战，虚拟英雄带领一个团队被对手击败，系统从这里开始引导用户搭建属于自己的英雄队伍。第三个阶段是用户玩游戏的第一个月，重点是用户在游戏中的“成长”。在这个阶段主要是引导英雄经验等级和战队等级不断提升，同时用户还会获得更多的英雄。第四个阶段是用户玩游戏一个月以后，这个阶段的重点是“玩法”，即不断推出新的内容。

(3)原则三，每个人都清晰地知道自己的任务，并去完成它。即在这原则下，用户清晰地知道为了完成目标、获得激励，当下应该去完成什么任务。这一原则重点解决社群中的核心用户长期活跃的问题，侧重于协助每位社群成员设定合理的目标与角色定位，推动人人都成为内容传播者和活动者。例如，闺蜜圈通过产品和数据挖掘方式完成人群细分工作。用户在注册一些应用、社区时，会被要求自选几个标签或者兴趣爱好，此后再根据用户使用产品(服务)的过程持续添加标签，然后根据这些标签和当前地理位置等一系列行为特点，不断尝试推荐内容。通过这种方法，人群和内容都得到了细分与组合。

(4)原则四，即时且正向的群体激励。这个原则重点解决企业与社群之间黏合关系、方向控制难题。群体激励有几个关键因素，一是让用户实时了解在完成这一过程时，自己所能做出的贡献，用户在社群(或好友中)的占比、排名和贡献值等。二是将最优秀结果通过激励明确下来，并公开实时告知所有的参与者。[①]

## 第三节　新媒体活动运营的风险与管理

相对于其他运营方式来说，新媒体的活动运营因其直接面对用户，具有更大的灵活性和多变性，因而风险指数也会不断地提升。在这种情况下，想要活动运营能顺利地实施并取得预期效果，就必须充足地考虑活动运营中存在的风险、活动的管理方式及危机的应对方法。

---

① 徐志斌.社交红利 2.0——即时引爆[M].北京：中信出版社，2015.

## 一、明确活动运营中的几个关键点

活动运营的实质是通过锁定目标顾客群体，通过演讲、展示、体验等全方位形式展现专业的产品（服务）形象，并通过与目标群体的接触互动，进行意向的挖掘并进行隐藏式销售。在活动运营工作越来越细分，表现形式越来越庞杂的当下，明确活动运营的几个关键点显得非常重要。

### （一）不要英雄主义

在活动前期的时候，尤其是小型的活动，比如十几二十人的分享会，会觉得一个人能搞定所有事情。想起来是可行的方式，但在做的时候会发现其实困难重重，一个人默默无闻去做这个活动的话，内心上会觉得很有挫败感。所以，不管活动规模的大小，都应该由一个团队来完成，并制作一个整体的分工表，进行分工合作。

### （二）独裁是必要的

当涉及活动环节、程序等问题出现无法通过讨论产生结果的时候，独裁还是很必要的。因为无休止的争论只会耗费更多的精力而毫无益处，此时，通过独裁可以最快、最有效地解决问题。但是，独裁必须基于明确的活动目的和诉求之上，同时，其决策是可以实施和执行的。

### （三）做一个完整的分工表

这个表格是非常必要的。表格的制作方法，已经在活动流程的章节中详细地讲解过，在此不再赘述。除了制作详细、完整带有时间的分工表格之外，还有两个细节非常值得注意：一是，善于利用邮箱来完成工作传递和备份，即便能够在微信上互相沟通，也需要邮箱来承载这个事情。需要让全组的人都知道在做什么，同时也需要随时告知领导，让其保障活动的顺利以及为你分责，从而处理好危机与责任的关系。二是，随时记录现在正在做的事情以及这个事情的进展，进行进度标注，列出时间需要，更好地促进活动的完成，并为复盘分析提供必要的保证。

### （四）时间节点倒推

无论大活动还是小活动都需要倒推，大型的活动需要邀请外地的嘉宾来，需要给他们订机票、订住宿，可能要倒推两个月。小型的活动比如说周末办一场分享会，也要倒推一周。提前把图做出来，嘉宾定下来，主题定下来，然后去跟嘉宾确认，在倒数第三天的时候去推广。要注意一点：要以活动为中心，活动前后都应该有时间表，活动后期的反馈复盘也应该放进来，也是需要做时间倒推的，包括活动结束一至三天需要达到的目标等。

### （五）执行安排一对一

执行安排一定是一个人做一件事，责权清晰。这点在执行过程中很重要，因为没有人愿意完成更多的工作，承担更多的责任。专事专管、专人专责，可以在出问题时很快找到责任人，并且无法推责，从而确保活动运营中的每一个环境都能执行到位。

### （六）重要人物、环节永远都要有备用计划

就是备份的事情，最重要的人物和环节永远都要有备份，以防止突发情况的出现。当然，最重要的是不要着急，不要慌张，要稳住自己的情绪，以最快的速度思考和解决问题。

### （七）清楚传播的重要性

传播在活动运营中的分量至少为50%。传播分为两个类别：一是，不同活动目的的活动对应不同的传播方式。依据活动目的划分的活动类型有两类，一种类型是着眼用户的，目标就是来参与活动的这些人；还有一种是着眼于嘉宾，服务对象是嘉宾，用户是嘉宾带来的。当然很多时候是这两种类型的结合。这种活动的层次比较高，同类别用户会很多，嘉宾的影响力很重要。比如，可以把邀请的重量级嘉宾拿出来做宣传。主要着眼于用户的话，传播方式是奖品、互动嘉宾影响力和场地。传播的品质一定要高，形式上尽量选最高品质的，例如做H5。传播上尽量找行业内、专业内人士进行传播。举个例子，前两年被刷屏的山东辱母案。《刺死辱母者》是南方周末最早出了特稿，稿件非常长，写得非常好，但是它出稿完之后三天了，也没有非常大的传播，影响比较小。这个时候凤凰客户端的人看到了这篇文章，就把《刺死辱母者》改了一个更加能吸引用户的标题，改成了《山东：11名涉黑人员当儿子面侮辱其母一人被刺死》。我们可以看出原标题是很有品质的，也很符合南方周末的基调，但这个标题很显然不利于传播，经过了这个关键性的改标题之后，这个稿子就被迅速地大规模转发了，这是第一次。紧接着网易的新闻编辑发现了这个标题，也改了一个标题，这个标题叫《女子借高利贷遭控制侮辱，儿子目睹刺死对方获无期》，就这样一个关键的动作，一个渠道的转移。这篇文章就从3 000的曝光量变成了3 000多万。标题是非常重要的。如果扩展到活动中来说，做一个活动"人生中不得不去的海岛"，如果改成"老板我要辞职"，可能就会比前面更有传播点。旅游大咖分享他环游世界的故事，把"北纬30度的青春"改成了"我们不推崇穷游，但我们也不打击穷游"的标题就更有对应的传播点。回到同类型的活动中，可以结合当时的网络热点、网络语言，然后挖掘这个活动中最吸引人的点，变换一下传播的渠道和形式，给大家一种新鲜感，就会从同类型的活动中有一个重点的突围。二是，不同类型的活动有不同的传播方式。比如说大众性的传播，微博、微信、各个大账号、KOL等，还有口碑的传播活动，互动式传播H5页面小游戏，这就要根据自己的活动来找到合适的传播方式。同时，要去找相应的传播渠道和传播时间。例如，早上7点到晚上9点，下午3点，晚上9点到十一二点，这是一个传播的高峰期；如果要请KOL发稿都要在这三个时间段，才能获取较高的传播量。

### （八）运营团队

在活动运营过程中，要营造一种团队专属的氛围，在团队工作中积极引入话题和事件，制作出一个团队的共同回忆，让团队成员更加亲近，形成团队归属感，从而产生出意想不到的效果。可以说，活动运营是直面用户的，而活动运营者可被看作是用户的一部分，两者都需要进行运营。

## 二、成本预算与活动设计

通常情况下，总体预算在每一年的年初甚至上一年的年末就已经全部定好了，也就是说，假设某一个企业或者产品(服务)的相关运营指标是用户数(注册、活跃、留存、付费、流失挽回)，那么企业或者产品能够在这些数据上花的钱基本上也就已经确认过了。一般来说，任何一个企业都想以最低的成本来实现最大的收益。因此，就迫使活动运营者们殚精竭虑去创新活动的形式与内容。在成本预算时，首先必须有基本思路：先看能不能借势，再看能不能借力。可以借势的，用抽奖玩，可以借力的用合作分摊成本；如果势、力皆无，那么就要拿出数据说服老板，要么降低活动预期，要么增加活动预算；如果说服不了老板，那么最大努力设计一个吸引人的活动吧。举一个较为成功的案例，以上一节介绍过的社群活动为例。在 2014 年 1 月 11 日，辣妈帮的 5 个团队成员，用仅仅 15 万元的预算，在 86 个城市举办了年会。这几乎是用不足以举办一场大型活动的人力与资金，完成了同日同时 86 场不同城市的年会。这是如何实现的？辣妈帮在上一年的 11 月份在 App 社区发出声明，妈妈们可以在自己所在的城市申办自己的年会，申办年会的妈妈们需要在自己的城市组建一个志愿团队，成员分别承担主持人、财务人员、导演和统筹人员、时尚达人、化妆师、宣传人员等职责，活动场地与活动经费通过协商与众筹的方法获取。辣妈帮的团队仅仅为志愿者们提供了一份详细的任务清单，其中包括：年会场地需要什么条件、如何征集节目、如何安排排练、现场如何组织、摄影师和化妆师的安排与调度、年会如何宣传推广等。这些清单放置在不同的时间和步骤中，志愿者对照清单按照进度就可以实施完成。[①]

## 三、风险管控与应急预案

活动运营最累的环节不是如何设计一个有趣的活动，而是如何提高活动开展过程中的用户体验，减少活动的风险。换言之，哪怕是最普通的活动，用户看了完全提不起参与的兴趣，也不能让有兴趣参与的用户顺畅地参与到整个活动中。不管是活动开发有漏洞，还是活动设计有缺陷，都是需要考虑和严格把关的内容。一个活动从设计到上线要经过五个阶段，每个阶段都要对其可能会产生的风险进行评估和备案。下面这个活动运营环节与风险的解释图(图 5-2)，可以非常清晰地展示出活动运营每个阶段可能发生的风险。从图中不难发现，其实所有的风险大都和“沟通”有关。沟通的成本很高，运营人员、产品人员、开发人员、测试人员、客服人员……甚至包括用户，大家在沟通的过程中，很容易出现的是“没有说同一种语言”的问题。[②]

---

① 张亮.从零开始做运营(进阶篇).百度阅读，http://www.chforce.com/books/om-2/index.html.

② 张亮.从零开始做运营[M].北京：中信出版社，2015.

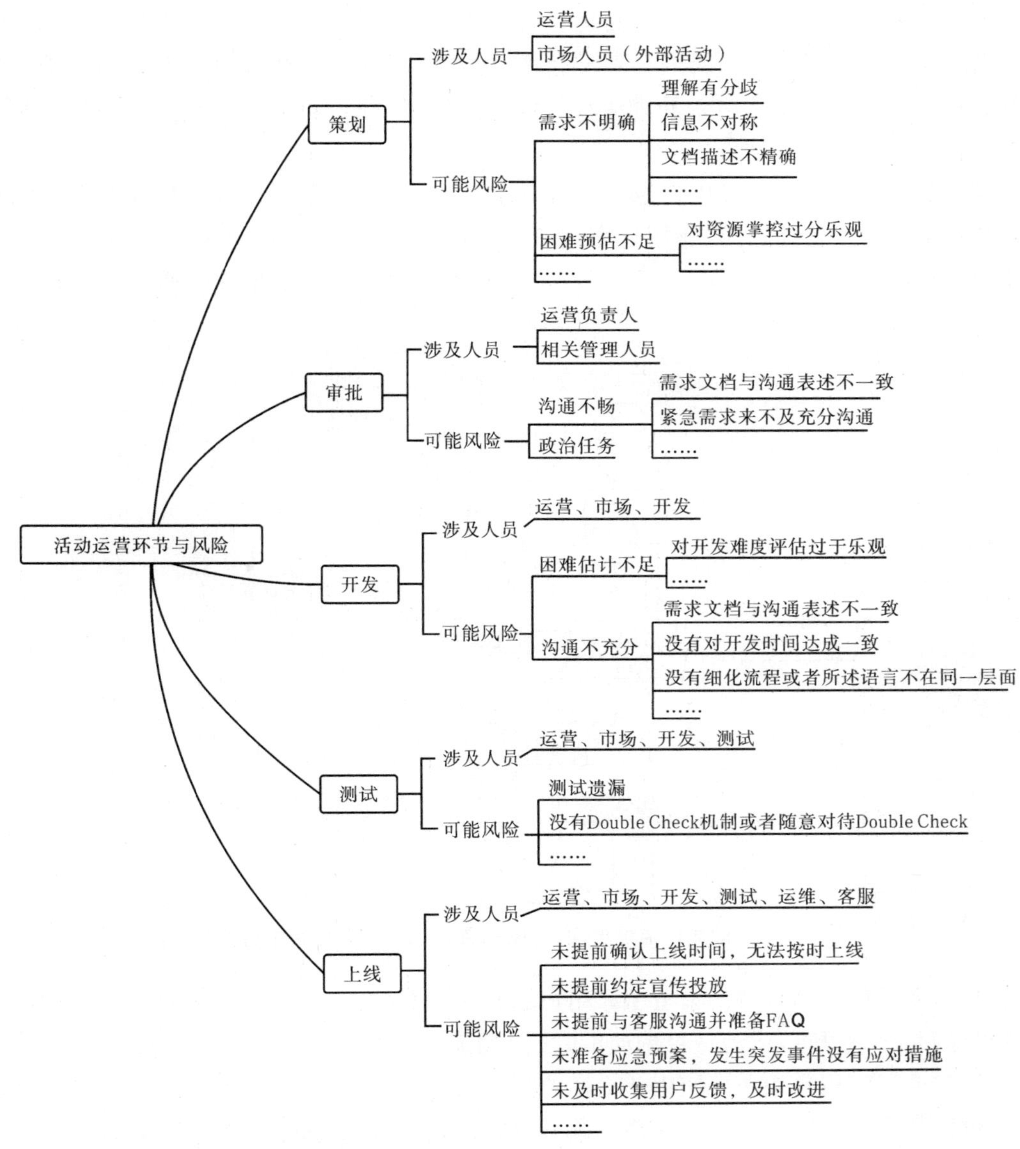


**图 5-2　活动运营环节与风险（图来自：张亮《从零开始做运营》）**

因此，在活动策划环节，就要考虑几个问题：设计的活动规则是否有漏洞，穷举极端事例；活动是否会影响普通用户的体验，如系统问题等；奖励设置是否合理，考虑用户获奖难度和用户获奖所需成本；运营节奏如何把控，何时投放宣传、哪些指标需要调整、运营效果如何监测等。同时，与开发、测试确认了开发需求和排期之后，需要着手整理经常会遇到的问题，并在运营前完成与客服团队的沟通，确认客服人员知晓处理相应事件的应对策略。做好应急预案，当极端事例发生或出现数据异常波动的时候，及时拉回至健康状态。

## 四、活动数据监测与应对策略

活动运营是一种短期刺激运营指标的手段。所谓短期刺激运营指标，是指在活动设计的有效期内，通过活动运营有效地提升相关的核心指标。例如，社区运营的核心指标可能是用户活跃度、内容新增数量；电商运营的核心指标可能是成交量、客单价、转化率；游戏运营的核心指标可能是活跃一付费转化率、付费人数等。那么如何才能得知活动是否提升了相关的核心指标？这需要对活动数据进行监测，并得出应对策略。下面我们来举个例子：

某个旅游网站发起了老用户邀请新用户加入，老用户和新用户都可以获得 100 元的代金券活动。如果活动期间，新用户完成了一笔旅游订单，不论金额大小，作为邀请人的老用户还可以获得 100 元的代金券。我们来分析一下关键节点和对应加入的数据统计（图 5-3），了解如下几个问题：

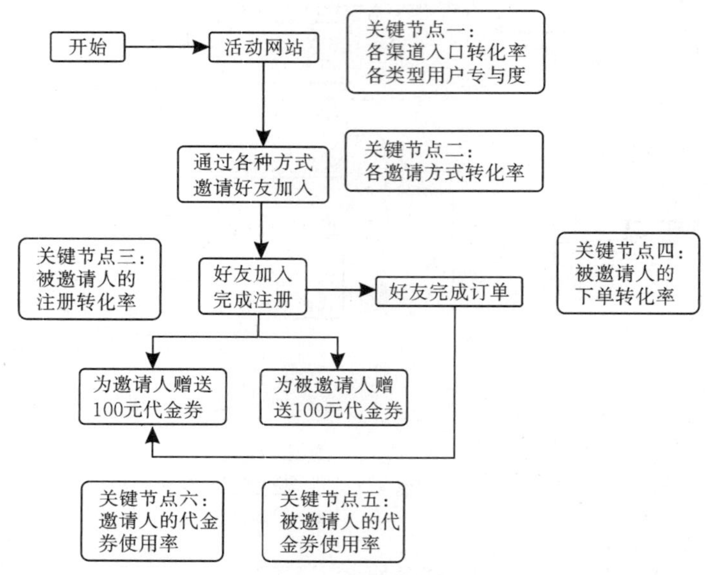


**图 5-3　活动数据监控流程图（图来自：张亮《从零开始做运营》）**

（1）需要了解活动投放的渠道引入用户的转化率，并且了解什么样的用户对这类的活动感兴趣，是否下过单，活动是否带动了原先未注册的用户进行了注册，等等。

（2）需要了解用户偏向于使用什么样的渠道来邀请其他用户，以及各渠道的转化率如何，这可以帮助我们在后续运营活动中进行改进。如果用户喜欢用 SNS 渠道，那么就要加强，如果用户不喜欢用邮箱渠道，那么以后就尽量不用，等等。

（3）我们还需要了解新用户是否对活动感兴趣，此时，可以尝试调整文案、强化引导等手段来提升新用户的转化率。在数据指标监测中可以有效地掌握用户的偏好，如用户究竟对何种文案感兴趣，究竟是否能够通过各种引导来完成用户转化。

（4）还需要监测新用户进入后有没有下单，下了什么单，单价多少等，这对于了解网站销售的产品（服务）对新用户的吸引力如何、对了解什么样的用户喜好什么样的产品（服务）有帮助。

（5）既然发了代金券，总归要知道用户有没有使用。

## 五、活动效果判定与总结

在整个活动完成后，要对活动效果进行判定和总结。判定与总结的方法与流程在前一节中已有较为详细的介绍，这一节仅对成本测量和KPI两个部分进行介绍。[①]

### （一）成本测量原则

所谓成本测量原则，是在活动设计时提出一个总成本和人均成本的数值，以及活动目标值，考核活动结束时，成本是否在预期成本以内。比如：本活动预计可以带来10 000名注册用户，活动奖品总成本10万元人民币。那么可知，总成本是10万元人民币，一个新注册用户的平均成本是10元人民币。如果你花了8万元，带来了20 000名注册用户，那么这个活动效果是超出预期的。如果你花了6万元，但只带来了5 000名注册用户，那么这个效果就需要检讨了。成本测量原则的预期是：将活动总成本控制在预算总成本以内，同时，单个指标的成本越低越好。

### （二）KPI达成原则

KPI达成原则，是在活动设计时虽然提出了总成本和人均成本数值，但同时也提出了活动目标值，考核活动结束时是否达成了活动的KPI。还是上一个活动：本活动预计可以带来10 000名注册用户，活动奖品总成本10万元人民币。结果，由于某些原因，成本没有控制住，超出了10万元人民币，但是这个活动多带来了2 000名注册用户。平均下来，一个用户的成本由原先预计的10元变成了7元不到。因此，KPI达成原则的预期是：用超出预期的效果来覆盖成本控制不当的负面影响。

## 【知识回顾】

新媒体活动运营是针对不同的产品、商品或者项目，用线下活动的形式进行运营，包含了活动策划、活动执行以及嫁接相关的产品和对产品或者项目的后期反馈，这样一个整体的产业链，也可以说是一个整体的执行链。其功能是为了吸引新的潜在用户、维护和活跃已有用户、快速提升运营指标、提升塑造产品形象。新媒体的活动运营可以说是新媒体所有运营中，与用户最为贴近、最为灵活多变的一种。同时，活动运营还会根据不同的场景和空间分为线上和线下两种运营方式。通常看来，新媒体活动运营有制造和炒作事件，设置线上、线下福利活动和组织社群活动三种方式。但是，不论采用哪种活动运营的方式，都是一项艰巨而浩大的工程，因此，想要活动运营顺利地开展、实施并取得预期的效果，必须对其进行风险预测与管理。一般情况下，新媒体活动运营的风险与管理需要完成：明确活动运营中的几个关键点；成本预算与活动设计；风险管控与应急预案；活动数据监测与应对策略；活动效果判定与总结五个步骤，并为下一次的活动提供参考。

① 张亮.从零开始做运营（进阶篇）.百度阅读，http://www.chforce.com/books/om－2/index.html.

## 【思考题】

1. 什么是新媒体的活动运营?
2. 新媒体活动运营的特点是什么? 有什么功能?
3. 如何策划一个线下活动运营的方案? 需要考虑哪些因素?
4. 在活动运营过程中会发生哪些不可预计的风险? 我们该如何处理这些风险?
5. 活动反馈包含哪些内容? 在新媒体活动运营中起到什么样的作用?

# 第六章 微博运营

## 【知识目标】

☆ 微博运营的概念、发展阶段、目的和作用

☆ 微博运营的核心要素与方法

## 【能力目标】

1.了解微博运营的各种基本概念

2.能够对如何进行微博运营有初步的了解，并能在微博运营的过程中构建出基本的构架和梳理出未来的运营方向及方法

## 【案例导入】

**杜蕾斯的微博探索**

提到微博，“杜蕾斯”是一个完全绕不开的名词，这个词承载的不仅仅是一个品牌名称，它更是微博运营的一个标杆。

杜蕾斯的微博运营，以幽默搞笑的“老司机”形象为主，生产出大量的轻松诙谐的高质量作品，受到了用户的喜爱。尤其是在节日、热点事件等节点的借势传播内容，在用户和KOL之间得到了大量的传播。

杜蕾斯的微博号为“杜蕾斯官方微博”，微博认证是“利洁时（中国）投资有限公司杜蕾斯官方微博”。截至2017年7月，杜蕾斯目前关注122，粉丝219万，全部微博一共19 000多条。近一个月内，平均每天发布约6条信息，主要在早上、中午、下午、晚上等时间段重点发布。

除此以外，杜蕾斯每年在以微博为主阵地的社会化媒体上，都能发起多起震惊行业的经典案例，比如“杜蕾斯百名情侣直播”，每一次的传播都能在微博上掀起新的传播热潮。

杜蕾斯的微博运营，在行业的地位是不言而喻的，无数的微博运营主体都想学习杜蕾斯的先进经验，但往往最后成为“四不像”。我们到底应该如何看待杜蕾斯的成功，以及从学习杜蕾斯表面的内容成功的经验，到更加深入地学习杜蕾斯整个运营的体系和方法呢？

## 第一节 微博运营的概念

微博运营是从微博兴起后，随着微博媒体的社交性和开放性，迅速得到了各类企业、品牌、个人的认可，成为新媒体运营的主流方式之一。

## 一、微博运营的概念综述

微博运营从执行方式来讲，即以微博平台用户为潜在营销对象，企业或个体通过持续更新自己的微博内容来传播品牌信息、产品信息，或发布或参与可能引起潜在客户兴趣的话题，借由持续的内容创意和组合表现形式与用户互动，吸引关注，提升影响，塑造形象。总结来说，微博运营大概有三个阶段：

### （一）初兴——野蛮生长

2009 年伊始，国内微博平台大量涌现，整体用户规模持续增长，同时也分支出门户类、垂直类、新闻类、电商类、社交类、独立类等微博网站。此时，国内微博也因单向关注、140 字的发布限制等特点与 Twitter 类似，而被视作"中国的 Twitter"。

初期的微博可以说是博客和 SNS 盛行后的结合产物，它同时提供给所有网民自由表达观点和自主关注热点的机会。用户通过微博可获取信息，可交流思想，可组成圈子。各种新鲜猎奇的信息被微博即时、迅速地传播和扩散。微博无须用长篇大论占用用户太多注意力，而手机上网的日渐盛行更催生及加剧了网民对微博的使用热度。

此时，名人微博、草根大号的大量出现为微博用户提供了丰富多彩的娱乐八卦、社会热点、新闻信息等内容，在短时间内为微博急剧拓展了影响力，因而也得到平台的大力扶植，开始展现其营销价值。

此阶段的微博运营，经验往往复制常规的媒介运营的方式，即使每天六条心灵鸡汤或者六条段子，都能受到消费者的喜欢和关注。微博运营的拓荒期，因为微博红利的存在，充满了想象的空间和各种的尝试。

### （二）反思——定位模糊，方向不清

经过初期阶段的野蛮成长，微博平台信息超载、垃圾内容泛滥、不实谣言散播等现象进一步显现，给用户造成"越来越水""太无聊"等负面印象。从而催生了"水军""僵尸粉"等表面热闹、内里虚无的网络营销角色，垃圾营销内容开始在微博上露头，越来越多的"假、大、空"账号和内容占据用户有限的注意力，微博在用户心目中的热度和新鲜度日渐受损。

另一方面，由于此类 SNS 平台具备的高潜力商业前景和高黏性、高辐射力的用户价值对微博平台造成致命吸引，加上微信在此时逐渐兴起，给微博带来猛烈冲击，此时的微博呈现出内容杂烩无营养、功能扩展无章法的乱象，是媒体？是 SNS？用户大量流失不可避免。

红利丧失，用户流失，关注下降，导致此阶段的运营毫无章法，各种在红利阶段有效的方式方法，也逐步失去效果。微博运营此时受到了极大的挑战。

### （三）复兴——内容复兴、社交进化

与其用"复兴"，不如以"步入正常发展轨迹"来形容经历"被用户遗忘"时期的微博更准确，此时的微博更专注于打造公众意见载体，将"聚合'新闻＋兴趣话题'的媒体平台"作为发展方向，一方面在功能上聚焦客户端优化及完善，提升版面、阅读、分享体验，另一方

面在延续微博低门槛、低成本的信息表达和获取特点的基础上，着重持续、稳定地输出新鲜、优质内容。

此时，微博的社交属性也更偏向于为其媒体平台的属性服务，以优质内容生产者为聚合原点，吸引感兴趣的用户持续互动，在攫取新用户流量的同时，又可增强兴趣用户的黏性，提升用户留存度。此时微博“社交类媒体”的平台定位更清晰，以内容输出为核心，以兴趣社交为导向，回归新闻客户端领先队列。

而此时的微博运营真正地回归到以主体、用户、内容为核心的新阶段，真正地在创造新媒体运营的价值。我们所讨论的微博运营，都是以此阶段为重点研究对象。

## 二、微博运营的目的

微博以庞大的用户基础及扁、平、快的传播特点为市场营销带来新的力量，同时也在营销活动中扮演多个重要角色，发挥出“多维立体式”的作用。这些作用能帮助企业或者个体实现什么目的呢？

### （一）品牌或产品的官方发声平台

官方自建、自主运营的品牌或产品官方微博是企业或组织与用户最直接的沟通渠道，不仅可以灵活、有效、自主地发布与营销相关的内容，更可根据与关注用户的实时互动反馈进行调整及优化，保障发布内容符合品牌或产品整体营销调性。

### （二）内容发起者

与个人微博自由随意、较无目的的表达所不同的是，有营销目的的微博更依赖与营销主体相关的内容创造，微博可作为承载内容及创意的发起源头，凭借其简洁高效的传播特点，点对点地向用户完整传达营销内容。

### （三）公关价值事件的创造者

通过参与微博内容的创造及传播，结合关注用户的话题走向和热点聚焦趋势，发掘或创造社会话题或新闻事件中与营销主体关联的公关价值，形成营销热点讨论。同时，为了避免与营销主体相关的负面内容的即时扩散，微博也可在营销体系中担任公关舆情监测的角色。

总体来讲，微博是口碑裂变的核心引擎，是热点的 PR 价值创造者，是承载品牌或产品官方创意内容的权威而又贴近用户的发声平台。

## 三、微博运营的作用

作为一个发声平台，微博运营又具备什么样的作用呢？

### （一）吸引客群

微博运营的最终价值可以说体现在关注用户的价值上。通过互动性、话题参与度等指标来判断营销内容是否吸引到了真正的潜在目标客群，而并非仅吸引来一堆“眼球”。吸引客群，维护粉丝，自然就能达成企业或者个人的传播和营销目的。

### （二）曝光推广

通过简洁、精练的官方内容发布、展示品牌最新动向、产品卖点、营销活动等信息，通过微博扁、平、快的传播迅速提升曝光，强化认知。因为微博的快速传播性和裂变性，微博运营能快速地实现信息的曝光和传递。

### （三）价值传递

通过微博，企业可以强化品牌个性、传递价值、渗透文化，让用户最直接地感受品牌内涵。微博传递的不仅仅是广告信息，更多的是以内容为核心的信息。以内容为载体，就非常容易传递价值。

### （四）口碑监测

通过用户关注热点及互动趋势获知口碑变化情况，并可借助平台提供的数据监测工具建立预警、监测、危机处理的反馈机制，为口碑营销提供基础。

# 第二节　微博运营的核心要素

微博运营的重要性和复杂性是并存的，在遵循营销和传播的基本原则和方法论基础上，如何最大化运用微博所具备的扁、平、快的特点，将最直击目标客群兴趣点的内容用最合适的呈现方式、传播节奏以及最有效的渠道组合精准传达，真正做到将最合适的内容传达给最合适的用户，将效果最大化，对企业品牌或产品的微博运营来说，是值得深入研究和持续优化的。

## 一、从关系经济到粉丝经济

微博可以被认定为是一种社交媒体，社交媒体运营的核心是与目标消费者建立社交关系。如果单纯以社交关系来界定微博的运营要素，其实并没有错，只是还不够准确。

特别是在社交媒体发达的今天，要把握住微博运营的核心，我们需要用一个更加精准的名称“粉丝经济”，不仅让消费者变成粉丝，而且是在微博上建立真正的粉丝关系。

大多数人都知道百事可乐和可口可乐，但有相当一部分人都会在便利店购物时执着地选择其中一个品牌，执着地认为某一种更好喝；城市里现在随处可见肯德基和麦当劳，但同样有无数人会在有选择余地的情况下执着地只去其中一家就餐。大家知道是因为品牌提供给了人们关注和体验的机会；执着地选择某个品牌，无疑就是粉丝了，而忠实的粉丝就是品牌最有价值的消费者。

此处我们讨论的粉丝，并非单纯局限于“追星族”，而是涵盖因某个热门话题、新闻热点、兴趣爱好等而积极表达观点、持续互动的人群。当这个人群的数量足够大、互动足够深入时，将不止在网络上产生巨大影响，更可以辐射至线下。对于实施微博运营的企业来说，这意味着粉丝们不仅可以在线上心心念念地进行关注、评论、转发、送上热门话题，更将自身拥有的行动力和购买力在线下进行“折现”。

将冰冷的关注转化为有温度的粉丝，是需要在微博运营中持续关注的焦点。此处需要特别关注的是，粉丝对于品牌或产品的拥护除了对其本身的硬性实力的认可之外，更重要的是需要意识到粉丝们给予了品牌或产品情感上的投入，在任何关系中的投入都需要获得回报，才能使关系长久。这对于企业的微博运营来讲，就需要塑造有温度、有情感、有思想的微博形象，与粉丝进行持续的、零距离互动的价值需要被深刻认知，需与粉丝建立稳固的情感纽带。

## 二、从单打独斗到整合营销

实现营销的商业化、利润化是企业的终极目标，而在使用微博平台来进行营销的过程中，做好平台提供的基础设置，通过内容发起、转发、评论等互动行为收获一定数量的粉丝，就是实现营销目标了？当然不够，在这个过程中，系统化的整合运营思路才是微博运营的王道。

一方面，检视和明确品牌传播调性、产品特点、目标客群的画像等在整体客户营销体系中的关键要素；另一方面，结合微博平台本身特点、用户习惯、热点内容变化趋势，明确自身运营的个性化特色、内容风格、发布节奏等。

简单来说，即在已明确品牌或产品自身的特点、目标客群是谁、这群人在微博上如何分布的基础上，再明确自身微博的类型(是杜蕾斯一类的品牌宣传型，是小野妹子学吐槽一类的段子手型，还是微软小冰一类的互动唠嗑型?)、想通过微博干什么(曝光新品上市视频，结合当天热点八卦"自黑"一下，发起一个劲爆话题让粉丝聊天互动，还是给用户进行集中答疑?)、想通过微博达成什么目标(存量用户的促活，获取新粉丝，直接促进购买?)。

首先，必须基于微博运营的整体环节来考虑，而不是简单地就内容说内容，就话题说话题，把微博运营的各个环节割裂。必须从整体来考量微博运营的系统工程，从而才能形成坚实的地基，让微博运营的效果水到渠成。

其次，自身微博的运营不可单兵作战，需要与企业整体的客户营销体系一脉相承，过度放大或单纯忽略微博的营销作用都不可取，而要将其理解为整体营销体系的辅助手段，在传播节奏和发声角色方面制订系统计划。当企业一旦开始实施微博运营，就需要持续地运营，不可半途而废，有一搭没一搭的运营只会让既有粉丝快速流失且挽回成本高。同时，还可能引起对品牌有期待的潜在粉丝不满，对品牌形象造成不利影响。

在进行微博运营的同时，不能就微博运营而微博运营，应该结合企业自身的优势、品牌的特点、产品的规划、营销的设置而综合考虑。让微博运营成为营销中的一个环节，同时让整合营销带给微博运营更多的优势。这样才能真正地做好微博运营工作。

## 三、从追求热点到量化检测

微博运营的一个重要指标，一定是用户和粉丝的关注度，只有抓住用户的关注度，我们运营的微博才有存在的基本价值。所以，追热点、贴热点成为微博运营的一个非常重要的动作。

随着信息爆炸，每一个消费者每天都会接收大量的信息，而我们在运营微博的过程中，资源和精力毕竟是有限的。要让有限的资源释放到无限的信息中，还能引发消费者的关注度，追热点和贴热点肯定是一种捷径。每当社会有热点事件发生，我们就会很容易地看到，各种企业的微博不断地刷屏来跟进和呼应这个热点。在早期内容泛滥的时期，甚至有许多运营主体，不顾版权和法律的要求来贴近热点，希望抓住眼球。这样的追求热点，真的能达成我们期望的目的吗？

如果从更加客观的角度来看，追求热点肯定比创造热点要简单，追求热点肯定比完全自说自话要吸引眼球。但如果毫无意义地追求热点，肯定达不成传播的目标和要求。

一方面，追求热点作为早期拓荒时期的运营黄金法则，如今已经逐步失效，原因在于越来越多的运营主体都来追求热点。追求热点的目的是从非热点中脱颖而出，人人都追求的热点，自然就没有了热点，也就无法脱颖而出了。

另一方面，不是所有的热点都适合去追。但我们发现，诸多的微博号不管不顾，任何热点都去贴。明星结婚要贴热点，明星离婚也要去贴热点，甚至明星生个孩子也会去贴热点。这样的贴法，先不说所谓的热点是否真热，而在于这样贴，所产生的内容对我们自身微博的建设意义又在哪里？如果不能贴近我们的目标、用户以及自身的品牌性格和调性，这样的热点不贴也罢。

所以，我们需要有更加量化的检测方法来进一步补充我们抓取热点的方法。

第一，我们需要做最基本的评估：热点到底热不热，热点到底好不好。通过现在很多的运营工具或者微博工具，我们能很简单地对所谓的热点进行第一个维度的评估。微博毕竟有社交的属性，容易形成圈子效应。一个段子或者一个事件，在这个圈子里面火，并不代表在全国都火；一个内容或者一个视频，在一线城市流传，并不代表在我们的目标用户中流传。我们只有对热点做好基本的评估，才能有选择的第一个条件。

第二，我们需要做最基础的评估：热点到底对不对，热点到底要不要。这种基础的评估体系的打造，就需要企业自身建立各种权重和指标。一般而言，都会有以下几个维度：①与品牌的调性是否匹配；②与微博用户的价值是否吻合；③该热点的争议平衡度；④该热点的贴合切入点；⑤该热点的后续传播性等。只有吻合我们自身运营目标和要求的热点，我们才能考虑贴不贴、怎么贴。

所以，量化检测不仅仅是效率的检验方法，也是对内容评估的重要手段。有效地使用量化检测的方法，不仅仅能帮助我们利用好热点，更重要的是去选择内容、制作内容、创造内容。

不管是常规的内容生产，还是贴热点，甚至是创造热点，我们都需要用更加科学的思维，采用大数据的方法来进行更加系统的思考，不能在微博运营的各种手段上迷失。

## 四、从纯自媒体到媒介组合

微博是重要的社会化平台，微博运营也是目前特别重要的新媒体运营方式之一。但一提到微博运营，大家的注意力往往会过于集中到“运营”窄小的概念，会忽略微博的其他属性以及“运营”更广义的概念。

比如，大家在微博运营中往往最重视的就是内容生产，一定要有更高质量的段子、更精美的图片、更有影响力的视频等，最多加上 KOL 等辅助手段。很多运营主体的思维和意识一直停留在这个层面。

那么我们需要从这两个概念上重新理解。

### （一）微博的平台属性

微博确实是社会化运营的重要阵地，做好社会化运营，需要从内容上进一步加强。但微博同时也是一个强大的媒体平台，除了运营主体的微博能发声产生极大的社交裂变外，微博作为一家有影响力的媒体，本身就具备极大的能量。所以，用好微博本身能帮助我们把微博的运营做得更好。

首先，微博的各种常规广告的使用配合内容的传播，就能进一步提升效率。

其次，微博作为媒体方还能有一系列的市场传播活动，比如微博之夜、微博红包。参与此类的活动，借助微博本身的影响力，能够把我们的微博运营更进一步地推进。伊利舒化奶就曾经参与过微博世界杯活动。伊利舒化奶和世界杯足球赛各种流行元素相结合，并在新浪微博世界杯活动官网上广泛曝光，从而使伊利和世界杯的相关博文达到千万条。同时选取粉丝数多的用户成为活动中的球迷领袖，这些用户参与的不仅仅是微博官方活动，也是舒化奶的活动。从而通过这些球迷领袖的粉丝，又使活动得到了更多的扩散。这样的方式，就是充分地利用了微博的媒体属性，借助媒体平台的力量把微博运营做得更好。

最后，微博作为一个互联网平台，在挖掘数据、使用数据方面也具备先天的优势，我们需要使用好微博提供的各种工具，比如微博指数等，帮助我们在运营的过程中做决策分析。

### （二）广度的运营

微博是一个开放的平台，不是一个封闭的平台。微博是一个发声的平台，也是一个聚集和落地用户活动的平台。那么，在微博运营过程中，我们自然要用好微博平台的特点，但是，从来没有人反对过，多平台组合最终促进微博运营达成最佳效果。比如，我们要推广一支具备社会化气息的企业产品视频，虽然有各类视频大号能够协助推广，但是，为什么我们不能组合视频网站一起来进行推广运营呢？毕竟，在视频推广中，视频媒体的能力是不可小觑的。将视频网站的能量聚合起来，最终全部落到微博活动上，能让整体的运营效益发挥到最大。如果孤立地在微博上做微博的推广，在视频网站做视频网站的推广，我们的能量不仅没有最大化地聚合，而且消费者在感知品牌内涵、认知产品的过程中，容易出现信息断层、接收不全面的情况。

微博是重要的自媒体平台，运营好微博，能够实现非常大的传播意义和价值，但不能因为自媒体而孤立地看待微博运营。更全面地看待微博，以及更宏观地看待运营，都能把微博运营推向更好的发展阶段。

## 第三节　微博运营的方法

微博运营作为非常重要的新媒体运营环节之一，自然有很多的运营方法出现。市面上有着各种大号运营方法、微博运营法则等。这些方法和法则，在微博运营的不同阶段，在不同微博运营的状况下，有一些确实能起到一定的作用。综合这些方法和方式，从更加系统和全面的角度来看，微博运营其实需要从三个角度来重点打造。

### 一、定位——微博性格化，定位精准，打透圈层

建设好一个微博和建设好一个品牌从某种意义上来说是类似的。所以做微博运营，第一步就是定位。微博需要性格化和人格化，定位不清，不仅仅很难打造持续的内容以及清晰地传达所需要传播的内容，也很难吸引粉丝关注。让粉丝对微博形成持续的关注和印记，明确定位，知道做微博的目的，明确做什么样的微博，建立什么样的风格是关键。

做好定位是为微博性格化服务的，定位的精准与否，有两个非常重要的影响。

首先，这个定位是否清晰、明确、符合我们的要求，如果不是，对我们粉丝的积累等各个方面都会产生非常大的不利影响。

其次，定位后我们的构架、内容、活动等后续所有的搭建都需要围绕定位而生成，定位是检验内容的重要标准。只有清晰明确的定位，才能帮助我们有效地梳理后续运营过程中的所有环节。

精准的定位能成为指导后续运营的指导方针。只有精准的定位才能产出优质而匹配的内容，只有匹配的内容才能吸引目标用户。社会化媒体很重要的功能就是打透圈层，吸引特定的目标用户。同时用户会被内容吸引而成为不同的以内容、兴趣为导向的不同圈层。在去中心化的时代，消费者不再聚集某些传统的中心，比如媒体，比如平台，而是会更加聚集在内容和兴趣的周围，形成更多新的中心。

要建立自身的微博定位，打造出自身微博的性格，一般会从三个角度出发。

#### （一）微博号建设的核心目的

微博到底是用来做什么的？出于不同的目的建立的微博是完全不同的，而且整个性格体系也是不同的。如果微博号是以服务和答疑为主，那么就需要真诚。如果微博号是以传递知识为主，那么就需要专业。如果微博是以促销为主，那么就需要热情。以不同的目的建立不同的风格，能帮助微博运营更加匹配目标用户的喜好，从而更好地做微博运营。

#### （二）企业和品牌本身的印记

虽然微博的性格是可以打造的，但是也不建议打造空中楼阁，建立一个微博的定位及性格，需要从企业和品牌本身的角度出发。如果品牌本身是充满科技范的企业，那么微博运营成一个心灵鸡汤的段子手肯定不合适。如果企业本身是亲民性质的快消企业，那么微博是一种讲究调性和品位的风格，肯定也不合适。确定企业和品牌本身的印记，并将这种印记在社会化风格下进行延续、强化、升级，一定是最合适的方法。

### （三）主流的行业风格与竞品的定位

在微博运营的过程中，一方面是吸引自身的粉丝，另一方面一定是抢夺竞品和行业的粉丝。同时，既然是定位，要么符合行业主流的方向，要么就是与行业方向不同，脱颖而出。如果整个快消行业的微博风格都是轻松愉快，充满了“萌趣”，这个时候自身的定位若过于“萌趣”可能不会让消费者留下印记，如果完全违背“萌趣”，那么消费者是否一定能接受？这就需要研究和决策过程中的智慧了。

移动化时代的到来，让消费者的注意力更加碎片，同时打破了传统媒体的以往聚集能力，要想形成新的注意力和重新聚集新的圈层，就需要更加具备指向性的内容。微博的定位，归根到底是内容和运营的定位。只有清晰定位，才能从根本上确保消费者能否重新聚集。

## 二、经营——微博内容化，日积月累，精耕细作

微博的运营是一个长期积累的过程，一方面积累信息，在积累更多价值观正确的信息的同时进行信息的输出，持续地对我们的用户形成影响；另一方面积累粉丝，积累更多价值观一致的粉丝，从而影响用户，打透圈层。那么，内容是形成这两种影响的最关键环节。内容是表达信息、传递价值观、承载信息的载体；内容也是吸引粉丝、积累粉丝的关键要素。只有对内容进行深度经营，做到微博内容化，才能达成我们微博运营的目标。

在内容的运营上，许多运营的主体最容易犯的错误是自说自话，完全讲自己，把微博当作企业的内刊；或者走向另外一个极端，完全以用户为导向，用户喜欢什么说什么，用户讨论什么自己讨论什么，又完全地失去自我。这两种极端都不建议出现。那到底应该如何规划和运营内容呢？

### （一）内容的构架规划

内容应该遵循的核心要素是定位，在符合定位的前提下，需要对内容的整体构架做全面的规划。一般而言，会从三个角度来做构架的规划。

1.企业（组织或者个人，以下统称为企业）角度

微博号是企业的微博号，是企业作为主体传播内容和吸引粉丝的平台，那么首先就应该从企业本身的角度来做规划。一般情况下，会从品牌层面、产品层面、营销节点层面来做内容的规划。

从品牌的层面，品牌需要传播什么内涵，品牌有什么重大的节点，品牌有什么内容需要强化？

从产品的层面，产品有什么功能卖点，产品有什么重要销售渠道和活动，产品有什么升级换代信息？

从营销节点层面，营销有什么重要促销时间点，营销有什么重大促销事件，营销有什么重要活动？

考虑以上三个层面，按照事件的顺序来铺排，做成一张完整的时间和事件的规划表，按照月度，针对每一个重要的节点再进行下一步的细化规划。用这样的方法，既能统一地

看到整体的节奏和安排，从而检验是否符合整体的定位，又能非常清晰地看到每一个关键点，保障在每一个传播的节点上，考虑企业的方方面面。

2.用户角度

微博运营的核心目标之一就是吸引用户。我们需要时刻关注目标用户在互联网上的一切动向和潮流趋势。因此在微博运营精耕内容的时候，需要紧密贴近用户，才能生产出用户喜欢的内容。

贴近用户、从用户角度出发，不仅仅是一个口号，更应该落在实处。从做微博运营的框架及时间形成上来说，第一步就应该关注用户所关注的时间节点，即用户关注的节日，如情人节、圣诞节等。以时间节点为核心，在用户最关注的时刻规划进去我们的内容，这样与第一个角度配合，就能形成更好的传播构架。

但仅仅是规划一下时间还不够，更重要的是，我们需要洞察到用户在这个时间点的真实想法，并且连接到企业的角度。比如以中秋节为例，我们首先应该规划到这个时间节点，但在中秋节来临的时刻，我们去单纯地讲述我们的产品故事，肯定没有用户愿意听，我们单纯地祝福大家中秋节快乐，肯定也不行。这个时候就需要我们去做更深入的洞察。将企业的角度和用户的角度，通过内容的构架和对消费者真实想法的洞察进行连接。对于年轻消费者而言，中秋节是什么？只是一个月饼节吗？每年千篇一律地过月饼节，吃个传统月饼是不是特别没有新意？如果我们能发现消费者的痛点，在中秋节不仅仅让消费者吃个月饼，更多的是让消费者来“玩”月饼，加入 AR、VR 等元素，让这个中秋节过得不一样，是不是更能打破常规的形式，更容易打动消费者的内心呢？在“玩”的过程中，植入运营的企业信息和品牌信息，这样的点评、赞和用户之间的转发，是不是就会更多呢？

3.社会角度

我们在社会化媒体上运营，希望能够吸引更多的社会化用户，如果不能随时抓住社会的舆论、社会的潮流，我们生产的内容肯定不能打动消费者。

和前面两个角度类似，一方面，我们需要提前规划出社会的常规节点，比如，国庆节、两会等跟国计民生相关的大节点，并且这些节点也要与企业本身吻合。

另一方面，与前面两个角度又不一样。从企业的角度和用户的角度，我们一般都能把时间节点拉得很长，至少能做半年的规划。社会化角度半年的规划需要做，但更需要做的是实时地调整计划，通俗来说，就是追热点。

本章第二节的第三要点，已经论述过追热点的问题，这里要强调的是整体的规划性与日常的计划性。在日常，我们需要保持更快的反应速度和创意写作的能力，与实时热点相匹配，生产出符合企业利益、满足消费者喜好的内容。需要把长期的规划和短期的计划相结合，才能真正实现从社会角度来做内容的构架规划。

### （二）内容的实施手段

做好基本的构架规划后，就应该在这样的规划下，丰满我们日常的内容。一般来说，在内容的实施过程中，有两个重点需要注意。

1.内容实施的频率和节奏管控

在实施内容的过程中，发布的频率和节奏的管控非常重要。社会化媒体有一个很重要的特性，就是免费。既然免费，很多人认为那就多发一些内容吧，结果事与愿违，大量的内容产出，不仅让内容运营方辛苦不堪，而且让用户负担很大，最后在内容质量下降，而且不停地骚扰用户之后，大量掉粉。

那么应该如何保持频率呢？一般来说，肯定要有持续性，在没有重大变故的前提下，一定不能断更，每天都应该有发布。同时每天发布的内容在没有重大节点（新品发布会直播过程中，可以略微多发一些，但尽量也不超过10条）的前提下，尽量不超过6条。这样的节奏是目前用户比较能接受的。

发多少条需要控制，什么时候发也是有讲究的。一方面，我们要了解用户，比如微博的打开时段，一般在8～10点钟有高峰，12～14点有高峰，20～22点有高峰，如果错过高峰，那么意味着发布的内容不能让大部分的粉丝看到，内容会流失。另一方面，要根据一些情况有针对性地调整节奏。比如食品快消企业，在讲吃的内容时，就不要在13点左右发布，因为这个时段，消费者在进行午餐，或者午餐完毕，这个时候根本无法拉动消费者的欲望。反而在23点，夜深人静的时候，发美食，说不定有意外的效果。

频率和节奏的管控关系到内容生产后，消费者是否能接收到，做好了能起到事半功倍的作用。

2.内容的呈现方式和表达规范

既然是做内容的运营，那么就应该用更加匹配的呈现方式和表达种类。在考虑运营费用的同时，原则上不是表达的方式及种类越丰富效果越好，而是选用更加匹配和走心的方式才更有效果。

微博内容运营，最基础的就是140个字的表达，但是，单纯的汉字不仅无法吸引消费者的注意力，而且也不一定能完全地传递清晰的信息。所以第一步就是配图，形成图文。图文的搭配需要考虑相关性、原创性（或者版权）、创意性等基本法则，原创性是最容易忽视的原则。网络上有很多的段子符号、段子图片等，比如著名的“葛优躺”，在表达一种无奈的情绪时，配上一张“葛优躺”，确实能引发更多的共鸣。但是，作为企业是无论如何也不能随便使用的，因为涉及名人肖像权等一系列的法律问题。所以在搭配图文的过程中，既要更好地表达，又要注意到版权和法律的规定。

除了图文，微博内容运营还有一些主流的形式，比如海报（纯图）、漫画、长图文（图文的升级版）、长文、视频等。在使用这些形式的过程中，一定要注意微博内容呈现方式的客观规律。一般来说，长文是具备文字和内容运营的大号使用，推出小短篇文章，或者是一个重要信息的发布。如果企业发布长文，一般互动的效果都会很差。视频也是类似。如果是电影一样长的大视频，发布在企业微博上，肯定效果不佳，现在发布视频一般都要控制在3分钟以内，甚至为了更广泛地传播，会把视频做成10秒钟的GIF。

这些内容呈现方式和表达规范，都是在用户行为变化和微博规则变化的基础上产生的。了解和遵循这些规范，才能把合适的内容，在适合的时间，让合适的用户真正看到并感知。

### （三）内容的推陈出新

既然是做内容，那么就一定要避免千篇一律，最吸引消费者的方式就是不断创新。只有创新才能产出更加优质的内容。一般来说，出品好内容，需要遵循几个原则。

1.简单原则

微博上的信息铺天盖地，要想脱颖而出，必须做到极致。而在短、频、快的状态下，必须要做到简单。微博上尤其突显“少即是多”，只有简单，才能真正地让用户在最短的时间内清晰地接收内容。

2.逆向原则

简单地来看，脱颖而出就是和别人不一样。微博上随大流一定是主体，那么要创新，必须在适当的时机来推动逆向思考。来点不一样的，来点与其他内容不同的，才能抓眼球，抓注意力。

3.开放原则

在生产内容的过程中，需要更加开放的心态、更加开放的思维和更加开放的方式。微博运营和 PR 不同，PR 的运营过程中要求声音一致，不能有一点负面。但是在社会化运营的过程中，如果没有负面的声音意味着没有矛盾，没有矛盾就不会有话题，没有话题就根本不会有影响力。只有开放，才能脑洞大开，才能不被条条框框束缚住，才符合微博运营的法则。

4.第一原则

微博运营因为其影响力之大和运营主体之多，一旦形成潮流，必然有大量跟随。所以在微博运营中，需要时刻保持第一。虽然无法做到永远在创新的道路上保持第一，但我们要做到保持第一阵营，保持第一时间反应。这样才是微博内容创新的坚固基础。

微博内容的经营，是一个日积月累的过程，是一个精耕细作的过程。在总结方法的基础上，需要不断优化，才能让我们的内容不断进化，这就需要从构架、形式、创新等多维度不断完善，最后才能产生更好的内容。

## 三、互动——微博粉丝化，数据导向，有效管理

在做好准确定位、经营内容后，第三个关键环节就是互动了。微博运营的目标一定不是让我们的粉丝光看不说，光说不做，而是期望我们能和粉丝建立真正的社交关系，那么互动就是尤为重要的一个环节。甚至在某种意义上，微博运营有“互动大于内容”的说法，就是因为互动很多时候能够简单、直接、快速地增加粉丝、获得好感、扩大影响。

微博如果单纯从功能上而言，互动无非就是“加粉”“转发”“评论”“赞”“私信”等几种方式，但是为了让微博号和粉丝之间产生这一系列的行为，却是有很多种方法。

我们可以通过微博的沟通来互动，我们也可以通过具备强大号召力的内容来互动，但互动的基本方法是活动。活动是目前与粉丝互动的主流方式之一，也是效率较高的方式之一，我们不排除有的微博运营能和大量的粉丝进行一对一沟通交流，解决每一个粉丝的问题，吸引每一个粉丝的关注度和培养每一个粉丝的忠实度。但这样的方法效率较低，比较适合小范围内的个人微博的运营。一旦涉及企业或者组织大号的运营，我们就需要用更加科学有效的方法。

从表面上来看，一般有四种活动方式可以举行。

### （一）回复型活动

就是最基本的通过回复来获得奖品的活动方式。比如在微博上发起抢楼、点赞，然后即可以参与抽奖。这种活动方式简单直接，能迅速带来人气和粉丝。但缺点是门槛太低，导致用户与企业之间的沟通不强，过于简单粗暴地聚集人气。

### （二）参与型活动

就是通过简单互动获得奖品的活动方式。这种方式也是以获得奖品为目的，但是参与门槛比第一种高。比如在微博上发起竞猜时间、竞猜价格等方式的活动，用户与品牌之间虽然也有了互动，消费者在参与活动的过程中至少会思考与品牌相关内容，但大量用户是活动粉，即有活动就活跃，无活动则不活跃。

### （三）UGC 型活动

通过创造一定的内容来参与活动。用户需要对活动和品牌进行一定深度的思考，才能有效参与。比如在微博上发起征名、晒照等活动，这种活动在举办的过程中，用户能产生大量的 UGC，这些内容如果运营得当，能够得到大量的二次传播。从传播的角度而言，UGC 型活动影响力会变大，但有了一定的门槛后，参与的广度会受到影响。

### （四）组合型活动

通过整合营销的设计而让用户通过特定方式来参与活动。活动往往会跨平台，将多种方式进行组合，或者活动的某个环节是落地在微博上进行。这种活动往往需要有大量的资源投入整合传播中，并且对企业的知名度以及微博本身的粉丝量有要求。比如，晒单抽奖，这种方式虽然看上去是第二种活动，但前提是用户参与了线上或者线下的促销活动，才有晒单的可能性。这种活动门槛最高，参与人数最少，但是对粉丝的精准传播最好。

在实际的运营过程中，如果想达成理想的互动效果，一方面需要组合使用各种运营方法，活动是很重要的一部分，但不管哪种活动方式都有自己的优劣势，除了活动以外，我们的日常内容、粉丝交流都是构成互动的一部分。要达成效果，既不能拍脑门，也不能唯经验论。需要以数据为导向，进行更加科学的互动管理。我们需要关注三个非常重要的数据：用户数据、内容数据和活动数据。

第一是用户数据，即反馈微博粉丝关注数的数据，比如每月新增多少粉丝，粉丝性别、地域、年龄等属性。粉丝用户数据，可以看到我们基本的运营指标数量是否达成，也可以看到我们用户属性的基本质量是否达成。对用户数据的分析，关系到整个运营体系和目标的下一步决议。

第二是内容数据，即反馈内容数量和用户反馈的数据，比如发布多少文章、曝光量、阅读量等。这些数据可以非常清晰地反映出来内容的质量如何，以及消费者对内容的反馈态度，甚至可以从另外一个角度看到粉丝的质量如何。

第三是活动数据，即反馈微博粉丝参与活动的数据，比如活动单条微博的阅读量、曝光量等。虽然评估的维度和内容数据比较类似，但活动数据需要我们将活动微博和内容微博做对比分析，需要对简单活动和复杂活动做对比分析，从而看到活动的效率和效果。

微博运营是兵家必争之地，做好微博运营是现代化企业和组织的必要课题。但微博的运营不是简单地发文章、做活动，微博的运营也不是简单地找个运营团队就能解决的。微博的运营是一个体系化的过程，也是一个数据化的过程，更是一个需要随着微博的发展、用户的变化、营销和运营方式的升级而不断进步的过程。

## 【知识回顾】

本章从微博运营的概念综述开始，阐述了微博运营发展的三个阶段，初兴期、反思期、复兴期。在此基础上，微博是品牌或产品的官方发声平台，是内容发起者，是公关价值事件的创造者，同时能起到吸引客群、曝光推广、价值传递和口碑监测的作用。在新的时代，微博运营应该把握四个核心要素，从关系经济到粉丝经济，从单打独斗到整合营销，从追求热点到量化检测，从纯自媒体到媒介组合。最后本章讲解了微博运营的基本方法，先做定位，将微博性格化，通过定位精准的方法来打透圈层。再加强经营，落实微博内容化的要求，通过日积月累和精耕细作来输出高品质内容。最后强化互动，将微博粉丝化，运用数据导向的方法有效管理和运营粉丝。

## 【思考题】

1. 如何理解微博现阶段特点产生的原因?
2. 微博在整合运营的过程中会遇到什么样的挑战?
3. 微博运营的团队应该如何构架?
4. 微博定位不清晰会有什么不利影响?
5. 请举一个案例重点阐释如何以微博为核心开展社会化营销活动。

# 第七章 微信运营

## 【知识目标】

☆ 微信运营的概念及主要特征

☆ 微信运营的方法

## 【能力目标】

1.理解微信运营和微博运营各自的作用及区别

2.了解目前微信运营的优劣势及疑难点，并能够将微信运营的方法运用到实际的操作中

## 【案例导入】

### 汽车品牌微信运营的思考

某汽车品牌从微信开始爆热之时起就开始了微信运营。由于其起步早，时机好，微信服务号和订阅号并存，共吸引了近 50 万粉丝。但发展到现在，发现不管其服务号还是订阅号，都处于瓶颈状态。

首先是订阅号，该品牌订阅号，粉丝接近 30 万，但是每篇文章的阅读量少，不足 10%，阅读量平均只有 1 万到 2 万。转、评、赞的数量更是少。该品牌咨询各种微信运营公司后，认为订阅号的质量是关键，于是输出更高品质的内容，虽然内容质量提高了，但是吸粉和互动量依然没有什么起色。

其次是服务号，粉丝 10 多万，一直未有明显的增长，于是采用了最直接的方法——做活动。每次举办活动，有一批用户加入，但随后，又会有一批用户取消关注。粉丝数不增加的同时，从后台数据来看，服务号的互动更是少得可怜。服务号建立的初衷是方便车主，给车主提供更多的服务，从而与车主之间产生更多的连接。但是互动量偏低，只能说明，已加入的车主基本对服务号的增值服务不买单。

但是该品牌的经销商——广东某汽车销售集团，其在广东区域运营该品牌的六家 4S 店，经销商也做了自身的服务号，由于其服务促销性强，反馈快，而且内容落地，很快就有了2 万粉丝，更重要的是每一篇文章的阅读量近 4 000，并且这 2 万用户中，有接近 20%的用户会在服务号里进行保养、预约和购买一些汽车相关产品。

同样是微信运营，而且是同一品牌，运营内容的主题也差不了太多，而且作为品牌方，不管是在信息上还是资源上都拥有着经销商不可比拟的优势，为什么差距如此大？如果该品牌要重塑微信运营，到底应该如何着手？

# 第一节　微信运营的概念

根据微信的官网介绍，微信，是一个生活方式，超过十亿人使用的手机应用，支持发送语音短信、视频、图片和文字。这个介绍是典型的2C的介绍，即告知用户微信有什么样的功能特点。但如果要去定义微信运营，那么就应该是一个2B的介绍。微信运营一般是指个人或者组织通过微信的各种产品和功能来进行运营（包括个人微信、公众号等微信产品），达成与用户沟通、服务、销售等目的。

正如微信的官方介绍，微信是一个生活方式。这种生活方式，在国内得到了最大的普及，聚集了主流的中国网民，甚至是在三四线城市，第一次"触网"的中老年人都是通过微信和移动互联网做第一次亲密接触。在这种大规模的互联网潮流下，微信聚集了大量的网民，天生就具备了一个优秀的营销平台的特征。因此大量的企业和个人，通过微信号来聚集自己的用户，通过对用户的经营和管理来实现自身运营的目标和目的。

而且随着微信不断地发展，微信在中国网民中的渗透力越来越强，微信运营的重要性和战略性得到了越来越多企业的认可，越来越多的企业从开始的简单布局已经发展到现在的精耕细作，微信运营是新媒体运营的战略型环节。

## 一、微信运营的特征

微信运营的核心都是构建在微信平台本身的基础之上，那么微信平台的特点带给微信运营什么样的特征呢？

### （一）微信的用户量巨大

微信是超过十亿人使用的手机应用。这十亿用户，基本上涵盖了中国主流的消费人群，因此在这些用户中，非常容易找到属于自己的目标用户。这带给了微信运营最基本的前提。

### （二）微信的生态开放

微信不是一个封闭的平台，许多优秀的开发者都可以加入，提供各种工具、插件、小程序，从而为常规的微信运营提供了更加简单、方便、高效的基础。

### （三）微信是典型的移动社交化

微信里的人群之间是一种熟人社交，特别是在微信产品朋友圈中，这种熟人社交的性质显得更加明显。如果遵循熟人社交的规律，就能达成强大的口碑，达成人人传播的运营目标。

### （四）微信能实现运营闭环

微信构架了信息传播、用户分享、选择购买、用户支付、售后服务等完整的运营闭环，从而使微信运营的目标、方法、手段更加清晰和系统，微信运营具备更落地的实操性和重要性。

## 二、微信运营和微博运营的区别

提到微信，就不免会想到微博，微信和微博是新媒体时代的宠儿，也是代表新媒体运营的典型双生子。但微博和微信在运营上存在比较大的区别。如果从产品和功能上来看，主要有以下几点。

### （一）用户属性有差异

微博和微信都是主流的新媒体，都具备大量的用户，在用户的群体划分上，没有特别典型的区别，但在用户的使用目的上区别很大。微信对于用户而言是使用的工具，重点是用来与人进行沟通的。微博对于用户而言是了解新闻热点，是用来观看、围观的。同时，在用户接收信息的过程中，微博是有“干预”机制的，会引导用户观看，比如“热门微博”就是引导用户接收内容的方式之一。微信却是消费者自主选择，在内容上没有任何干预。

### （二）传播者会有不同

最典型的差异，在微博上有大量的明星和名人的微博号，但是在微信上极少有明星和名人的公众号，即使有，也是以名人为标签的知识和内容为代表的信息类公众号。在用户认证上，微博是广泛的，无论个人、组织还是企业，都可以得到认证，成为大号。但是微信只支持企业、政府等组织的认证。

### （三）传播方式会有不同

微博的发布频次不受限制，虽然内容上有短小直接的倾向型要求，但因为不限制外链，所以内容的组合上非常丰富，可以图文组合，可以文字加视频，可以文字加链接等。微信的发布频次上受到限制，同时在内容上，更多的是以图文或者文字加视频的方式为主。同时，微信对内容管理非常严格，并有明确的禁止内容说明和举报惩罚机制，微博则相对宽松。

### （四）传播效果会有区别

微博和微信都有大量的促进互动和传播的机制，常规的社会化媒体的转、评、赞功能都会存在。但微信只显示阅读数，隐藏转发量。微博显示转发量，隐藏阅读数。

以上四个维度，只是从功能上来看微博和微信的区别，如果归纳起来从更深度的角度来看，微博是社交媒体平台，微信是社交沟通平台。微博的属性更偏重在媒体，是一个媒体社交化的工具，基于自己的兴趣建立的相互之间的连接。但这种连接是一种弱关系的连接。所以在这种连接上，相互之间的传播是不对等的，是单向传播，即一个主体发布信息，多数人员围观。但这种传播是公开的，所以传播的速度非常快、广度非常大。微信的属性更偏重在社交上，是一个社交沟通的工具，基于相互之间的关系而建立的连接，这种连接是一种强关系的连接。所以在这种连接上，相互之间的传播是对等的，相互能交流和分享信息，信息的渗透力非常强。

基于以上的区别，微博运营的核心在于广传播浅社交，即如何更加高效地把信息传递出去，让有兴趣的粉丝关联。而微信运营的核心在于强关系深互动，即如何与用户之间进行互动，并形成长期且稳定的社交关系。

## 三、微信运营和微博运营的组合

虽然微信和微博的运营有着较大的区别，涉及的运营方法也不一样，但是微信和微博之间不是二者选其一的关系，更多的时候应该采用组合的方式，相互补充才能达成更好的营销或者传播目标。

微信和微博的运营组合，是内容传播深度和广度的组合。微信因为其功能和平台的特性适合做深度的长内容，微博因为其功能和平台的特性适合做广且快速的短内容。在运营的过程中，不管是个人还是组织，单一的内容形式都是不合适的，一定需要长内容和短内容组合来使用。涉及新闻属性的内容，就需要快速传播，运用微博。涉及报道分析属性的内容，就需要深度剖析，运用微信。应根据内容的性质和传播的属性来合理使用或者组合使用微信和微博。

微信和微博的运营组合，是社交关系与兴趣关系的组合。微信的强关系与微博的弱关系，更应该是组合的方式，任何一个品牌面对消费者的情况都是复杂的，可能面对的消费者就是已经购买的消费者，两者之间就是强关系，此时消费者需要的是售后服务。也有可能面对的消费者是仅仅知晓的消费者，那么此时需要通过各种内容，让消费者对品牌有兴趣。在面对复杂的消费市场时，品牌是不能简单地选择偏向强关系还是弱关系的运营方式的。两种运营方式都应该存在，通过新媒体的运营，让消费者自行选择，从而形成不同的阵营，而且两个阵营之间，应该加强互动，让品牌与消费者之间既存在强关系，又存在弱关系。

微信和微博的运营组合，是多种营销工具的组合。微信和微博同时存在，从另一个角度说明了两者对于用户是不同的工具，具备不同的价值，那么微信和微博从工具的属性而言，自然有着不同。比如微博通过私信，让品牌与消费者之间进行主动沟通。微信只有答复功能，品牌只能被动与消费者进行一对一沟通。在这一系列的功能方面，微博和微信都有差异。那么在运营的过程中，自然要进一步组合，而且需要进一步放大，把各自平台的优势工具进行更广泛的运用。

微信和微博在现有阶段都具备极强的发展空间，两者的组合方法还具备更多的发展可能性。在保持更加开放的心态的基础上，在二者组合的过程中，适当地加入其他新媒体，可能会产生更多的组合效应。

# 第二节　微信运营的发展节点及核心要素

微信是一款腾讯基于用户思维而开发的战略级产品。要了解微信运营的特点，必须以产品功能为要素，重点理解每一个产品功能的开发对于运营的意义。每一次微信产品的调整，对于微信的运营都有着非常重大的影响，这种影响不仅仅是细节层面的，需要调整一些手段，更重要的是，微信每一个革命性功能的出现，都可能会颠覆现有的运营逻辑和思路。

## 一、微信产品发展推动微信运营发展的节点

要理解微信运营的特点，必须从微信的产品出发，了解微信的产品发展，以及每一次产品更迭换代后对于微信运营的影响，从而才能更加清晰地理解微信运营的特点。

### （一）个人沟通工具阶段

2011年1月，微信发布针对iPhone用户的1.0版本。有即时通信、分享照片和更换头像等功能。随后，2011年5月，微信发布了2.0版本，该版本增加了语音对讲功能。该阶段的微信，还是属于即时通信的范畴，是用户之间沟通的工具，此时的微信作用和QQ类似，是QQ的一种延伸，将传统的互联网延伸到移动互联网，是一种战略性的布局。此时的微信更多是针对用户端，方便用户实现移动化的沟通需求。

### （二）社交工具阶段

2011年8月，微信添加了"查看附近的人"的陌生人交友功能。2011年10月，微信发布3.0版本，该版本加入了"摇一摇"和"漂流瓶"功能。2012年4月，微信发布4.0版本，这一版本增加了相册功能，并且可以把相册分享到朋友圈。该阶段的微信已经开始往社交领域发展，并且逐步成为一款社交工具，其典型功能是"摇一摇""漂流瓶"和"朋友圈"，这三大功能使消费者能够与陌生人交友以及分享内容，是微信成为战略级产品的关键一步。2012年8月正式上线的微信公众平台，曾命名为"官号平台"和"媒体平台"，是让更多的组织来构架一个内容发布的平台，也就是后期的订阅号和服务号。此时的微信开始具备运营的价值。面对移动社交的潮流，微信在产品上实现了大跨步的升级，这个时候微信就不再是常规的QQ的延伸，而是具备了独立的产品价值，满足用户全新的需求。在此期间，运营好微信，对于组织和个人而言，具备了早期微博的意义，在内容上下足功夫，吸引用户成为粉丝，符合当时得粉丝者得天下的思维逻辑，但还未能突破粉丝除了广告价值外，到底如何变现的难题。

### （三）商业运营阶段（针对商家的商业落地运营，而非互联网产品的商业化运营）

2013年8月，微信5.0版本上线了，添加了表情商店和游戏中心、微信支付，扫一扫功能全新升级。2014年8月，微信支付正式公布"微信智慧生活"全行业解决方案。在此期间，微信商城作为在腾讯微信公众平台推出的一款基于移动互联网的商城应用服务产品，也迅速得到了普及。

此时的微信将其商业价值完全地落地，微信不再是一个单纯的沟通、社交的工具，也不再是一个内容发布和分享的工具。微信公众号＋微信支付＋微信商城已经开始形成一个微信的商业运营闭环，帮助商家实现更多的商业价值。微信的运营在此期间得到了最大的发展，无数的个人和组织在此阶段进入微信，并正式开始打造自身的微信运营体系。从2013年开始，微信一直在不断地丰富和完善整体商业运营的功能，帮助传统企业商家转移到移动互联网阵地，实现更多的商业价值和目标。

### （四）生态运营阶段

从 2016 年开始，微信的运营更加丰富，小程序是一个全新的里程。2017 年 4 月开始，微信小程序开放“长按识别二维码进入小程序”的能力。微信小程序功能强大，能帮助更多的企业不仅仅是从功能端而且从用户端和运营端来分享微信的价值，并且从单纯的商业运营发展到用户运营，更加简单直接地嫁接到移动互联网的更高阶段。微信运营也从前期的内容运营到商业运营发展到用户运营，进入了全新的时代。

## 二、微信运营的核心要素

在理解微信运营的发展阶段后，我们就能够更加清晰地理解微信运营的要素。理解核心要素，能够帮助我们更加全面地梳理微信运营的方法。只有从本质上更深入地理解，才能够更加灵活而合理地使用各种方法和技巧，才能掌握微信运营的精髓。

### （一）善于使用和学习微信的产品功能

微信是一个产品属性特别明显的平台，每一次功能的改进，都会带来新的意义。从“朋友圈”到公共平台，从微信支付到微信商城，每一次的调整都会给微信运营带来新的方法。所以，时刻关注微信产品功能的调整，是做微信运营的前提。

而且随着微信的逐步普及，微信运营的红利逐渐消失。比如，花同样的人力、物力和精力在微信订阅号上，3 年前和现在吸粉的效果肯定是不一样的。我们必须要采用与时俱进的调整方法，把握微信产品的潮流，做最早吃螃蟹的人，才能在红利消失的时代，一次又一次地把握住产品的红利。比如微信小程序推出以后，我们是否迅速了解小程序的技术要求、使用方法、运营规则，并且强化执行力，做到成为小程序推广后的第一批运用者，这样来避免后期的大量竞争，并不断地积累方法。

一般来说，要使用和学习微信的产品功能，需要从以下几个方面入手。首先是运营的高度：全面理解这个产品的意义，是之前某些功能的强化，还是新的方法的输出？只有更加全面地了解产品的意义，才能保证一开始就在正确的道路上尝试，而不会走弯路。然后需要从功能的角度，对信息掌握得更全面。微信作为一款国民级别的运营，每一次的改革都牵动着国民的眼球，但在刚刚上线的早期，一定要注意查阅微信的官方信息和介绍，才能保持信息的全面性和准确性。其次，微信出身于腾讯，我们不能单纯地从市场端和营销端看问题，而是应该回归到产品和技术的角度，从整体上看问题。从技术到产品、运营到整个团队，人人都需要学习和掌握新生态的游戏规则。把学习微信产品上升到整个团队的重要程度，才能保障整个团队理解的一致性以及实施过程中的同步性。

### （二）多种功能并重

使用和学习微信的产品功能，其目的是综合运营多种功能，从而实现微信运营的长期目标。微信是综合性的平台，具备服务、社交、沟通、商务等多种特征。如果单一地使用微信的某种功能，在短期确实能集中火力把事情做好，但是从整体和中长期考虑，还是应该通过多种组合来使用微信的功能。

对一个组织或企业而言，开展微信运营的第一步就是公众号的建设，开设订阅号或者服务号，并集中各种资源把公众号做好。但很多组织或者企业，很多时候就停滞在了第一步，把微信单纯地当作一个聚集用户、传递信息的工具。这样的使用方法，往往会存在容易进入瓶颈、粉丝增长不前、商业变现乏力等各种问题。

既然微信已经成为国民级别的运营工具，而且这个工具的各种功能都能在全民迅速得到普及，那么多种功能的综合使用，自然能达成更多的运营目标。更重要的是，在商业化竞争如此激烈的今天，非常容易出现强者越强的状况。当竞争对手把微信运营做得如火如荼，消费者既能接收信息，又能互动，购买还能更加便利，还有完善的售后服务，那么最后的结果一定显而易见——用户会弃你而去。

### （三）强关系的追求和建立

如果用一句话来概括微信的社交性，那么一定是强关系。只有把强关系放在首要位置，才能摆正组织和个人之间的交互方式，只有强化这种关系，才能保障长期而稳定的发展。那么从强关系的角度来说，一般会经过知晓、好感、信任的过程。没有达成信任，就不会产生强关系。知晓和好感建立的方式一般都比较容易，信任是企业长期追求的，也是最难达成的，也是我们微信运营的长期目标。

为了达成这个目标，我们需要深度理解另外一个概念，就是到达率。微信因为其社交属性和传播特性的原因，每一次信息传递的过程中，到达率会比微博更高。到达率更高本身是一个好事，但是如果不能把握好到达率的问题，那么不仅仅是建立不了信任，更重要的是会失去关系。

因此，强关系建立的核心就是在微信规则的前提下，优化用户的每一次体验。

一方面，我们需要做减法。最典型的就是，我们要亲民而不是扰民，比如对微信频率的控制，对微信各种功能的使用。没有频次的控制，在高触达的背景下，就会是扰民，就会被取消关注。微信内容不是越多越好，功能组合也不是越多越好，我们需要思考的是，什么程度最合理，最合理才最合适。

另一方面，我们需要做加法。最需要的就是对高质量内容的追求，对微信互动的追求。没有高质量的内容，这种高触达，最后就变成没有意义，没有兴趣。没有微信互动的追求，这种高触达就变成了沉默和关注，只能实现知晓和好感，而达不成信任。

### （四）微信运营要整合

在微博运营的过程中，我们多次提到了整合，比如整合传播等各个要素。微信的运营更需要整合，而且这种整合是需要贯穿到企业或组织营销的所有环节的。

从传播的角度来说，微信运营一定要整合，微信的内容不能是孤立的，微信的位置也不能是孤立的，应该整合在整体的传播内容中，使微信成为社交环节中的重要一环。

从营销的角度来说，微信运营更要整合，包含整合营销的渠道、传统的店面、支付的方式和服务的流程以及电子商务渠道等更多环节。比如在互联网＋思维下的各种小吃饭店，就是一个非常典型的例子。一方面，这些小吃饭店通过更加精致的内容得到扩散。让更多的人知晓，同时通过地理位置的定位等各种方法，方便附近的人查找并吸引他们到店。然后到店通过微信点单，优化整个服务环节，并自动成为会员，积累积分，促进更多消费。最后还能打通电商和外卖环节，不仅仅提供堂食，还能为用户提供更多增值服务。这一系列的整合过程中，只有打通微信运营的所有环节，才能实现运营价值的最大化。

## 第三节　微信运营的矩阵式方法

微信运营是综合的、立体的，也是矩阵式的，不是单纯的一个公众号的运营。微信运营一般都会包含服务号、订阅号、小程序、企业微信、第三方运用（如微商城）等各种功能板块。要做好微信运营，必须清晰微信运营的意义和作用，才能选择合适的方法方式。综合而言，微信具备传播、销售、服务、经营四个作用。那么针对这四个不同作用的情况，微信运营重点使用的方法也是不同的。

### 一、传播

微信从运营的角度来说，目前运营最广泛的目的就是作为传播的通道，即吸引粉丝，然后与粉丝进行深度沟通，传递品牌或者组织各种信息。这种运营的目标也是相对比较简单、门槛较低的。那么，达成这个目标的关键就是公众号的建立。

公众号是承载传播和聚集用户的核心阵地，一般来说，公众号的建设也是微信运营的第一步。公众号的建设一般需要按照以下的逻辑来进行安排。

#### （一）公众号的定位

和微博运营类似，定位一定是需要考虑的第一步。只有清晰的定位才能决定后续的所有环节正确与否。微信公众号的定位需要重点考虑：我是谁？我要干什么？我的目标用户是谁？我给目标用户提供什么价值？我的竞争对手做了什么？我和竞争对手的区别服务及价值是什么？思考清楚这几个问题，基本上就能给自己的微信公众号运营做一个简单的定位。

#### （二）公众号的选择

公众号需要选择是订阅号还是服务号。订阅号和服务号在属性上是明显不同的。虽然都能在一定程度上达成传播，效果却有着不同。首先，订阅号和服务号的基础属性是不同的，订阅号为用户提供信息和资讯，服务号主要为用户提供服务。同时，申请的主体也不同，订阅号可以为个人或者组织，但服务号不适用于个人。其次，订阅号和服务号的微信官方管理规则是不同的。订阅号每天可以发送 1 条群发消息，服务号每月可以发送 4 条群发消息。最后，订阅号和服务号提供的产品功能是不同的，也就是接口开放的权限不同。订阅号和服务号在使用上其实有较大的区别，所以在选择上一定要慎重。必须基于整体定位和目标的考虑，同时基于订阅号和服务号的区别，再做出抉择。

#### （三）公众号的名字、功能介绍，功能板块的确认

选择完订阅号和服务号后，就需要对名字和功能介绍做出比较清晰的确认和规划。在公众号的名字上，既要遵循简单容易查找的原则，又要遵循品牌和行业相关性的原则。命名一般会有三种方法：第一，简单直接法，这种方式比较适合具备一定企业或者品牌知名度的组织，比如南方航空、招商银行等企业就是运用这种方法。第二，实用功能法，直接

以功能为特征命名，比较适合品牌知名度一般但是该公众号提供特别明确的服务类别，比如酒店助手、优惠券精选等。第三，印象深刻法，用抽象+具象的方法，既用抽象的方式让人印象深刻，又用具象的方式让消费者明确定位和方便搜索，最典型的就是电影毒舌。

在功能介绍上更是需要用简单的文字把提供的功能和特点简单清晰地让用户明确。功能介绍的目的其实更多的是针对新号和知名度较低的号。比如伊利牛奶 2016 的功能介绍就是四个字——“伊利集团”，毕竟伊利的品牌知名度太高，功能介绍就纯粹附属，而且讲解过细还会限制该订阅号的内容。比如海淘车的功能介绍，因为其品牌知名度比较低，所以介绍就格外清晰——汽车平行进口试点企业，买进口车就来海淘车。

在功能板块设计上，就需要更加清晰的指引了。一方面要方便用户非常清晰简单地找到自己想要的内容，另一方面要方便组织或者企业清晰简单地构建自己未来的内容铺设和安排。比如吉利汽车的订阅号就设置了“最新活动”“精彩栏目”“更多服务”这样三个板块。“最新活动”里面有吉利近期的活动，“精彩栏目”有吉利长期的内容导向的栏目，比如“吉食”，“更多服务”包含“预约试驾”“车友俱乐部”“吉利官方商城”“吉利新能源”。该板块的设计方法就非常清晰。把企业主想要推荐给用户的内容非常清晰地推荐给用户。用户在查找和使用的过程中，各个板块和内容也一目了然，非常简单地就能获得自己想要的内容。

不管是公众号名字还是功能介绍或功能板块，都需要在定位的指引下，遵循常规的法则，才能给整个公众号的运营带来更大的助力。

### （四）内容输出

在内容输出的过程中，内容质量得到了越来越多运营主体的认可，都希望能够把内容的质量不断地提升。那么在内容输出的过程中，有什么样的方法来提升质量呢？

1.少既是多

虽然订阅号每天都能发 1 次，但是每次只能发 8 条图文。真的有必要每天都发，或者每次都发 8 条图文吗？与其每天都盲目赶时间来保数量，不如减少数量保障质量。我们可以来看以下内容质量特别高的大号是用什么样的频率发布的。腾讯智慧是腾讯营销体系的微信账号，会分享腾讯营销的各种观点，该号每周平均发 3～4 次，每次 1～2 条，并且以 1 条为主。作为国内电影评论质量较高的大号“独立鱼电影”，虽然每天都发布，但是坚持每天只评论一部电影。甚至作为团队作战的典范“吴晓波频道”，作为一家专业的内容输出组织，拥有大量的信息、人力资源，每天也就更新 4～5 条内容。那么作为一个常规的组织机构我们更应该反思，如何追求质量而不是单纯地保障数量。

2.消费者在这里想要的干货

微信号和微博号因为各自的传播对象和沟通范围的不同，在内容的选择上有一个明显的区别，就是微博可以有各种转发，但是微信不需要转发内容。这个与微信的非信息交流和分享的定位有关，所以基本上所有的微信号都是以原创内容为主，也就是所谓的干货。干货大家都懂，但是消费者在这里想要的干货，未必所有的运营者都理解。比如，汽车品牌的公众号，就吸引粉丝而言，一定是有更加吸引眼球和更加劲爆的话题更合适。但是在做劲爆话题的时候，我们一定要不断反思，这个内容虽然是消费者想看的干货，但真的是消费者在这个号里想看的干货吗？比如这个汽车品牌是一个常规的家用品牌，“漂移技巧”可能是大多数男性消费者感兴趣的话题，但是还有很多的汽车媒体大号，还有很多汽车驾驶的大号，在那里都能获得“漂移技巧”的文章，那么用户在这个家用汽车品牌的微信号里，肯定是不需要这个干货的。所以研究消费者心理，特别是特定场景下消费者的心理，是非常重要的，也是决定消费者对这个干货是否有兴趣的前提，这个特定场景就是该微信号到底是为消费者做什么的。

3.细节的把控

整体的细节其实从命名就开始了，多一个字或少一个字可能对于消费者的检索非常关键。然后到每一篇文章的标题、配图和排版，每一个细节的重视都会带来质量的提升。同时质量的提升不应该是一句空话——感觉质量如何，而是应该落在用数据来说话，这样才能体现文章的标题、配图和排版的细节变化。什么样的标题能抓人眼球，什么样的配图能够给用户带来更加细致的感受，什么样的排版能够让用户更愉悦，从而来提升整篇文章阅读过程中的停留时间。但同时不能过于极端，成为标题党，最后文不对题，或者影响品牌调性，就得不偿失了。

### （五）互动管理

粉丝的互动与管理，是微信运营非常关键的一步，没有互动就无法吸引更多的粉丝，从而难以突破瓶颈，没有互动整个微信就会缺乏活力，最后无法达成运营目的，最终失去积累的粉丝。

互动管理一般分为：系统化管理和体系化管理。

系统化管理是指通过设置系统的方式，实现用户与微信公众号之间的互动。公众号是一个系统的平台，很难实现一个编辑来与消费者一对一地持续沟通，即使通过诸如评论回复等方式实现，其实也很难保障沟通的效率和质量。所以需要通过系统来设定。一般需要设定关键词回复设置，主动发送设置和内容推荐。最简单来说，当一个用户加了公众号，首先，公众号要推荐什么内容？然后用户如果需要筛选内容，该如何实现？用户看完内容后，该如何引导用户来看更多内容？以“中国企业家杂志”为例，加入该订阅号后，系统会推送“感谢您关注《中国企业家》杂志微信公众账号，获取第一手商业资讯。投稿可发letter@iceo.com.cn”，当用户按照惯例与订阅号互动时，发送数字 1，则会回复“稍等啊亲，中企哥赶完稿子马上就来。亲先喝杯茶，转转中国企业家网站，看看最新的商业故事吧”。因为该平台是一个精品平台，可能内容不够多，但是在基本的设置上是完善的，用户在与该平台的互动过程中，会有更多的亲切感。

体系化管理是指通过更加体系的管理，通过以活动为核心的方式与用户进行互动，从而能更加有效地管理用户。在体系化管理的过程中，活动策划显得尤为重要。微信内容基于用户互动的活动主要分为：抽奖赠送类、转发有奖类、竞猜答题类、游戏参加类等四种方式。这种活动在日常的微信运营过程中出现的频率也比较多，但需要注意的是，这四种只是基本的方法，在实际的运用过程中需要加入更多的创意，才能真正地激活这四种常规的形式，不然就会沦为活动粉广泛参加，真正粉丝却不关注的尴尬状况。

除了公众号以外，微信还有大量的广告形式也具备传播的价值，主要有公众号广告和朋友圈广告，其中和其他媒体广告不同的形式就是朋友圈广告。通过微信朋友圈广告，可以实现品牌活动推广、公众号推广、移动应用推广、微信卡券推广和本地推广。从2015年宝马、VIVO、可口可乐开始，朋友圈广告已经成为一种主流的传播方式。朋友圈广告除了本身广告形式是出现在用户朋友圈的信息中以外，另一个比较重要的特点是能够实现精准定向。朋友圈广告支持按照年龄、性别、地域、手机系统、手机联网环境、兴趣标签等属性进行定向。

朋友圈广告是按照CPM（千人曝光成本）进行收费，在按照价格来付费的过程中，要做好朋友圈广告的核心就是在有限的CPM中提升更高的价值。那么就需要在朋友圈广告创意上激发更多消费者的点击和评论，以及看到朋友圈广告后实现更多的转发。

微信的传播是具备极高的价值的，基本上在每个组织的微信运营过程中，传播都是基本的运营服务。在做好传播的过程中，公众号的运营＋朋友圈广告是运营的重中之重。只有在传播的基础上，才能够更多地吸引用户成为粉丝，所以微信传播不仅是一种对外传递品牌价值或者信息的功能，也是微信运营的基础条件。

## 二、销售

微信是一个强大的营销工具，利用微信的社交属性实现其销售的价值，是每一个组织都希望达成的目标。微信运营的核心目标之一就是聚集粉丝，聚集粉丝一定是有其商业价值存在，那么粉丝的变现以及如何实现销售，是各个组织都关注的重要内容。微信的销售一般由以下几种方式构成。

### （一）通过内容实现销售

该方式建立在微信内容运营的基础之上。最常见的方式就是打赏，但是该方式在近期因为苹果分成等原因，在iOS平台上取消了。腾讯和苹果之间的博弈，作为组织而言，肯定希望该方式能够恢复或者有其他更好的解决方法。同时因为粉丝聚集的作用，公众号很自然地拥有了广告价值，广告的售卖也自然成为通过内容实现销售的又一种方式。

### （二）通过商城实现销售

直接销售产品，是微信另外一种特别直接的盈利模式。开通微商城来实现产品的销售是常规的模式之一。微信因为具备强大的社交属性，所以其营销过程中，自然能建立从了解商品、熟悉商品、购买商品到分享商品的闭环，帮助商家一站式地实现营销价值。基于微信又是熟人社交，熟人之间的分享对购买决策又能起到非常重要的作用。在整个闭环的过程中，微信商城就是一个非常好的平台，能够将粉丝自然地转移到销售上。

### （三）间接实现销售

该方式是指以微信作为桥梁帮助销售，从而达成销售的目标。以汽车销售为例，要做好微信的销售，可以从多角度获取粉丝、多活动激发到店、多维度增进好感、多理由试乘试驾、多频率沟通跟进、多刺激分享交易等六个方面的“六多”来实现全面的微信销售，帮助达成汽车销售的目标。而且在这六个维度上，每一个维度微信都是最好的工具之一，但每一个维度其实都不能通过微信来直接实现销售。把微信作为一款工具，帮助销售提升效率，也是微信的重要作用之一。

要达成微信的销售作用，需要以微信为基础，合理地运用微信的功能，将粉丝的作用达成最大化，将微信的效率达成最大化，才能最佳地达成销售的目标。

## 三、服务

微信通过其平台的价值，从传播到实现销售，到售后服务或常规服务，都能帮助企业更好地达成营销。售后服务或常规服务，是微信在服务属性上所具备的又一强大功能。

在移动互联网时代，传统的 PC 端因为其不便利性，致使消费者越来越多地往手机端转移。WAP 不便利，App 太重，微信正好属于达成平衡的中间点，可提供 App 所有常规功能，又不至于让消费者极其不便地下载各种软件。微信的服务体系确实在这种大背景下适应了整个时代的要求。

以招商银行为例，“招商银行信用卡”是它推出的服务号，已经成为 2 500 万用户的选择。老用户能够通过“招商银行信用卡”实现查账 · 明细、查询额度、查询积分、快速还款、账单分期等核心服务功能。对于新用户，其能够提供办卡 · 推荐、进度 · 开卡、提额测评、30 万现金等服务。基本上招行信用卡常规的功能，招行服务号都能实现。通过服务号的运营建设，不仅方便用户，还能帮助招行降低服务成本、提高服务效率。服务号的建设及运营，是服务型企业和售后型企业必须要重视和完善的运营工作。

## 四、经营

从营销角度来看，微信能帮助传播、销售和服务，从企业经营的角度来看，微信也提供了另外一片广阔的天空。

企业号(已升级为企业微信联系人)是对内经营管理的重要助手。微信企业号官方介绍显示“微信企业号能帮助企业、政府机关、学校、医院等事业单位和非政府组织建立与员工、上下游供应链及内部 IT 系统间相连接，并能有效地简化管理流程、提高信息的沟通和协同效率、提升对一线员工的服务及管理能力”。微信推出企业微信，其目标就是帮助企业在移动互联网时代实现其更强大的作用，在企业内部做到移动时代的管理转型。企业微信的合理使用，确实能帮助各种企业降低经营管理过程中的时间成本，提升内部效率，如果进一步提升其作用，甚至可对企业整体供应链和财务等体系都给予更多的助力。

小程序是企业对外经营过程中的重要手段。小程序到底具备什么样的价值呢？一方面它能帮助大型互联网服务类企业提供更多流量及入口，另一方面它能帮助更多中小企业节省 App 开发成本，帮助企业搭建与消费者之间的桥梁。更重要的是，它能通过以微信为核心的各种场景，提供更多的生活类互联网服务，刺激更多的价值产生和产生更多的业务经营。虽然小程序推出不久，各种体验还有待加强，但小程序的推出就是要集除游戏和所有重服务以外的应用场景和服务于一体。其未来的经营潜力无限。

## 【知识回顾】

在微信已经成为国民级应用的今天，微信运营具备用户量巨大、生态开放、移动社交化、达成闭环的特点。通过与微博的比较，它们在用户属性、传播者、传播方式、传播效果等四个维度具备典型的差异。所以需要采用组合的方式，相互补充才能达成更好的营销或者传播目标。微信经过个人沟通工具、社交工具、商业运营、生态运营等四个阶段后，必须通过善于使用和学习微信的产品功能，多种功能并重，强调关系的追求和建立，微信运营要整合才能掌握微信运营的核心。在微信运营的过程中也必须使用矩阵式的方法，来综合使用服务号、订阅号、小程序、企业微信、第三方运用（如微商城）等各种功能板块，实现传播、销售、服务、经营四个作用。

## 【思考题】

1. 微信运营和微博运营之间有什么相似和区别？
2. 你认为在微信的发展过程中哪个阶段最重要？
3. 有哪些方法能提升微信的粉丝数和活跃度？
4. 如何搭建微信服务号的构架和体系？
5. 你如何看待微信小程序的未来？

# 第八章
# App 推广运营

## 【知识目标】

☆ App 运营的基本概念及特征

☆ App 运营的基本方法

## 【能力目标】

1.了解 App 运营给企业和品牌带来的实际意义

2.熟悉 App 运营的方法,并能运用到实际的工作中

## 【案例导入】

**扫码的兴起与衰败**

北京市朝阳区望京 SOHO 对面的阜安西路,曾经是传说中的"扫码一条街"。在一条不到 100 米的路上,挤进了无数的商家,扫码下载 App 或者扫码关注微信就能获得礼物。这种推广方式对于某些用户来说确实有着极强的吸引力,每到中午饭点,各个摊位都人头攒动。效率高的地推人员,平均 1 个小时能获得将近 50 个微信号或者实现接近 40 个下载量。在用户心满意足地扫码拿到礼品之后,背后一般会有两个行为,第一是仔细看一下赠送礼物到底是什么。因为早期赠送的礼物都还不错,随着地推人员越来越多,赠送的礼品也参差不齐,而且会有不少假冒伪劣产品。第二是不仔细地看一眼下载的 App 或者加的微信具体有什么功能,然后卸载,是的,用不仔细的方式看,毕竟一路过去,参与 5～6 个商家活动很正常,但这 5～6 个商家的 App 并不是每个都值得研究。只有很少的用户会认真体验该 App,甚至是真的会下单,购买这些商家提供的各种服务或产品。

## 第一节　App 运营的概念与特征

中国互联网络信息中心发布的第 42 次《中国互联网络发展状况统计报告》显示,截至 2018 年 8 月,中国网民规模达 8.02 亿,我国手机网民规模达 7.88 亿。移动互联网已经成为中国网民的主流生活方式。

随着移动互联网的普及,手机作为移动互联网目前的主要终端设备,App 所承载的意义和价值越来越重要。在 PC 时代,用户在终端的行为主要是通过浏览器来实现,但在移动互联网时代,烦琐的浏览器已经无法满足用户的需求,App 应用很自然地成为移动互联网时代最重要的应用方式。因此,在移动互联网时代,App 运营也是新媒体运营中的一个重要组成部分。

## 一、App 运营的概念和营销价值

App 运营，一般是指在移动互联时代，通过内容、活动、推广等方式达成 App 用户的增长、活跃等目标。

常规的 App 能用来满足消费者新闻资讯、电商购物、视频娱乐、生活服务、社交、理财、手机管理等多方面的需求。App 的首要功能就是满足用户的手机功能及需求，所以一般都会认为 App 是一个服务消费者的应用工具。对于网络服务类品牌或企业而言，确实需要运营好 App，因为这是其生存的基本属性，比如今日头条运营不好其 App，那么今日头条就没有存在的价值了。

除了网络服务类企业，其他的企业是否也需要打造和运营其 App 呢？

答案自然是肯定的，App 既然作为一个主流的应用方式，那么从营销而言，每一个企业都有加入的必要。App 运营是具备极大的营销价值的。

### （一）曝光信息，展示品牌

作为一款 App，只要有用户下载和活跃，从营销的角度而言，就意味着曝光。以可口可乐为例，在 App Store 搜索“可口可乐”，可以看到与可口可乐相关且推荐度最高的三个 App——“可口可乐圈”“可口可乐大使”“可口可乐中国冷饮社区”。先从传播的角度来看，这三个 App 中，“可口可乐圈”是针对大众人群，“可口可乐大使”是针对特定人群，“可口可乐中国冷饮社区”是针对内部人群。这三个 App 从不同的人群角度，不停地曝光信息以及展示品牌。而且，根据这三个 App 的下载数和活跃数的变化，这种曝光和展示是一种持续而长尾的效果。

这种效果和常规的广告效应就有极大的不同，广告效应是投放广告，花钱而取得的 Paid Media（品牌付钱买来的渠道），即付费就有，不付费就没有。App 运营，不能说一劳永逸，但相对 Paid Media 性价比会更“高”。为什么性价比更“高”需要打上引号呢？因为，目前的移动互联网已经发展到一个比较成熟的阶段，就 App 的数量而言是极其恐怖的，要想用户喜欢，需要更好的 App 思路以及运营的方法，不然 App 的投入就会血本无归，还不如 Paid Media。

### （二）增强黏度，高度互动

如果要更加清晰地了解 App 的营销作用，那么我们需要与其他的互联网技术对比一下 App 在技术上的一些特点。首先我们要对比的就是 Web。Web 由移动设备的浏览器支持，用户无须安装，使用门槛低，只需输入 URL 即可访问，可以随时随地打开网站，但在实现一些相对复杂的功能和交互上不如 App。然后我们再看 H5。H5 可以跨平台开发，且不需要用户去卖场下载安装 App，但无法使用很多移动硬件设备的独特功能，且运行速度比较慢。最后我们要看微信的部分应用，毕竟微信越来越强大，很多功能已经能代替初级的 App 产品了。微信公众号侧重于营销和信息的传递，小程序是微信内的运用。通过以上的分析，就目前而言，我们能更加清晰地梳理出移动端各类应用的营销价值和属性。所以 App 运营在营销价值上，更加适合通过更强的体验互动来不断增加与用户之间的黏度。

同样以 App Store 上的 App 为例，搜索“百事可乐”，搜索结果有两个——“百事拍出趣”和“百事可乐AR”App是在首屏。这两个App，看名称就知道是以拍照和AR功能为核心的App，特别符合App本身的特征，能调动手机更加底层的功能与消费者进行更强的互动。以“百事可乐AR”为例，点击进入App，最明显的功能就是开启AR扫描和进入自由AR。扫描百事可乐瓶身，就能与百事进行互动。该App还增加了摇一摇功能，摇动手机会出现一个带着翅膀的精灵，并且有访问“最新活动”“百事官网”和“看广告片”等三大功能，能带给消费者更多的体验。

百事的App在消费者体验上，明显会优于常规的品牌App，使用了AR功能，照片功能、摇一摇功能，把App的体验变成一件趣味化的事情。用户在体验的过程中，不仅提升了黏度和互动，而且加强了与百事之间的关联。在互动时代，与用户互动起来是营销的前提和基础。

不过在现在数字营销的过程中，一般情况下，如果不是特别需要通过App来进行互动，很少会有品牌来独立地打造和运营App。独立的App涉及推广等各种要素，会极大地增加整体的推广成本。所以现在的有互动性质的高级功能互动，一般会采用借助媒体平台本身带有的App功能。比如，要调用AR的活动，可以与天猫合作；要调用摄像功能，可以和小咖秀合作。在此过程中，App的运营一方面由媒体来完成，另一方面，企业及品牌主要把精力放在App本身的互动创意及玩法上。这样的合作不仅各取所长，而且极大地降低了用户参与的门槛，是现在主流的App互动方式。

### （三）增值服务，精准营销

App因为其功能性的运用，其挖掘的空间特别巨大。以麦当劳为例，麦当劳就推出了“麦当劳官方手机订餐App”，其中有三大功能，第一麦乐送外卖订餐，第二手机下单餐厅取餐，第三附近餐厅。除了这三大核心功能外，还有最新优惠券、联系麦当劳等一些辅助功能。这一款App其功能和定位就是基于麦当劳订餐服务而制作的，三大核心功能都是在帮助用户更加简单、高效地享受麦当劳服务，“麦乐送”是针对外卖，“下单餐厅取餐”是方便用户减少等候买单的时间，“附近餐厅”是方便异地用户就餐需求。这三个核心功能基本上涵盖了用户在购买麦当劳产品过程中的主要痛点，解决用户实际购买过程中遇到的问题。

App无疑是在移动互联网时代帮助品牌解决更多问题的助手，解决这些问题的过程中，重点是以增值服务，提升整个服务的效率，优化消费者的购买流程和体验流程为前提。这种App的实际运营会给品牌带来更多的价值和意义。

## 二、App运营的特征

App发展到现阶段已经全面普及，在App的不同发展阶段，自然有着不同的运营方式和方法。那么在做具体的App运营之前，我们需要重点考量App运营的现有整体环境、现有市场情况等一系列的特征，才能在现有阶段做出更有针对性的策略和方法。

### （一）竞争激烈

从整个市场的宏观层面来看，整个App市场非常庞大，App之间存在着极大的竞争。据工信部数据显示，截至2017年6月底，中国区移动商店App(非IOS)数量已经超过 230 万款，App Store（中国区）App 数量超过 170 万款。6 月当月，我国第三方应用商店与苹果应用商店中新上架 12 万款 App。

再从用户层面来看，国内领先的腾讯移动分析联合腾讯大数据发布的《2017 年第一季度移动行业数据报告》显示，各大软件市场中都有百万款 App，但 90％的用户在一台手机上下载的 App 不会超过 70 款。每个用户在一个月中打开使用的 App 不到 35 款，在一周中不到 25 款。平均每天每个用户只会用到 10 款 App。其中使用最为频繁的 App 集中在社交、系统工具、视频、购物类。从行业集中度上看：社交、出行、系统、安全、新闻类 App 早已被巨头产品垄断，特别是社交与新闻 App 具有较高的用户忠诚度，导致该领域的新型 App 很难获取到新用户。不仅仅这几个行业艰难，其他行业虽然仍有空间，但是这些空间也是比较容易到天花板的。而且 2017 年没有出现类似于 2016 年直播、共享等新的经济形态，所以目前整个 App 的市场状况没有出现特别大的市场机会点。

腾讯的报告显示最重要的数据是，90％的用户在一台手机上下载的 App 不会超过 70 款，虽然我国有 7.88 亿的手机用户，并不是意味着 7.88 亿用户去平分这几百万的 App，而是每一个用户都会面对几百万的选择。要想从这几百万的 App 中脱颖而出，仅仅只是依靠行业的红利是越来越难了，整个市场的竞争已经到白热化的程度。

### （二）成本升高

在早期的推广中，如果一款 App 能进入一个软件市场的推荐位，那么一天少则几千，多则几万的下载量可被轻松获得。但是在现在主流市场，即使购买推荐位，效果可能也只有以前的十分之一。推广成本的升高由此可见一斑。

常规的推广一般会有以下四种主流的推广渠道：预装渠道（主要针对 Andriod）、软件市场、广告平台、地推。预装渠道主要是指与厂商合作，在手机出厂之前，将 App 预装到手机里面。软件市场是指 App 的主要下载市场，不同的系统会有不同的市场。广告平台是指通过广告联盟或者媒体进行 App 推广和下载。地推是指在地面通过活动形式，以线下宣传或者赠送礼品的方式来引导用户下载。当然还有其他的一些补充形式，比如双微的推广、活动的推广等。

这四种主流渠道各自有不同的优缺点。预装渠道之前是 App 推广的法宝，一旦预装进入手机，App 激活率非常高，而且成本较低，仅仅是从预装到激活的周期比较长。但目前阶段，除了三四线城市市场对预装有需求外，对更普遍的移动互联网用户，在连刷机的基本技能都开始普及的情况下，装机的结果只能是被卸载。相对而言，软件市场的真实用户较多，推广的效率很高，但是缺点是费用较高，一般不适合小型初创型公司的推广。安卓手机主流的软件市场有百度手机助手、腾讯应用宝、360 手机助手、小米、豌豆荚等。苹果手机唯一的官方软件市场是 App Store。如果想 App 被快速注册，那么广告平台无疑是最好的选择之一，广告平台见效快，但是用户的卸载率较高，而且用户的黏度、活跃度低。广告平台中以多盟、万普、安沃、有米、力美为主要的平台，推广形式上有视频推广、积分墙、应用墙、Banner（横幅广告）、图文信息流、消息推送等形式。不管是什么渠道，虽然有着不同的特点，但是有着相同的一个特性，就是成本越来越高。

成本升高的背后，主要有两大原因。第一是 App 数量增多。移动互联网又是资本重点关注的市场，有效的推广渠道并没有随着 App 的增多而呈现爆发式增长。所以在以渠道为核心的市场状况下，只能水涨船高，成本节节攀升。第二，用户行为的转变。随着移动互联网整个环境的发展，用户行为也在转变当中。还是以软件市场为例，早期用户对软件市场是持好奇态度，会去逛市场，发现有趣的 App 就会下载尝试，然后推荐给好友，这个时期的用户是以“尝鲜”为主要目标的。移动互联网普及以后，用户对智能手机、移动市场已经了若指掌，在下载过程中，目标明确，登录就是为了下载某个软件，下载完毕后关闭市场。连用户主动登录的软件市场都已经发生了这样的转变，更何况广告平台或者地推活动。

### （三）精细运作

在竞争激烈、成本升高的大环境下，在移动互联网大红利逐步消失的今天，粗犷式运营已经无法在今天立足，整个 App 运营必须往精细化、数据化运营的方向发展。如果要做好精细化运营，必须非常清晰地了解以下概念。

新增用户数，是指安装应用后，第一次使用 App 的用户数量。按照统计时间的不同，一般可分为 DNU（日新增用户数）、WNU（周新增用户数）、MNU（月新增用户数）。它是衡量营销推广效果的最基础指标。

CAC(Customer Acquisition Cost)，为用户获取成本。这个数据需要对每一次推广后所获得的用户成本进行初步的评估，从而来看常规的推广渠道所带来的用户数。

用户留存率，指的是在某段时间内，新增用户在不同的时期内打开 App 的情况。在推广过程中，我们不能简单地只看 CAC，更应该从用户留存率的角度来评估真正的有效实际用户。

活跃用户数，是指在某统计周期内打开过该 App 的用户数量。活跃用户是用来衡量 App 用户规模和产品现状的重要数据。而根据统计周期的不同，活跃用户数又可以分为日活(DAU)、周活(WAU)、月活(MAU)。

TAD(Total Active Days per User)，即每个用户总活跃天数，是指在统计周期内，平均每个用户使用该款应用的天数。TAD 可以用来判断用户质量，是用户活跃度的重要指标。

ARPU(Average Revenue Per User)，即每活跃用户平均收入，计算的是每个用户平均一个时间段给运营商带来的收入。ARPPU(Average Revenue Per Paying User)，是指每付费用户平均收入，它代表着统计时间内，付费用户给应用带来的平均收入。这两个指数在直接付费类的 App 指标评估中尤为重要，特别是游戏、电商等 App。

在精细化运营的过程中，需要考虑 App 运营的几个主要方面。

#### 1.用户的定位与考量

在用户为王的时代，用户是需要考量的根本因素。从产品的定位到研发到运营，每一个角度都需要与用户息息相关。不同的用户对 App 的偏好是不同的，了解用户的偏好，对不同人群的细分推广有着巨大的帮助。比如，什么时间举办活动，用什么样的产品刺激，重点抓取什么样的人群，用什么样的活动方式最能吸引用户等，所有运营的考量都需要以用户为中心，而且随着移动互联网的发展和寡头的出现，未来的市场这种用户的垂直和细分会越来越重要，了解用户和以用户为核心，是整个 App 精细化运营的重中之重。

2.各种产品细节的考量

产品本身是App运营的根本，只有加强产品体验的外在体验和产品运营的各种细节的考量，才能有更好的运营效果。以软件市场为例，从应用ICON的设计，到标题的选择，到应用截图的选择，每一个细节对运营的数据都会有影响，而且在精细化的运营过程中，应该做到完全以数据为导向，即每一处调整都需要观察数据，从曝光到点击再到页面停留时间等，只有以数据为导向，才能做到真正的细节考量。

3.主要数据来源分析的考量

在数据分析的过程中，不能简单地分析某一种单一流量来源的数据，比如软件市场，不能就只看下载数，这样的分析会极度不全面。比如在软件市场中，我们应该从榜单、联想词、热搜、搜索排名、精品推荐等多维度来看。在榜单上，需要看免费总榜、付费总榜、畅销榜、分类榜；搜索排名需要考虑竞品词、通用词、行业词、热点词。只有更加全面的流量来源，才能做更加深度的分析与运营策略的改进，从而不断来优化最终的运营效果。

在移动互联网的下半场时间里，只有更高效地运用数据、挖掘数据、使用数据，更加精细化地运营，才能真正地掌控市场的主动权，才能给用户带来更好的服务品质。

## 第二节　App推广运营的三大核心

面对智能手机应用市场的红海，数百万的App之间的竞争已经到了白热化的状况，优化运营的方法在这个阶段显得越来越重要，那么App的优化到底应该从何做起？App运营的核心其实就是精准拉新、持续活跃和留存激活三个要素。所有的运营手段都应该紧紧围绕这三个要素来实施。

### 一、精准拉新

拉新是App运营的第一个环节，只有拥有新用户，才能保障一款App的基本运营，而且拉新不是一个短期行为，而是一个持续性的行为，从App初生开始一直到App的成熟期，都应该保持一个持续拉新的行为，只是随着App在不同的发展阶段，拉新的目标会做阶段性调整而已。

#### （一）拉新需要精准定位用户

对于现阶段的App发展而言，之前已经论述过App逐步走向垂直化和细分化，所以对于App的拉新，是需要精准拉新的，特别是在App的初始阶段。运营一款百万级别用户的App，因为现有阶段的App推广成本过高，如果不能实现种子用户的拉动及影响，完全用广告的形式，根本无法承担成本。所以拉新时需要重点精准到有影响力的种子用户，才能形成更好的扩散效应，最终实现更多用户的自主下载，这样才能形成更好的拉新推广模式。

2015年出现了一款现象级的App，叫小咖秀，是一款用户拍摄的视频软件，该App初期的精准拉新是特别值得学习的。小咖秀刚上线的时候，只是以应用商店优化（App Store

Optimization,ASO)为核心的推广,覆盖将近400个关键词。同时联系了一些小的KOL做一些引流。当节目《康熙来了》有提到相应的软件时,因为其ASO的作用,形成了第一阶段的爆发式增长。第二阶段就开始借势明星和大V。当时王珞丹需要发新片,所以当她使用小咖秀后,将其分享到微博,结果互动效果非常好,甚至上了微博的热门和热搜,并吸引了大量的KOL自主转发。同时借助一些大V也来玩小咖秀,不仅让大V的粉丝得到了快速的增长,而且让更多的KOL、大V加入小咖秀的群体中。第三阶段借势影视节目,比如当时正火的电影《煎饼侠》,邀请大鹏、岳云鹏、宋小宝等明星,一起来演"拿几个煎饼走吧"这个片段,迅速得到了更多用户的反应。

整个小咖秀的案例,就是精准拉新的典型案例,这里我们能非常清晰地看到如何拉新第一批用户,从而形成现象级的扩散。在一款App的前期,拉新一定要精准,特别是对有影响力的种子用户。如果第一阶段能够在种子用户中快速地推广,那么运营的成本会得到最大程度的降低,并且能形成最快速的扩散和普及。

### (二)拉新需要数据精准

在无法通过资源和大量资金来实现更多明星以及组织大型事件影响力的前提下,常规手段是必不可少的拉新方式。即使用更重磅的资源来进行拉新,也需要常规的推广手段进行辅助。因此如何高效使用常规手段,是拉新的另外一个重要课题。

前文论述过App推广的常规手段,预装渠道(主要针对Andriod)、软件市场、广告平台、地推。这四种常规的推广手段其主要目标都是拉新。

以手游行业为例,越来越多的游戏开发商涌入手游行业,整个行业的拉新推广成本节节攀升。同时游戏行业的同质化也越来越严重,导致诸多手游厂商的拉新进入了瓶颈状态。精准获取用户和有效降低广告成本成为手游行业的痛点。所以在推广过程中,对用户的精准筛选就非常重要了,手游玩家的核心年龄层、核心区域、核心行为都是要重点考量的。在推广的过程中,这四种渠道如何组合最优化?用什么的组合策略来实现成本的最低?用什么样的组合策略来实现下载量的最大?在执行的过程中,预装渠道根据游戏的不同和用户的不同,选择不同的手机厂商。软件市场上,坚持做好ASO和ASM,用ASO配合ASM的策略进行长期的维护。在广告平台上,需要有更多的考虑,什么样的素材最能激发点击,素材能否实现千人千面,只有提升广告的点击率才能实现更好的下载量。所以在广告投放的过程中,需要更加全面地追踪分析。最后,在下载的落地页上,通过页面的排版布局以及优化来提升用户的停留时长,减少消费者的误点,最终实现更高的下载。

这一系列的手段都需要进行更加精准的数据化运营。用数据来做拉新的策略,用数据来提升运营的效率,用数据来检验最终的效果。

## 二、持续活跃

在App的运营中,推广只是第一步,持续的活跃是一个更为重要的环节。只有持续活跃的App,才是一个真正有价值的App。

从活跃度的角度而言，重点需要看日活跃用户数、周活跃用户数、月活跃用户数等3个关键指标。不同的App看的指标也不尽相同。比如新闻资讯类、社交类App，主要看的是日活跃用户数。电商购物类App应该看月活跃用户数。

要做好用户的活跃，必须从用户入手，第一步就是了解用户。了解用户的各种标签，什么年龄、什么区域、什么性别、什么职业等要素，更重要的是了解用户的App行为。比如，浏览最多的页面是什么？点击最多的地方在哪里？用户什么时候登录量最高？一般的浏览时长是多少？只有对App的主流用户更加地了解，才能拥有持续活跃用户的基础。在深度了解用户之后，我们需要再来剖析用户不够活跃的原因。

### （一）产品功能问题

App对于消费者的核心用途是功能，如果用户不够活跃或者沉睡，首要原因一定是产品功能无法满足消费者需求。App活跃的根本原因一定是功能和产品能够打动用户，让用户值得登录和活跃。所以把产品功能和用户体验做到极致，是激活用户的最基本方法。

在实际的App功能和体验中，一般会出现产品功能过少或者产品功能不够好的问题。比如之前提过的品牌独立开发的App，往往就会出现类似的问题，用户无法得到想要的功能，所以就会处于长期沉睡的状态。因此给用户提供更加丰富的功能或者给用户更好的体验，是解决这类问题的方法。

### （二）用户参与问题

用户活跃的目标肯定是希望尽量多地增加日活跃用户数、周活跃用户数和月活跃用户数。那么，用什么样的活动和机制来提升用户的参与度呢？只有参与度的提升，才能真正地提升App的活跃度。

一方面，可以通过短期的活动机制来提升日活跃用户数。比如用签到打卡等短期小的活动来刺激用户保持日活跃。签到打卡是非常简单的App运营小活动，特别是在游戏类App中运营较多，激励用户每天登录，然后获得积分、货币、道具等奖励。整个活动机制比较简单，而且能培养用户每天登录的习惯。

另一方面，可以建立长期的会员机制。要长期地留住用户，避免用户短期的疲惫效应，就需要建立完善的用户成长体系，通过整个成长体系来形成用户长期的黏度。通过完成一系列的任务，可以是游戏类的任务，也可以是点、评、赞等回复型的任务，也可以是购买类的任务，来促进用户长期使用。而且使用时长越长，活跃度越高，享有的福利政策、荣耀体系也不同，从而会促进用户更多地使用。

## 三、留存激活

一旦用户沉睡，随时都可能有离开的风险，所以我们需要不断地通过运营的方式来进行留存和激活。运营过程中，有一个很重要的手段就是唤醒用户。一般会通过邮件、短信、应用内推送信息等各种方式来进行，特别是推送的方式尤为重要。推送是指通过自己的产品或第三方工具对用户移动设备进行的主动消息推送。用户在移动设备锁定屏幕、通知栏、App图标看到推送消息通知，点击则可以进入App。推送的方式在移动互联网时代，具有量大、免费、精准，同时能让用户通过推送直接打开App的功能，其效率远远高于邮件和短信的方式。但是,在日常的运营中,我们会发现用户的唤醒率并不高,那么意味着唤醒的方式出了问题。

一般推送过程中,如果不分内容、不分人群随意地推送,不仅达不到促活的效果,而且极度影响用户体验。归纳起来最容易出现三种问题:第一,推送对象不对;第二,推送文案不好;第三,推送的时机不准。所以在推送的过程中,我们需要把握"在对的时间和对的人讲对的话"的原则。比如在大数据运算方面做得最好的今日头条,每天会根据用户之前浏览的内容和浏览习惯,给用户推送其感兴趣的新闻。所以要做好推送,需要对人群、对内容、对时机做好细分,做到个性化、精准化和免骚扰,才能真正起到激活的作用。

## 第三节　App之商业化运营

一款商业性质的App,从开始搭建到不断地拉新、促活和留存,其最终的目标都是通过转化来提升商业价值。虽然App整个市场目前已经发生了翻天覆地的变化,但是主流的盈利模式依然是以三种为主。

### 一、用户付费

用户是App运营的最重要的核心。挖掘用户价值是商业模式变现的核心方式。如何让用户付费,是这类App运营过程中的最主要课题。用户付费的主要类型有以下几种方式。

#### (一)用户直接付费模式

最典型的就是App Store里面的付费下载。一般这种App付费下载以后,后续的服务都是免费的,但是需要和应用商店来进行分成。另外一种典型的就是美团、滴滴出行、ofo共享单车等O2O模式的App,线上免费下载,使用其功能过程中需要直接付费。

#### (二)用户免费增值模式

在这个类型里面,游戏是最典型的产品,一般都采用这种下载免费但道具或者皮肤收费的方式。王者荣耀就是典型中的典型,整个游戏免费,谁都能下载并玩,但是如果想要在竞技过程中获得更大优势,需要购买皮肤,所以1款皮肤单日卖1.5亿在王者荣耀里面都属于正常现象。

#### (三)点播和包月模式

常见的点播服务例如图书、电影类App等。常见增值服务包月订购,如掌阅、QQ阅读、爱奇艺。这类App一般都会以免费部分内容来吸引用户,再以独家资源等形式来引导用户点播或者包月。爱奇艺在韩剧方面就是采用这种方式,先把某一部韩剧炒热,然后如果想提前观看或者观看全部剧集,就需要包月成为VIP,这种模式让爱奇艺在韩剧当红的时代赚得盆满钵满。

## 二、广告运营

很多App会为用户提供日常的使用功能，这些功能对用户具备相当大的日常使用价值，但是用户又无法为这款App进行付费时，那么就需要进行流量变现，流量变现的最主要方式就是广告运营。当一款App聚集了大量的用户之后，其实就具备了基础的广告介质。在广告的运营上，一般有两种方式。

### （一）独立售卖广告

这种体系一般都是适合中大型的App或者媒体类型App，比如常规新闻类的今日头条、一点资讯。常规的视频类，如优酷、爱奇艺，更不用说BAT这种巨头型的公司。在独立售卖的过程中，一般又采用广告位售卖＋SSP售卖的方式。广告位售卖是指，把App中的广告进行筛选，按照CPC（Cost Per Click，每点击成本）、CPM、CPD（Cost Per Download，每下载成本）等模式直接卖给独立的客户，又或者以打包资源包的方式进行售卖。SSP模式是指把剩余流量打包，对接各种DSP公司，然后分散式地售卖出去。

### （二）广告联盟

这种体系一般都适合中小型的App，因为这类App的规模比较小，很难组织自身的广告销售，所以会把App里面的广告位直接对接给广告联盟的公司，以DSP等方式通过联盟广告公司来进行销售。

## 三、平台组合

在移动互联网的发展过程中会出现越来越多的平台性质的公司。这类公司在把App打造成为平台性质以后，就具备了复合型的营销模式。比如微信，既有广告收入，也有增值收入，也会有游戏、电商等其他收入。再比如天猫，既有针对商家的售卖分成收入，或者平台搭建等服务收入，也有针对商家的广告推广的收入。这种复合型收入会是各家App都期望实现的模式，但是前提是必须成为国民级别的应用，成为用户不可或缺的应用软件。

因此，从互联网时代开始到现在的移动互联网阶段，一直都贯彻着“得用户者得天下”的理念，只有更多用户聚集，更多用户活跃，更多用户留存，才有商业变现的价值。

### 【知识回顾】

本章从App运营的概念开始阐释了App运营具备曝光信息、展示品牌，增强黏度、高度互动，增值服务、精准营销等三大价值。同时从目前整个市场的宏观角度来看，App运营需要更加精细化运营才能应对目前的市场竞争激烈、成本升高的状况。并需要对用户的定位、产品细节、数据来源进行深度的考量才能实现更好的精细化运营。那么要做好App运营，第一步需要用精准用户和数据精准的方式来精准拉新。第二步需要从产品功能和用户参与的角度来进行持续活跃。第三步需要更加精细地使用推送等手段来实现留存激活。最后，本章从用户付费、广告运营和平台组合等三种模式剖析了现代 App 的商业化变现之道。

## 【思考题】

1. 如何理解 App 运营的挑战和解决方法?
2. 精细化运营的核心要素是什么?
3. 拉新过程中面临的问题有哪些? 如何解决?
4. 活跃用户和用户留存之间的关系和区别是什么?
5. App 商业变现还有其他一些什么样的方式?

# 第九章
# 社会化媒体运营

## 【知识目标】

☆ 社会化媒体运营的概念及发展特征

☆ 社会化媒体运营的核心理念

## 【能力目标】

1.掌握四类主流的社会化媒体的特点

2.对四类主流的社会化媒体的运营方法有基本的掌握并能初步运用

## 【案例导入】

**电视剧的社会化传播之旅**

2017年,一部电视剧《人民的名义》刷爆了所有的社会化媒体,在百度指数、微博话题量等各种社会化口碑榜单领先。微博话题阅读量高达24.4亿,讨论量150万。一部电视剧能否火爆,第一要素肯定是剧集本身的质量。本剧拥有扎实的剧本,各大戏骨的精彩演出,优质的导演。除了剧集本身以外,剧组并没有像很多财大气粗的制作公司一样砸大量的广告费用以炒作,甚至在开播之初,该剧默默无闻。那么《人民的名义》是如何在社会化媒体上高效运营,最后逆转呢?

该剧首先抓阵地,抓住电视节目炒作主阵地微博。“#人民的名义#”微博话题阅读量达24.4亿,讨论量150万。该剧一方面根据剧情的发展不断掀起各种热点话题的讨论,另一方面利用好人民群众中的大号——该剧演员。演员本身就是最大的KOL,剧中各戏骨拥有大量的粉丝,剧中演员与用户的互动不断地将社会化的热议点渗透到更多的用户中去。然后该剧抢流量,抢占微信流量,利用剧情、花絮、演员等高质量内容与微信大号合作,将各种话题渗透到微信朋友圈,让更多用户随时随地关注剧情发展。最后炒新闻,利用新闻媒体的报道能力,有效聚集媒体和自媒体的能量,百度搜索新闻达22万篇。最终在社会化口碑的影响下,《人民的名义》最终达成收视率破8,且在视频网站也拥有超高的播放量。

## 第一节 社会化媒体运营的概念及发展特征

从中国互联网早期的聊天室开始,到后来的各种论坛,再到现在的微信、MOMO陌陌等软件,社会化这个概念一直存在于中国主流的互联网文化和数字营销文化中。社会化这个词已经融入了绝大多数的互联网产品，社会化属性的媒体也时时刻刻占据着用户的使用时长。那么到底什么是社会化媒体？什么是社会化媒体运营呢？社会化媒体发展过程中具备什么样的特征呢？

## 一、社会化媒体运营的相关概念

在社会化大潮流的冲击下，用户的互联网行为和关注度越来越碎片化。在社会化网络下品牌与用户的关系以及传播模型被颠覆。以往的运营手段和大众传播的方式，在社会化媒体上逐渐失效。品牌需要重新出发，以用户的体验和社会化属性为参考标准，重新建立完整的数字营销体系，从而达成市场营销的目标。

这种背景下，社会化媒体运营应运而生，社会化媒体运营是利用社会化媒体或者带有社会化性质的媒体来进行营销，通过公共关系和客户服务维护开拓的一种运营方式。

如果要深度地理解社会化媒体运营，那么我们需要先了解社会化媒体，以及社会化媒体和传统媒体具备什么样的典型区别。

社会化媒体是指基于用户关系的用户生产与分享内容的互联网平台。社会化媒体的兴起和发展离不开互联网的高速发展。与传统媒体相比，具备互联网属性的社会化媒体，天生就具备“开放、平等、协作、快速、分享”的互联网精神。因此，社会化媒体从内容的生产主体、交互主体、传播模型等各个方面与传统媒体都有着极大的区别。社会化媒体的内容来自用户，分享和共享是最主要的模式，交互是最大的特点，多媒体化是典型的特征，从而在传播的道路上，很快形成了一条崭新的康庄大道。

特别是在传播的模型上，大众传播时代传统媒体有典型的核心存在。由核心向多点扩散，点对多地单向沟通，而且这种单向沟通是非互动的。在社会化媒体的传播中，用户之间由媒体形成了矩阵式节奏，而且能形成多个用户、多个层次之间的网状扩散，并且这种沟通是互动的双通道。

在把控社会化媒体与传统媒体的区别的前提下，要做好社会化媒体运营，需要对于全新的内容生产模式和全新的内容传播模式有更深刻的理解，特别是在人人共创内容、人人传播内容、人人社交属性三个层面，才能做到全新的运营方式，而不是传统运营模式的简单延伸。

## 二、社会化媒体运营发展特征

社会化媒体的发展历经多个阶段，在每个阶段都有不同的运用方式和运营方法。

### （一）社会化媒体 1.0——沟通及交互性

社会化媒体发展的第一个阶段以论坛为主要形式。在此期间涌现出了大量的优秀网站，比如天涯论坛、猫扑、西祠胡同就是典型的代表。论坛带给用户的典型意义就是沟通及交互，而且也是用户产生内容的萌芽状况。论坛的出现，给早期的互联网带来了全新的体验。此类别的社会化媒体，并没有随着时间的流逝而消亡，论坛这种形式一直持续到现在，就足以证明，这种方式对于用户聚集、分享、沟通必然有存在的价值。

### （二）社会化媒体2.0——内容及社交性

在第一阶段的良性发展之下，很快涌现出了更多的形式，更符合消费者兴趣、交友等社交关系的社会化媒体，社会化媒体很快进入了丰富多彩的第二阶段。社会化媒体发展的第二阶段，在国外，迅速风靡起以Facebook、MySpace、YouTube为代表的社会化浪潮，博客、QQ空间、人人网、开心网等社交网站迅速在国内得到普及。这些媒体以互动性强、社交性强、娱乐性强为核心特征，比论坛更加丰富。

2009年，微博的出现将社会化媒体推向了新的高潮。各家门户纷纷推出微博产品，但最后新浪微博成为最强大的平台。微博因为其社交性和内容的分享便利性，给社会化媒体的发展带来了全新的意义和启发。

此期间的社会化媒体会强调两个重要的概念，一个是内容，一个是社交关系。无论是以校园出身的人人网，还是以新闻出身的新浪微博，各类社交网站都把社会关系发挥到极致，有熟人社交、白领社交、职场社交等，都希望把社交媒体建立在强大的社会关系基础上，从而形成强大的覆盖能力和黏度。另外一个方面是内容，只有拥有足够好的内容，社交媒体才能得到更好的滋养。开心网就是典型的“成也游戏败也游戏”，游戏作为内容上强大的一个方面，当偷菜和抢车位这种游戏诞生，就预示着开心网的迅速发展和普及，但是后续乏力导致开心网逐步地在社交的浪潮下渐行渐远。

随着中国互联网的发展，有一类媒体在此期间也得到了飞跃，就是视频类媒体。视频类媒体一般可以分为长视频和短视频两种。长视频类比如爱奇艺、搜狐视频等各种以电影、电视剧为主要内容的视频网站发展快速。但是短视频在此期间进展缓慢，究其原因，短视频一般以用户为核心产生短内容，比如国外的YouTube就是典型的代表。但是在国内因为网络、设备、用户习惯等各种原因，无法产生大量的UGC。所以视频类网站虽然具备一定的社会化属性，但是无法成为社会化媒体的典型代表。

### （三）社会化媒体3.0——兴趣垂直化、娱乐大众化、移动融合化

随着移动互联网的发展和4G网络及智能设备的不断普及，社会化媒体在新的时期进入了更加爆发的阶段。移动端的普及，带来了更广泛的应用，这类应用通过社会化平台与内容进行了更高层次的结合，是第三阶段发生一系列变化的根源。

1.兴趣垂直化

当移动时代将媒介碎片化，用户不再长时间聚焦在某一个平台。但当碎片化打破了大众时代的媒体中心后，用户又自然地通过兴趣重新聚集，这就产生了社会化媒体的兴趣垂直化。垂直化社交媒体虽不是在这个阶段产生，但确实是在这个阶段发展壮大的。垂直化媒体与兴趣的再结合，诞生了蘑菇街、大姨妈、沪江网校、毒舌电影等各种新型的以App为主要阵地的社会化媒体。

2.娱乐大众化

在新的时期，消费者泛娱乐化的趋势越来越明显，使得各种传统的形式都会以内容娱乐化的方式做出更多的呈现，也是在这种趋势的推动下，在第二阶段明显不具备社会化属性的视频终于开启了社会化的篇章，以小咖秀、快看等为代表的UGC短视频App得到了

用户极大的认可，消费者开始有了极大的热情创造视频内容。同时以直播为代表的直播形式，也成为一种重要的盈收模式。

目前最火的传播内容之一——IP，从某种意义上来说，也是借助了娱乐化社交的东风。IP是本身具备价值的产物，这种价值一定是偏泛娱乐化的，不管是《三生三世十里桃花》这种文学产物，还是魔兽世界这种游戏产物，这些内容本身一定具备大众娱乐基础。同时这种价值是跨平台的产物，在呈现形式中，视频一定是一种最重要的形态。除了形式以外，内容本身也需要在社会化媒体上进行广泛的发酵，借助各种社会化媒体平台得到更广泛的传播，这种形态下的IP，才是具备现代意义的IP。

3.移动融合化

此阶段在国内呈现出与国外明显不同的特征。社会化媒体在第三阶段用户最为广泛，最典型的代表就是微信。微信以移动端为核心，同时融合了多种社会化的功能属性，满足用户的多种功能（但不是大而全）需求，为中国互联网在世界面前竖起了一个巨大的旗帜。移动的融合化其实并不是兴起了某种产品，而是在移动化的浪潮下，产品更愿意融合社会化属性，比如大多数移动端产品都具备一键分享的功能。这种融合化的趋势，更能体现出移动端的特点和优势，把社会化的属性发挥到更大。

## 第二节　社会化媒体运营核心理念

社会化媒体在不断地重塑企业与用户的沟通关系，用户从一个旁观者逐步变成了参与者，参与品牌的重塑，参与传播的过程，参与产品的搭建，用户正在从被动变为主动，从单向接收变成双向互动，这种基于社会化关系的新的运营模式，影响着企业和品牌的方方面面。

### 一、从AIDMA到AISAS，以及进一步升华

从消费者的消费模式来看，最初的AIDMA模式是指消费者从注意商品、产生兴趣、产生欲望、形成记忆，最后做出购买，整体遵循Attention－Interest－Desire－Memory－Action。

整个过程中，在传统营销的驱动下，消费者形成一系列行为。在这种模式下，消费者的行为是漏斗形态的，需要从Attention开始，一步一步达成最终的消费行为。因此在大众传播时代，需要不停地强化曝光，形成曝光量和覆盖量，才能保障最终的Action的达成。

在社会化、移动化及熟悉化浪潮之下，大众时代的媒介以及消费者的注意力完全地碎片化了，消费者的注意力在这种大趋势下，不再是单纯的漏斗形。消费者从单纯地接收信息变为了主动获取信息，于是便产生了AISAS模式（Attention－Interest－Search－Action－Share）。在AISAS模式下，消费者对商品产生兴趣后主动搜索（Search），购买后会主动分享信息（Share）。这两个环节的产生及变化主要是受互联网的因素而产生的，只有互联网发展之后，消费者才能更加便利地用搜索引擎搜索信息，同时利用社会化媒体来分享信息。社交的出现导致整个传播模型的变化。

经过社会化和互联网的进一步发展，消费者的传播变得更加复杂，产生了更多重要的因素。整个营销过程中，完全实现了以消费者为核心。比如ISMAS模型，就是消费者先产生兴趣（Interest），就会主动搜索（Search），不管是否购买，都会产生口碑（Mouth），口碑会影响更多的行动（Action）和分享（Share）。

再比如SICAS模型，更加强调了消费者各个环节之间的互动，更强调这种动态地推进，而不再是单向地推进。消费者可以从兴趣直接到分享，也可以从沟通直接到行动，消费者的状态更加多维变动，于是会有用户感知（Sense），产生兴趣与互动（Interest&Interactive），建立链接和沟通（Connect&Communication），从而行动（Action），并进行分享（Share）。

随着时代的发展，消费者的模型一定会不断地演变和升华，但是其最终的核心都是以消费者为核心，以消费者所处的社会环境及科技沟通方式为基础条件，把握住传播模型的变化，才能从第一角度正确地看待社会化思潮的影响，及社会化媒体对传播的影响。

## 二、从大众传播到圈层传播

大众传播时期大众媒体的作用非常重要，非常容易影响到大众用户，但是随着社会化的进一步发展，特别是几乎每一个主流的互联网媒体都具备互联网属性时，大众这个词汇已经在逐步失去它曾经的辉煌和意义。

移动互联网的特性瓦解了传统意义的媒介中心，媒介去中心化的趋势越来越明显。在互联网时代，人人都是自媒体，内容不再是由特定的人群通过特定的渠道给大众进行传播，而是更多地由用户自身产生内容，自身分享内容。在这种社会化媒介的趋势下，内容的产生更加多元，渠道更加多元。

随着碎片化时代的来临，注意力稀缺又成为一种常态，一方面是用户的注意力有限而内容又太多，另一方面真正对消费者有意义的、有价值的资源又太少。大量内容的产生、媒体的碎片、注意力的稀缺势必影响到社会化重塑消费者的新中心。

这种新的中心就是基于以内容和兴趣为核心的新中心。因为大量的无效资源，用户需要重新进行信息筛选，这种筛选的首要逻辑就是兴趣。在去中心化的时代，以内容和兴趣为核心的新中心正在崛起。同时围绕在以内容和兴趣的新中心周围的，是新的圈层和社交结构。

用户的聚集，必然意味着意见领袖的兴起。在社会化媒体时代，意见领袖有三种比较大的变化。第一个变化自然就是意见领袖增多了，第二个变化是意见领袖的影响力变大了，第三个变化是意见领袖影响用户的方式发生变化了。在大众传播时代，意见领袖基本上很少见，更不用说声音是忽略不计的。但在社会化时代，意见领袖的数量逐步增加，而且范围也突破了诸多限制。游戏玩得好的玩家，可以成为游戏的意见领袖；化妆化得好的用户，可以成为美妆的意见领袖。各行各业，各个群体，都涌现出其独特的意见领袖。意见领袖的声音通过一篇微博、一篇订阅号文章，甚至一个段子、一个回复，都能影响到聚集在意见领袖周围的用户，甚至在某些领域影响力会大于传统大众媒体。

因此，要领悟社会化媒体运营的精髓，打透圈层，合理使用意见领袖是必不可少的方式之一。这种圈层的影响力是符合社会化媒体发展核心理念的，而意见领袖的出现又是在圈层文化中孕育而生的。

## 三、90/10 理论激活社会化传播

当圈层文化和意见领袖越来越重要的时候，在社会化媒体运营中，究竟应该如何打透圈层及合理使用意见领袖呢？这个时候 90/10 理论就会变得非常重要。

圈层文化会很自然地把社会化属性相似或者相近的人群吸引到一起，而且通过社会化媒体进行更加高效的聚集，这是社会发展的必然，也是社会化媒体发展趋势下的媒介发展的必然趋势。每个用户都会根据自己的社会特征和喜爱特征加入各种属性的 QQ 群、微信群，也可以根据自己的喜好加入各种社区、论坛，或者选择具备社交功能的各种 App。但在每一个所谓的圈子里，虽然用户之间的兴趣相近，但是在具体的行为过程中具备不同的特征。在圈子内可以按照意见领袖、最早的跟进者、早期的大多数、迟到的大多数以及落后者五类人群来进行划分。

在一个圈子中，早期的大多数和迟到的大多数是主力消费人群，因为具备购买力且数量庞大，是企业和品牌应该争取的大多数。但是在实际的营销过程中，意见领袖和最早的跟进者是最先能够体验产品并产生口碑，最终最有效影响早期的大多数和迟到的大多数的人群。落后者是无论如何都很难打动的用户。所以在营销的过程中，首先要影响到的就是意见领袖和最早的跟进者。而意见领袖和最早的跟进者一般会占据整个人群的 10%，影响到这 10%就能影响剩下的 90%。意见领袖和最早的跟进者是撬动圈层的核心力量。这就是 90/10 理论。

在社会化的传播过程中，90/10 理论同样适用。在社会化媒体运营的过程中，90/10 理论更应该得到广泛的使用。特别是在内容当道的时代，需要用内容去打动更多的用户时，只有意见领袖和最早的跟进者是内容的积极发起者，而早期的大多数和迟到的大多数是内容的围观者。如果想通过社会化媒体产生足够有影响力的内容，就需要用合理的机制激发意见领袖和最早的跟进者产生内容，然后运用巧妙的方式，让早期的大多数和迟到的大多数来形成围观，这样就能将内容的力量在整个圈层中实现最大的传播，最有效地把社会化媒体的属性发挥到极致。

在意见领袖的使用过程中，一般的使用方法是：通过付费让意见领袖产生或者植入相关信息，从而达成让意见领袖影响周边用户的目的。那么在意见领袖的使用上，最主要的原则就是并不是越大的意见领袖越好，选对意见领袖更重要。意见领袖得通过粉丝的数量和质量来看影响力，一般情况下，肯定是粉丝数量和质量越高的意见领袖更好。但是如果考虑产品调性、行业情况、意见领袖风格等各种情况，并不是影响力越大的意见领袖越好，反而是越合适的越好。比如要推广一个母婴类的产品，一个知名小鲜肉和一个女性知名博主对比而言，小鲜肉的粉丝数量肯定更多，但是这个粉丝数是相对于大众而言，而母婴类产品的目标用户中，反而是粉丝数相对较少的女性知名博主更合适。所以在意见领袖的选择和使用上，还是应该坚持根据其在目标用户中的威信，利用数据的方法找到目标消费者关心的内容，并且辅助以意见领袖的日常内容质量、互动水平、风格调性等各个维度综合评估，从而选择出最合适的意见领袖。

## 第三节　国内外主流社会化媒体及运营方式

社会化媒体分类广泛，而且不同类别的社会化媒体运营过程中具备不同的特点，如果要对国内外主流的社会化媒体运营方式有更深入的理解，那么首先我们还是应该划分出不同的类别，然后做完备的分析。

互联网发展源于美国，中国从20世纪90年代开始，逐步加入国际互联网大家庭中，基本上与全球同步，经历互联网发展的1.0、2.0和3.0时代，虽然世界各国因为人文特点的差异，使得社会化媒体在各国的具体表现情况各有不同，但整体的发展较为一致。按照互联网的时间发展，社会化媒体一般可以分为社区论坛类、社交沟通类、知识共享类、具备社交性质的其他类。

### 一、社区论坛类

社区论坛是最早开始流行起来的互联网媒体形式之一，它承载着用户根据自我兴趣和行为的划分而产生的沟通、交流、分享信息的诸多功能，社区论坛一般都具备三大特点：互联网是主要的沟通媒体，用户能通过社区来沟通交流或者通过社区满足网络需求，用户在社区上建立不同的身份和新的关系。换个角度来理解，用户通过互联网登录社区，一方面是为了交流分享，获取自己需要的信息，另一方面在社区上形成新的相互关系，建立与现实社会不同的社交圈。社区论坛类网站兴起比较早，由于其交互简单，而且搭建技术成熟等特点，这种网络媒介一直为国内外用户提供着各种服务。

因此要了解社区论坛类的特点，需要从两个方面来重点理解。一个方面就是在社区网络里关系的重建。在现实社会中，人际关系因为经济能力、社会身份、权力地位等形成固定的阶层，而在网络社区中，则有了重建新的组织构架的机会。这是社交类媒体对网络社会关系重建的基本背景。在此背景之下，网络又具备隐匿性，特别是在垂直社区中，并非以实名制为主体，所以加速了用户主动塑造新的社交圈层的速度。在网络社区里，基于兴趣关系，可以逐步发展起来全新的社交关系，用户从陌生到亲密，交换信息从而产生价值，从而获得更多的社交价值及社交认同感。这就是社区交流过程中的垂直社区类对网络社交属性重构的核心价值。

另外一个方面是以兴趣为核心的信息交流与分享。国内著名的社区论坛，如天涯、小米社区、汽车之家论坛、百度贴吧等，都是建立在不同兴趣层面、聚集兴趣爱好者的网站。百度贴吧针对性强而且细分性强，属于在细分的领域可以无限扩充的一个社区，用户可以基于一个品牌建立圈子，也可以基于一部小说建立一个圈子，可以让无数的感兴趣的人交到情投意合的伙伴。小米社区和汽车之家论坛这种垂直类的论坛，只针对某一个类别，并且在这个类别长期深度耕耘，不管是初学者还是深度用户，都可以在这里满足自己的需求。但是深度爱好者可能就无法在百度贴吧里满足自己的需求。天涯论坛是从另外一个角度来建立内容的区隔，比如人文、民生、八卦、情感等，从对内容划分的角度来聚集用户，因此天涯上善于出品高品质、有影响力的内容，而不是简单的流水账似的基础交流。

在把握以上两点的基础上，社区类的运营就变得非常清晰，主要有三个核心特点。

### （一）社区论坛的选择

不同的社区聚集不同的人群，因此不同的营销和运营目标就需要根据目标的不同而选择合适的社区。比如汽车品牌需要在社区论坛上做运营，那么首选的就是汽车之家论坛一类的汽车类垂直论坛，如果选择以内容来划分的情感论坛或者女性论坛，就不那么合适了。社区论坛运营，我们一方面需要时刻了解目前主流的社区论坛以及主要特点，另一方面需要时刻清晰地理解我们运营的目标和方向，从而在这两者之间找到一个非常好的融合点。

### （二）内容质量

社区是以兴趣为核心建立的，是为了方便用户之间沟通和交流而存在的网络媒介。那么内容质量肯定就是另外一个重要的要素。要吸引更多用户关注内容，那么在发布的内容上宁缺毋滥，即使少发，也要做到出精品。

### （三）用户关系的使用

既然在论坛上已经建立了用户之间的社交关系，那么这种社交关系就应该得到更加合理的使用。比如高级用户发布的内容肯定会比初级用户发布的内容更受关注。再比如争议，能引发用户之间二元对抗的内容，影响力肯定会大于全部一边倒的点赞文的影响力。因此，对于社交关系，要能够进行更加深入的挖掘，才能找到更加巧妙的突破口，这样的作用比刷帖、找水军的作用和价值更大。

## 二、社交沟通类

社交沟通类范围也比较广泛，其中最为典型的代表就是社交网站（SNS），社交网站服务是一个平台级别的服务，提供以个人为中心的网络服务。

社交网站和论坛社区的区别在于，虽然两者都有社交的属性，而且都具备以内容兴趣为核心的特点，但社交网站更强调人与人之间的关系，比如熟人社交、陌生交友，其出发点是以人与人的关系为出发点，围绕这个出发点产生大家可以分享交流的信息。论坛社区是以获得信息服务为核心，其出发点是用户感兴趣的知识内容，围绕兴趣知识而构建出新的群体关系。而且从一个角度来说，论坛社区一般都是以 BBS 为重要特征的网络服务，社交网络是基于平台为主，能为用户提供多方面、多种需求满足的综合类平台。

在国内外，社交沟通网站都是主流的互联网服务之一，国外的诸如 Facebook（在线社交网站）、Twitter（美国一个在线社交网络服务和微博服务的网站，Twitter 中文名为推特，只允许用户发送 140 个字符的文本消息）、LinkedIn（美国一家职业社交网站）等社交沟通类网站种类繁多，各具特点。但是国内，社交网络的发展可谓是风起云涌，不断更迭，国内早期的三大 SNS 代表网站——人人网、开心网、51.com 可谓是发展不顺，甚至有的已经在网络上消失影踪。而作为 QQ 的延伸之一的 QQ 空间，反而历久弥新，一直坚挺。同时，互联网江湖上各类垂直社交也纷纷崛起，比如婚恋类、求职类等。随后的微博大战中，大家纷纷推出微博产品，最后新浪微博一家独大，一统江湖。微信的出现号称是腾讯拿到的移动互联网船票，同时也把腾讯的股价层层推高。在中国的社交沟通类媒体上，一般都是“不鸣则已，一鸣惊人”的跃进式大发展。

如果说社区论坛类是新媒体运营的一个起点，那么社交沟通类网站给运营和营销带来的就是一次新的颠覆和高峰了。

社交沟通类新媒体，让所有的品牌和企业开始重视社交类媒体。社交沟通类媒体以前所未有的方式改变了用户之间的沟通方式，以及用户与品牌之间的沟通方式，让沟通变得更加高效、便捷。同时，基于用户之间关系的重塑，品牌在社交网络上的运营也不再是常规运营方式。

基于本书前文已经重点阐释了社交沟通类网站的重要代表及社交沟通类网络的运营方式，所以本小节就不再一一回顾。因为在国内，社交沟通类媒体发展波动比较大，另一个方面，行业巨头已经开始呈现垄断的方式，所以在社交沟通类社会化媒体上的运营最重要的原则就是：密切关注行业发展的状况，跟随行业发展趋势而不断优化运营的方法和方式，从而匹配当下最主流的社会化媒体，最终达成运营的目标。

## 三、知识共享类

虽然在传统的社区论坛中，有的专业的垂直论坛以专业知识分享为主要服务，比如小米社区、汽车之家社区。但随着网络的进一步发展，逐渐兴起了专业的以各种知识共享为主要服务的网络平台，不再局限于论坛的形式，国内比如豆瓣和知乎，国外比如 Quora。虽然百度百科和维基百科也具备知识共享的特征，但是其社会化属性不明显，所以不归入此类。

豆瓣创立于 2005 年，提供关于书籍、电影、音乐等信息，所有的内容都是由用户产生，从描述到评论形成了一整套的以 UGC 为核心的内容分享体系。知乎是一个网络问答社区，用户围绕话题展开讨论，同时围绕话题关注朋友。

这两个平台都是典型的基于知识分享体系而建立的网络服务，同时基于知识的分享建立社交关系。因此，此类平台最大的特点就是高质量的内容分享，同时面临的最大挑战就是如何持续地保持高质量的内容。

要深度了解知识分享类平台的社会化运营，就需要深度地理解一个问题：为什么一个知识分享类的平台能够具备社交的属性？

用户在知识分享类网站一般都能获得知识共享的需要和心理满足的需求，这才是知识共享类平台社会化属性的基础。这类平台相对于泛泛的朋友圈或者 BBS，提供的是高质量的知识内容，用户在这里可以轻松实现知识的共享，从而满足用户登录此类网站的基本层面需要。比如满足虚荣心，无数网友的点赞；满足炫耀感，别人都不懂的自己懂；最重要的是获得认同感和归属感。以兴趣爱好来划分不同的标签，非常容易找到志同道合的朋友，从而在虚拟网络的圈层中构建相互之间的认同感，以及个人与组织之间的归属感。

因此在知识分享类网站运营过程中，需要把三个层面的运营做到极致。

### （一）知识分享的质量

保障知识分享类的质量是关键。品牌在社会化媒体运营的过程中也需要把内容的质量进一步提升，虽然此类网站的“三高”人群比较多，但也不能经常出现艰涩难懂的纯专业知识，而是应该从用户的兴趣角度出发，提升整个内容的档次和质量。

### （二）用户个人的满足感

社区的身份和等级是知识分享类网站用户管理的重要工具，这类工具是用户在该类网站个人满足感以及炫耀感产生的重点来源之一。身份、等级是一个用户在虚拟网络的标签，这种标签是在现实生活中无法获取的。那么在知识共享类媒体上的运营，这种身份、等级的制度一方面需要严格保障不能“劣币驱良币”，另一方面需要不断地推出新的标签来刺激更多的老用户激活以及新用户的加入。

### （三）群体型活动参与及热度

群体型活动是社交网站的特点之一，能够整体提升参与用户的归属感以及大众用户的影响力。在群体活动中，提升参与度与活跃度最好的办法就是与意见领袖合作，能利用意见领袖的影响力迅速拉动群体性活动。

## 四、具备社交性质的其他类

社会化媒体一直以来都是互联网整体发展的主流，也是互联网创新的主要方向之一。特别是随着移动互联网的到来，以及传统社会化媒体的不断发展，更多的具备社交性质的各类互联网产品和平台出现。

在国外，Pinterest 和 Instagram 就是最典型的代表。Pinterest 是世界上最大的图片社交分享网站。Pinterest 允许用户储存图片并进行分类。热门类别有旅游、汽车、食品、电影、幽默、家居设计、运动、时尚和艺术。Instagram 是一个提供在线照片共享、视频共享和社交网络服务的应用程序，该程序允许用户拍摄照片和视频并把它们分享在各种社交网络，如 Facebook、微博、QQ 空间和 Flickr。

国内，一系列创新的具备社交性质的平台也如雨后春笋般涌现出来。首先兴起的就是移动陌生交友，比如 MOMO 陌陌等专属于移动端的交友软件，还有国内互联网主流的直播类社交软件比如一直播等。同时，各类以手机移动端为核心的诸多工具，也加上了社交的翅膀，比如拍照软件“美拍”、女性软件“大姨妈”等纷纷在应用工具的基础上加入各种社交的属性来聚集兴趣相投的人群，从而增强软件的黏度和活跃度。

不管是国内还是国外，目前兴起的新的社交媒体，都是符合新趋势和具备新的技术应用下的社交媒体。不管是 Pinterest 的照片社交，还是各种直播的直播交友等，都充分利用了移动互联网、手机拍照和手机视频等技术应用。

社交是整个人类永恒不断的主题之一，随着互联网技术的进一步发展，社会化媒体的发展会不断地进化。因此在第四类社会化媒体的运营过程中，最重要的运营特点就是在人类天性的社交属性下，充分利用和结合全新的互联网技术，以及在新互联网技术下用户新的使用习惯，进而完成社会化媒体运营。

## 【知识回顾】

本章从社会化媒介产生的背景开始，阐述了社会化媒体运营是利用社会化媒体或者带有社会化性质的媒体来进行营销，通过公共关系和客户服务维护开拓的一种运营方式的概念。并从社会化媒体发展1.0、2.0、3.0三个阶段分别论述了社会化媒体发展过程中的沟通及交互性，内容及社交性，兴趣垂直化、娱乐大众化、移动融合化三大特点。再从三个角度分别阐释社会化媒体运营的核心理念，分别为从AIDMA到AISAS及进一步升华，从大众传播到圈层传播，90/10理论激活社会化传播。最后，本章回顾了国内外社会化媒体及运营方式，其中包含了社区论坛类、社交沟通类、知识共享类、具备社交性质的其他类。

## 【思考题】

1. 如何理解社会化媒体运营发展三个阶段产生的原因？
2. 从AIDMA到AISAS变化的背景原因是什么？
3. 除了90/10理论还有什么著名的社交理论？
4. 社交论坛类长久不衰的原因是什么？
5. 中国SNS类社交网络与国外发展过程中的明显区别是什么？

# 第十章
# 社群运营

## 【知识目标】

☆ 社群运营的概念及意义
☆ 社群运营和社区运营的区别
☆ 社群运营的误区

## 【能力目标】

1.了解金字塔黄金准则的人群机制
2.熟悉各类活动的方法,掌握运营管理机制,了解社群的各种变现方法

## 【案例导入】

### 秋叶的社群运营之道

在社群运营领域,有一位大咖,并非大明星,但创造了社群管理和社群营收,这就是秋叶。张志(网名:秋叶)曾是一名大学教师,创造了以他网名命名的课程——秋叶 PPT,已经有了近千万的销售额。而实现这近千万的销售额的背后,社群运营功不可没。

秋叶经常出现在国内各主流的知识分享社群,分享的主题非常广泛,而且从 2013 年开始运营社群,积累了大量的用户,通过对用户的进一步管理,实现了利益共同变现。比如和社群用户共同运营秋叶 PPT 公众号,一起合作书籍《和秋叶一起学 PPT》等,并且采用社群成员众包的模式完成网易云课程的教程迭代。这些运营方式都获得了比较好的效果。

秋叶 PPT 团队,从一开始并不是为了建设社群,而只是为了给学员做答疑。随着学员的增多和问题的增多,传统的线上授课模式和沟通模式已经逐步不适合了,所以秋叶团队开始了真正建群、运营群,并用老用户来影响新用户,逐步扩散,树立以学习群为核心目标的运营规划,并灵活使用 QQ 群和微信群的特点,分享适合互联网工具和互联网用户体验的内容。在实际的运营过程中,还注意挖掘群内用户,将群内用户培养成更具特点的种子用户,获得成就感,参与回报,并利用线下活动的方式,将核心用户的黏度和忠诚度进一步提升。

## 第一节　社群运营的概念及主要特点

互联网的社群概念，主要是指通过互联网的形式将用户聚集起来实现用户之间的交流、沟通、分享信息，形成具备社区意识和社区情感的群体。在具体的网络生活中，小到一个 QQ 群、微信群，大到贴吧、粉丝圈都是一个个的社群。社群能够将用户与用户之间，通过物理的属性（互联网）联系在一起，通过兴趣和内容的交互，从而产生精神层面（归属感、集体感、荣誉感）的联系。

### 一、社群运营的核心条件

从社群概念的角度来看运营的话，社群运营必须满足三个必要的条件。

#### （一）目标和内容的统一

内容是用户来到社群的前提条件，用户来到社群必须获得内容价值。这是建立社群的根本。只有拥有长期而稳定的内容价值，社群才能从根本上获得长期运营的潜力。而建立一个社群的目标是什么，则是一个非常关键的要素，只有目标清晰才能保障获得内容的准确。一个优质的社群一定不是什么事情都做，不是什么内容都分享，更不是毫无章法和机制。只有目标清晰，才能判断内容的存在意义及价值，才能方便运营者围绕目标组建更好的内容。

#### （二）文化和互动的统一

社群的价值在于用户之间产生的联系，从而让用户与用户之间产生精神层面的联系。那么建立社群的文化就是保障这种价值的根本，而互动就是建立文化的必备手段。优秀的社群文化不仅能保障社群的活跃度，让大家有精神层面的归属，而且能吸引更多的新鲜血液，从而从更长远的角度来保障社群的长期性。互动需要与文化来匹配，不同的文化建设需要有不同的互动形式来建设。而在互动形式中，虽然互联网的社群主要是以互联网工具为核心，但是线下活动和线上活动需要更加紧密配合，才能更加高效地建设社群文化。

#### （三）机制和构架的统一

吸引用户一方面是为了获得物质层面的反馈，另一方面是为了获得精神层面的反馈，归根结底，只有这种机制的建立才能保障两种反馈的达成，机制的高效运营才能保障社群运营目标的达成。而这种机制的核心就是社群构架的建立。因为一切社群的机制都是建立在人员管理的基础上的。社群是人的社群，没有人的概念，自然就不存在社群。所以在社群运营过程中，机制与构架需要相匹配，用机制来规范构架，用构架来促进机制，这样的运营方式才是科学有效的运营。

## 二、社群运营的意义

社群运营的概念出现得比较早，但是一直没有得到特别大的反响和反应，但是近几年，特别是随着微信社群的逐步兴起，不管是互联网的从业者还是品牌企业主，都迅速地认识到圈层带来的全新意义。

为什么是微信社群的发展推动了整个社群运营的发展呢？第一，我们能看到微信是中国移动互联网的标志，通过移动互联网的发展，我们能够更加精准地找到消费者，实现与消费者之间的更深层次的互动。第二，移动手机端推动了更多的应用场景，而且这些场景都是大众传媒时代不曾出现的场景，用颠覆这个词不过分。第三，社会化带来的圈层意义不可估量，尤其是对大众传播的革命性颠覆，让传播可以实现从一个圈层开始，更进一步地打深打透。而在这三个方面，社群无疑最轻量级，却极其高效地实现了统一。应该说社群运营在移动互联网阶段得到了最快速的爆发式发展。

## 三、社群运营和社区运营的区别及误区

社群运营和社区运营从某种角度来看是具备同样意义的，比如都是以互联网工具为核心，同样以信息沟通、分享交流为主要目的，在此过程中建立用户与用户之间的新的关系和构架。但是从运营范围和运营方式的角度来看，两者又有着明显的区别。

### （一）两者使用的工具不同

社群运营一般使用的是社会化平台中组建群组的功能，而社区运营一般使用的是一个整合型的社区网站或者社会化平台。

### （二）两者的建设灵活度不同

社群一般情况下任何人都可以随时组建，随时取消，而社区相对比较复杂，需要成熟的互联网运营团队组建，其运营也需要从服务器到技术到产品的整体维护。

### （三）两者的内容呈现方式不同

社群内容一般情况是属于相互交流状态，而且常规搜索引擎如百度等不可抓取。而社区的内容呈现为固定页面的特点，常规搜索引擎可抓取。

### （四）两者的用户关系不同

社群一般组建时，基于组建的目的和目标就已经存在基本的用户关系，而社区则是用户围绕产生的内容而产生的一系列新的社交关系。

在实际的运营工作中，不少运营者不仅无法区别社群和社区的区别而陷入误区，而且会因为社群的组建简单和普及，而忽略了社群运营的核心条件，陷入更多的误区。

没有明确目标而随意建设群，把群建设成聊天群、销售群；建群的过程中容易多建而不是重点建设，分散精力；只建不管，导致群初期活跃，后期逐步不活跃；毫无章法管理群，线上、线下活动缺失，从而无法产生社群价值。

要做好社群运营，不陷入误区，需要从人群机制、维护机制、管理机制、变现机制四个角度不断优化，才能实现社群运营的真正目标。

## 第二节　金字塔黄金准则的人群机制

社群是由人组成的群体，作为社会化媒体中的一个环节，社群必须要实现打通用户这个环节。而且社群相对于其他社会化媒体而言，是松散的联盟性质的，用户退出的成本非常低。所以在社群内部需要有更加合理的人员结构自治机制，才能保障社群的基本运营。

常规的一个社群往往包含创建者、管理者、活跃者、拓展者、参与者以及付费者。在这些结构用户中，如果运用金字塔的黄金结构来建设社群和进行社群的人员管理，那么就是最合适的。

在金字塔的结构中，一般都会有三个层次，这三个层次从社会价值而言，并没有高低之分，而是在运营和组织共享上，有大小之分。最高层的一定是创建者和管理者，中间层一般是指活跃者和拓展者，下层一般是参与者与付费者。

如果一个社群要有足够的发展，那么首先就需要创建者和管理者严格履行自身的职责，积极、主动、负责地管理社群，并且管理者人数要少，保障意见和方向的统一。在保障一个社群有基本的活跃度时，就需要活跃者和拓展者的积极贡献，如果没有这两种人员，整个群就会死气沉沉。最后，一个社群的参与者与付费者是大多数人群，保障整个群的参与量与未来的发展潜力。整个金字塔节奏最核心的理念就是：用上端用户不断地影响下端用户，从而在圈层效应下实现更灵活的管理和最高效的发展。

所以在社群的实际运营过程中，第一个非常重要的环节就是成员入群管理。对入群的人员进行有效的管理，才能确保整个金字塔节奏的完善。如果仅仅是先建社群，然后拉人头，最后指望从拉来的人头中去培养管理者、活跃者等各种角色就比较困难了。所以，设置入群门槛是筛选入群人员的有效机制。

一般设置门槛都是为了筛选人员，同时让每一个入群的用户都能有一种志同道合的归属感和付出感，从而才能保障整个社群人员的规范和结构。

### (一) 属性限制机制

这种方式属于半封闭性质的社群，同时又是属于社会性质非常明确的社群。比如，以同事、同学为属性的社群，那么非同学和非同事则根本无法加入。这种群一般相对会比较简单，管理也比较轻松，是明显的熟人社交的一种。

### (二) 邀请机制

邀请机制相对而言是开放式社群中门槛较低的方式之一，同时也是圈层效应最明显的方式之一。邀请者和被邀请者之间一般都是比较熟悉的关系，相对来说会更加了解与社群整个人员、风格、氛围、内容等各个方面是否匹配。这样的入群方式，基本能保障所有的入群人员在某个层面的属性是一致的。从社群的角度而言，能保障社群人员的质量，成员之间兴趣爱好的属性也比较一致，能迅速地促进整个社群的活跃和相互之间的沟通交流。

### （三）任务机制

这个任务可以是实际的任务，比如经过管理员验证完成了某项工作，或者是虚拟的任务，比如缴费。这种任务机制的门槛相对会高一点，如果是需要建设大量的社群，这种方法就会限制人员的扩充。但是如果要提升更高的质量，那么这种建设方法无疑是比较好的方式。一方面，任务机制可以通过真正的筛选来挑选人员，即使是邀请机制，也很难确保真实的人员属性一致性，但是任务机制通过完成任务就比较容易识别。另一方面，用户通过完成任务后才能加入社群，通过自身的努力而获得的结果一般都会更加珍惜，用户的黏度也会比较大。

### （四）阶梯机制

这种机制其实是一种筛选的方法。比较适合大量的社群管理及有专职的工作人员的管理方法。一个社群最有价值的用户，一定是在实际的社群运营中表现突出的用户，这种用户相对于邀请机制或者任务机制而言，并不是每一个属性一致的用户到了同一个社群中都能表现出自身的价值。那么有价值的用户就应该配备更加高效的管理。所以产生了这种阶梯筛选法。阶梯筛选法是指设置各种阶梯的社群，初级社群不做限制，任何人员都可以加入，在初级社群中表现突出的用户可以加入中级社群，中级社群的用户在此过程中表现出更大的价值，则可以加入高级社群。这种多个社群之间的关系，其实也吻合金字塔黄金准则。

# 第三节　28 法则的运营维护机制

在一个社群中，活跃的用户毕竟是少数，这些活跃用户的贡献却占了大头。这就是所谓的 28 法则。在 28 法则的指引下，我们更应该清晰地找到重点，要把服务的重点放在那 20%的活跃用户身上，这样才能引导整个社群的良性循环。只有把核心用户运营好，整个社群才能真正有价值。

## 一、线上线下的互动强化

社群是获得价值，分享知识、信息、利益的社会化群体，如果长期处于分散的管理状态，那么整个群的活跃度会越来越低，对用户的吸引力也会越来越低。所以需要通过一系列的活动来活跃用户、加强交流、分享信息、互通有无。活动是实现社群各种目标的有效方式之一。运用好社群的活动，能让社群运营事半功倍。

社群的活动并不是指特别复杂的大型活动，有时候简单而高效的一系列小方式也能取得非常好的效果。最简单、最常规的方式就是发红包，虽然极其简单，但是对于群内的用户相互认知、加速大家熟悉度作用显著，并且能激活经常不关注社群的沉睡用户。所以往往有价值的社群都是高互动的社群，只有激发高频次的互动，才能让社群产生更大的价值。

再比如，发起各种投票、有奖分享、有奖竞猜，都是一些非常简单同时能够高效激发群内互动性的小活动。这些行为能够把日常一些自发的沟通和交流，变成有目标、有组织而且不耗费人力、物力、财力的各种小活动，让整个社群组织变得更加活跃。

同时，在社群互动的过程中，很多人都认为社群是一个网络组织，只需要做好网络的各种活动安排就好，但是线上、线下活动的结合会收获更多意想不到的效果。同样，在线下活动的组织过程中，应该以能保障频率的小活动为主，然后根据社群的具体情况，有目标地组织一些中型活动来结合。比如经常性组织社群见面会，哪怕是以聚餐的形式来举行。线下活动的组织，能够更强地增加社群组织的稳定性以及相互之间的认同感，从而把社群的活跃度以及黏度进一步加强。比如在小米的社群中，就会经常性地组织各类活动，各种米粉节、同城会等。这些活动有利于加强小米粉丝的归属感，对整个小米社群的贡献极大。

但是，所有的活动需要有明确的目标和高效的组织策划，才能真正地保障互动活动对社群的价值，不然一场失败的线下活动或者是不成功的线上活动，都会适得其反，把社群的用户从社群推开。

诚然，简单的社群互动可以从发红包、社群见面会开始，但是，一场成功的社群活动需要考虑更多的元素。

### （一）活动的目的

一切活动都是为目的而设计的，所以需要明确活动的目的。只有目的清晰，才能顺利地开展活动。一般而言，活动的目的分为社群自身目的和社群人员目的。社群自身目的是指为了提升社群的活跃度或者黏度而举办的，比如线下的常规聚餐等各种小型的活动。而社群人员目的是指为了方便社群人员学习、沟通等，比如组织参观交流、会务论坛等活动都是为了实现这个目的。

### （二）活动的主题、内容和价值

在目的清晰的前提下，需要选择更好的活动主题、活动内容以及实现活动参与者的价值。在设计活动主题的过程中，最需要考虑的是社群的人员结构，如果是以年轻人为主，需要设计得更加网络化、口语化。如果是以国企员工、公务员为主，那么主题就需要设计得更加符合此类人群的身份。主题是方便用户对活动有更好的理解，以便最终目标的达成。活动的内容也是如此，既要考虑用户的属性问题，同时更重要的是参与性，参与的门槛以及参与性是否强等问题。只有符合用户参与的活动，才能收获更好的活动效果。最后就是用户的价值获得，不能一个活动完成后，只剩下吃吃喝喝，自娱自乐，那么这种活动是不成功的。

### （三）活动的执行

活动的执行是一个复杂的体系。要做好活动的执行，首先要有好的意识。活动的执行并不简单，不是随意指定几个工作人员现场组织一下就能做好活动。活动的执行过程中，一定要注意时间、费用、效果等重要元素。同时对于活动的预案也就是计划 B 的准备必不可少。特别是在线下活动的过程中，容易出现各种不可控因素，所以计划 B 的准备要提前。只有高效和高品质的活动执行，才能最终达成活动的目标。

## 二、文化体系的建立

如果一个社群要长期而稳定地发展，必须有良好的文化体系作为整体的支撑。当一个社群比较小的时候，依靠建设者和管理者的个人影响力，容易建立以个人 IP 为核心的社群文化，但是当一个社群逐步变大，有了更多的活跃者，更多的意见领袖的时候，社群的组织构架发生了变化，如果没有相应的社群文化体系的匹配，这个社群的发展就会发生偏移，而且无法满足各个群体的需求。

一个社群的文化才是这个社群真正的灵魂。社群的文化体系，包含社群目标、社群价值观和社群公约三部分。

### （一）社群目标

一个社群的目标应该是社群文化的绝对核心，它是统领和管理社群的最高准则。只有明确的社群目标才能指导一切社群活动和人员构成。

### （二）社群价值观

社群的用户是基于同样的兴趣、爱好，甚至目标、远景才聚在一起。那么兴趣、方向、目标、远景就是社群的基本价值观。社群的价值观是社群目标的底线，它能基本识别作为社群的一员在没有具体的法则和规则的约束下（社群的法则和规则一般都相对简单），什么是对，什么是错，什么事值得所有人去做，什么事不值得鼓励。相同的价值观能够指引社群用户的具体行为，吸引更多具备同样价值观的用户加入，从根本上保障社群的稳定。前面章节有提到社群门槛的问题，从某种意义而言，社群的价值观才是最高的门槛，只有价值观一致的用户，才能真正地成为社群。创造和建设共同的价值观，才能让社群的用户真正有归属感。

### （三）社群公约

如果说社群价值观是社群行为的指导思想，那么社群公约则是社群的基本“宪法”。价值观是虚无缥缈的，社群需要用公约的形式才能落地。社群的公约能够让社群的用户对核心的问题最迅速地达成一致，并且成为后续活动的行为纲领。社群的公约不在多，而在于精，不然社群公约就变成了社群的制度，社群的基本制度是社群日常管理过程中的规范，而公约是社群日常管理制度的纲领。公约一方面是价值观的具体呈现，要呼应价值观，另一方面公约要解决社群组建的基本问题，在基本原则性问题上进行整体的约束和规范。

# 第四节　良币驱劣币的运营管理机制

在社群的目标、价值观、公约的基本建立下，一个优秀的社群，必须要有更加科学、高效的管理机制。这种管理机制的核心就是良币驱劣币。在社群运营的过程中，最担心的问题就是劣币驱逐良币，因为劣币的进入或劣币的影响，导致良币失去了在社群的价值，从而毁掉了整个社群的长期性建设。

### （一）发言机制

社群的互联网工具的特性决定了每一个用户的发言都会造成刷屏的效应，社群用户无法像BBS一样，只选择关注和查看自己感兴趣的用户。如果每一个社群的用户都发布自己想发布的内容，如果群里充满了广告和各种灌水，那么这种现象一定会造成劣币驱逐良币。导致越来越多的广告和灌水出现，导致越来越多的用户不愿意去发言，甚至觉得群内的内容对自己的日常造成信息的干扰和骚扰。

1.灌水指引

一个群，如果仅仅是讨论各种纯专业问题，那么整个群也会变得枯燥无聊，失去了社群的灵活特点。所以可以根据社群成员的特性合理地设定灌水时间和把控灌水的话题方向，这样能有利于社群用户之间的交流，同时也能让社群持续活跃，缓和过于严肃和专业的氛围。

2.广告甄别

对于广告，不能一棍子打死，需要对广告行为进行甄别和区别对待。例如，一种广告是无聊的或是与群内容毫不相干的，比如在读书的社群中发布卖化妆品的广告，在电商交流群中发布给孩子投票的广告。对于这种广告要严格限制，甚至某些情况下需要采用更加严肃的方式来对待。因为这种广告对社群毫无价值并且骚扰用户。另外一种广告就是与社群相关的广告，比如人才的推荐和招聘，这种就属于对社群有帮助的信息沟通和交流，毕竟广告也是信息的一种方式。这种广告可以在不禁止的状态下进行引导，而不是无效地无控制地随意发布。这种随意发布确实有相互骚扰的嫌疑，同时因为没有引导其他用户重视，最后也达不到广告发布的效果。

3.细节把控

除了常规情况下社群最容易遇到的灌水和广告的问题外，还有很多细节需要进一步把控和提前申明。比如绝对禁止类，涉及对国家政策的攻击和对讨论者的人身攻击，对于这种不文明的行为，应该要绝对禁止。比如严格要求类，每一个进群的用户，应该根据群的性质和要求对自己的名字或者工作单位进行符合规范的备注，方便用户之间的熟悉和查询。比如适当引导类，大家在发表意见的同时，不要随意打断对方的发言，尽量不要在讨论问题的过程中发送语音等。这些细节的把控，需要根据群的性质和分类来进行适当的调整。

### （二）奖惩机制

奖惩机制是一切运营机制保障的根本机制，如果没有奖惩机制，那么一切目标均无法达成，一切制度也无法落地。在社群运营的过程中，需要制订有针对性的奖惩机制，才能激励对社群有贡献的用户，也才能对有违反社群规范、社群价值观行为的用户有警示作用，最终达成社群运营的良性循环。

1.社群奖励要及时

对社群有价值、有贡献的个人，一定要进行奖励，才能给整个社群树立正向的价值观，激励更多的用户向着正向的方向前进。在奖励的过程中，一方面要非常地及时，随时发现随时奖励。另一方面，奖励并不是要用金钱或者物质奖励，精神的奖励同样可行，在社群内的公开表扬就能起到这种良好的作用。

2.社群惩罚要执行

在社群日常的运营过程中，特别是新加入的会员在不了解社群规则的情况下，容易出现一些不可预计的情况。对于这种情况，管理者要及时地分析，如果是对社群正向发展有阻碍的行为，需要进行制止，最关键的是要制定行为规范，约束后续的用户行为，并对再次出现错误的用户进行惩罚。

每一个社群，根据自己的情况，都会制定很多的行为规范。比如，头像用本人，昵称用本名，不随意发广告，不转发没有依据的谣言等。如果出现上述情况，第一次惩罚要发红包，第二次惩罚要严厉批评，第三次要踢出社群等。

其实作为社群的管理者，最担心的问题可能是：在执行惩罚的过程中，如果是核心人员犯了错误，也要严格执行吗？会不会把核心人员逼走？所以在制定规范的过程中，不要依据社群管理者自身的喜好，既然是社群的规范，尽量要争取取得社群核心人员或者大多数人的认可。既然是大家都认可的制度，那么在执行过程中自然就能得到大家的支持，从而避免担心的问题发生。

## 第五节　利益共同体现原则的变现机制

一个长期而稳定发展的社群，特别是商业社群，一定要实现利益的变现，利益的获得、分享和变现才是社群发展的基础。这种利益的变现有两种理解，一种是狭义利益。建立一个商业的社群，管理者通过社群的运营来实现收入。另一种是广义利益。社群用户之间通过社群的规则相互获得利益的分享和变现。

### （一）广告变现

在各种新媒体变现过程中，广告变现是一种很重要的方式，但广告变现的前提就是拥有大量的用户，在大量用户的基础上才能有大量的曝光、点击、互动等一系列对广告主有价值的广告行为。社群在运营的过程中，也有广告变现的意义和价值，但是一般的社群不具备大规模广告效应的产生，而是有更加细致的变现方式，比如品牌活动等。同时，社群的运营工具或者平台，都是其他公司所拥有的，比如腾讯的QQ和微信，在社群内的常规投放的权利也不属于社群运营者，所以在这里不做关于常规广告价值变现的重点讨论。

所以社群的广告变现，一方面是指通过广告的信息传递价值来实现收入。这种方式一般都是通过管理者发布广告信息，让社群会员使用该信息从而获得广告收入。比如，建立一个同城自驾游的群，那么发布周边景区的团购广告，从而获得周边景区的大客户折扣的差价收入，就是一种广告变现的方式。又比如，建立一个母婴群体，那么通过海外代购的广告信息让母婴用户买单，也是一种广告行为。

另一方面是指通过社群会员的管理来匹配广告商的商业价值，从而产生的商业收入。同样以母婴社群为例，通过管理，管理者发现母婴社群中，有大量的0～3岁孩子的家庭，而这些家庭在孩子初期教育方面有大量的困惑，所以联动母婴早教机构一起给社群的家庭做一场关于 0～3 岁孩子的早教活动，能获得早教机构的冠名或者植入等各种收入。

### （二）会员变现

不同的社群，在会员管理方面都有不同的门槛，如果是对会员极具商业价值或信息价值的社群，那么会员收入就是该社群需要考虑的重要收入之一。比如罗辑思维，普通会员收费 800 元，铁杆会员 1 200 元，就是典型的会员收费的例子。会员收费并不是每一个社群都适用，大部分的社群都是以交互和分享常规信息为主的社群。如果管理者在信息内容等方面没有绝对的价值，那么会员变现可能反而不利于社群的成长和管理。罗辑思维之所以能够实现会员变现，首先有罗振宇本身的名人影响力和 IP 号召力，同时罗辑思维给会员提供极具价值的内容服务，所以最终在会员变现上获得了极大的价值反馈。

### （三）电商变现

电商变现，并不是在社群中根据会员的需要发送一个电商链接组织用户来购买，这种变现方式依然是以传统的广告信息推送为主，为社群提供广告服务。社群的电商变现，更多的应该是以微商为体系的电商新形态。在微商的形态中，社群是微商体系内部的管理工具，在微商的产品培训、政策梳理等方面来实现信息的分享，同时对微商的各个经销商来进行基础的管理。在这个体系内，社群是微商的服务工具之一，社群本身就是为这种微商服务而建立的，所以在这种体系下，社群的电商变现会更容易。

### （四）利益共同体变现

社群的变现核心是因为社群掌握了用户，用户又具备不同的需求，如果能精准找到用户需求，那么变现则是一件简单的事情。如果需求找得不精准，那么变现则困难重重。

广告也好，电商也罢，都是在找社群用户的需求，从而实现变现，但这些变现都是属于直接变现的手段，相对比较简单，而且不稳定。比如一个社群天天发广告，那么社群就会逐步沦为广告群，毫无价值，但是偶尔发一个广告，即使 10% 的用户购买，社群管理者在项目上抽成，也利益有限。所以在社群变现的过程中，有更高级的形式即利益共同体形式，但高级也意味着可使用的范围比较窄。

利益共同体要求社群内的用户有更加一致的圈层，更加一致的价值观，然后通过使用众筹、投资等方式实现社群的用户共同利益。这种方式的好处就是：变现稳定而长期，并且变现收益会比较高，但存在的问题就是可使用的范围比较小。

## 【知识回顾】

社群概念主要是通过互联网的形式将用户聚集起来实现用户之间的交流、沟通、分享信息，形成具备社区意识和社区情感的群体。在运营的过程中需要达成目标和内容的统一，文化和互动的统一，机制和构架的统一。而社群运营和社区运营两者使用的工具、建设灵活度、内容呈现方式和用户关系等四个角度不尽相同。在运营的过程中需要先从金字塔黄金准则的人群机制入手，把握住 28 法则的运营维护机制，加强线上、线下的互动，建立社群文化体系，然后通过发言机制、奖惩机制建立良币驱劣币的运营管理机制，最后通过广告变现、会员变现、电商变现、利益共同体变现四种方式实现社群的变现。

## 【思考题】

1. 如何理解社群运营目标的重要性？
2. 社群运营变现的误区有哪些？ 如何解决？
3. 为什么要限制加入社群的用户？
4. 提升社群活跃度的方法有哪些？
5. 如何在社群发展良性循环和社群变现之间找到平衡点？

# 第十一章
# 自媒体运营

## 【知识目标】

☆自媒体的概念和特征

☆自媒体运营的方法与营利模式

☆自媒体运营的困境与未来

## 【能力目标】

1.能表述自媒体的概念、特征和价值

2.能清晰地理解自媒体运营的流程与方法,并能在现实环境中运用

3.能结合具体的案例思考如何进行有效的活动运营

4.能对自媒体运营目前的困境有所了解,并思考自媒体运营未来的发展方向

## 【案例导入】

**集美貌与才华一身的 papi 酱**[①]

**图 11-1 papi 酱(图来自:互联网截图)**

2015 年 7 月,papi 酱发布的第一条短视频是吐槽郭敬明《小时代 4》的,转发从平常的 20 条直接增长 300%,随后短视频成为 papi 酱的主要传播形式。papi 酱自媒体内容的特点在于把微博热门段子话题、实时热门人物、地方话等内容,配上反转剧情,配合形象、生动的表情,摄制成特色短视频。她的语言、眼神的切换,犀利的视频吐槽形成了属于自己

---

① 案例来源于:知家的《百万粉丝博主 papi 酱如何做内容运营的?》http://www.chinaz.com/manage/2016/0118/496851.shtml.

风格的视频内容。在视频里将自己打造成一个集才华与美貌于一身的papi酱，完成了清晰的IP定位，即一个爱吐槽生活小事，腹黑，言论犀利，演技搞怪，有颜值的逗比女神。到2016年，papi酱共发布了27个短视频，累计总播放数达2065.3万，聚集了10.3万粉丝，评分更是高达9.3分。其中《[papi酱]2015年度十大烂片最专业点评》不仅在公众号上收获了10万以上的阅读，在优酷视频上播放量达110万之多。就连在较为小众的A站、B站上，papi酱的短视频也同样聚集了超高人气，每条短视频的点击量均破万。

## 第一节　自媒体的概念、特征与价值

自媒体是基于新媒体发展而产生出的一种媒体生态，它打破了传统媒体“主导话语”的权利，让人人都可以运用媒体来“说话”。自媒体之所以爆发出如此大的能量和对传统媒体有如此大的威慑力，从根本上说取决于其传播主体的多样化、平民化和普泛化。

### 一、自媒体运营的概念

自媒体，英文翻译为We Media，又称“公民媒体”或“个人媒体”。美国新闻学会媒体中心的Shayne Bowman(谢因·波曼)和Chris Willis(克里斯·威理斯)对自媒体下了一个十分严谨的定义：“自媒体是普通大众经由数字科技强化与全球知识体系相连之后，一种开始理解普通大众如何提供与分享他们自身的事实、新闻的途径。”①简单点说，就是指私人化、平民化、普泛化、自主化的传播者，以现代化、电子化的手段，向不特定的大多数或者特定的单个人传递规范性及非规范性信息的新媒体的总称。自媒体运营的内容范围涵盖较广，包括：UGC、PGC、OGC、IP等。自媒体传播平台包括博客、微博、微信、百度官方贴吧、论坛、BBS等。

自媒体往往采用新媒体渠道传播。而运营，如果和自媒体、新媒体联系起来的话，就是自媒体运营，就是利用微信、微博等自媒体平台进行品牌推广、产品营销；策划品牌相关的、优质的、有高度传播性的内容；向客户广泛或者精准推送消息，提高参与度，提高知名度，从而充分利用粉丝经济，达到相应目的。

### 二、自媒体的特征

自媒体有别于专业媒体机构“主导”的信息传播，是由普通大众主导的信息传播活动，由传统的“点到面”的传播转化为“点到点”的对等的传播。因此，自媒体有着平民化、个体化，低门槛、自发性，内容多、圈群化，传播快、交互强等特点。

#### (一)平民化、个体化

2006年底，美国《时代》周刊在年度人物评选封面上对自媒体特征进行了解释：“社会

① Shayne Bowman and Chris Willis. We Media：How audiences are shaping the future of news and information. Commissioned by The Media Center at The American Press Institute.Published July 2003 online in PDF and HTML：www.hypergene.net/wemedia/Cover illustration by Campbell Laird，www.campbelllaird.com.

正从机构向个人过渡，个人正在成为新数字时代民主社会的公民。2006年年度人物就是互联网上内容的所有使用者和创造者。"这预示出自媒体具有平民化、个性化的特点。从"旁观者"转变为"当事人"，每个平民都可以拥有一份自己的"网络报纸"(博客)、"网络广播"或"网络电视"(播客)。媒体仿佛一夜之间飞入寻常百姓家，变成了个人的传播载体。人们自主地在自己的媒体上想写就写、想说就说，每个"草根"都可以利用互联网来表达自己想要表达的观点，传递自己生活的阴晴圆缺，构建自己的社交网络。

### (二)低门槛、自发性

对于传统的电视、报纸媒体而言，运作是一件复杂的事情，需要花费大量的人力和财力去维系。同时一个媒介的成立，需要经过国家有关部门的层层核实和检验，其测评严格，门槛极高，让人望而生畏。但是，在新媒体时代，用户只需要通过简单的注册申请，根据服务商提供的网络空间和可选的模板，就可以利用版面管理工具，在网络上发布文字、音乐、图片、视频等信息，创建属于自己的媒体。也正因此，自媒体的信息制作、编辑和传播的个体，可能不属于任何媒介组织，其上述行为更多体现出个体自发性的特征。即使属于某一媒介组织，但其在自媒体上发表信息的行为，也并不具有任何组织行为的特征，而更多体现出个体自发性的特征。

### (三)内容多、圈群化

自媒体不同于传统媒体的高确定性，它不受受众人群的影响，发布者所发布的内容既可以是发布者个人的内心表达、人生的体味，也可以是对某些社会问题、社会事件的看法，可以是转发朋友推荐内容或自己感兴趣的政治、经济和文化信息，由此形成自媒体发布内容的多样化特征。自媒体的传播方式是圈群化的，即信息在自媒体中是通过交际圈群内点对点或点对群的形式传播。也有的学者认为，"自媒体的传播路径不再是传统媒体的一对多的扇形模式，而是多对多的网状模式"。①

### (四)传播快、交互强

数字科技的发展，打破了空间和时间的限制，也改变了传统媒体严格的制度规定及层层的把关筛选。在自媒体时代，新闻发布的技术门槛和准入条件都大大地降低了，在任何时间、任何地点，人们都可以经营自己的媒体，信息能够迅速地传播，时效性大大地增强。内容从制作到发表，其迅速、高效是传统电视、报纸媒介所无法企及的。同时，自媒体能够迅速地将信息传播到受众中，受众也可以迅速地对信息传播的效果进行反馈。自媒体与受众的距离是为零的，其交互性的强大是任何传统媒介都无可比拟的。

## 三、自媒体的运营价值

自媒体的形成与飞速发展，彻底颠覆了传统媒体对大众、社会的影响模式，开启了一场前所未有的新革命。

---

① 周晓虹.自媒体时代：从传播到互播的转变[J].新闻界，2011(4)：20-22.

### （一）自媒体带来了信源革命

所谓信源革命，即自媒体将传统媒介时代潜在的、数量有限的信源及沉默的受众变成了积极的、无限量的传播者。自媒体破除了传统的新闻记者和传播媒体对新闻源的垄断和控制，开启了个人新闻和草根新闻的新时代，真正实现了新闻的公共性。①

### （二）自媒体开辟了个人主义和表达自由的新纪元

一方面，个人主义得到了前所未有的彰显。个人主义是公民社会和法制社会不可缺少的重要组成部分。只有个人的权利得到保证，社会才能得以完善。正如 Merrill 所言："个体优先于社会，而非倒过来；个体完善才是目标，随着个体的完善，社会最终也会完善。"②正因如此，自媒体的飞速发展标志着传播个人主义时代的到来。另一方面，自媒体所体现出来的个人表达自由和传播自由，真正体现了宪法所保障的公民言论自由和表达自由。

### （三）草根民众第一次拥有了与主流媒体和政府同样重要的话语权

一方面，自媒体时代的公民有了更多的机会，以微博、微信等形式参与社会管理，这必将"提高政治信息的透明度，而决策质量也有所改变，对于社会管理有着重要的推动作用"③。另一方面，自媒体时代的公民及其信息发布，也成为将公众权力、政府权力限制在法治的笼子里的重要利器，有利于法治社会和宪政社会的发展。④

## 第二节　自媒体与社会化媒体的关系及其发展历史

在新媒体的发展和研究中，出现了两个比较容易混淆的概念，即自媒体和社会化媒体。在本章中，仅仅用一小部分空间对这两个概念进行解释，以帮助大家在今后的学习中有一个明确的认识。

### 一、自媒体与社会化媒体的关系

首先，根据上述自媒体的定义可以看出，自媒体的重点与核心是"普通大众"。传统媒体把传播者和接收者区分得很清楚，即一种自上而下、点对面的传播方式。自媒体打破了这种不平等的传播方式，对它而言，普通大众才是传播的主体，他们可以成为传播者。此时，传播者和接收者的界限被模糊了，形成了自下而上、点对点或者多对多的传播方式。其次，来看看社会化媒体的概念。社会化媒体的概念出现得比较晚，并且广受争议。目前有两个相对权威的提法：一是，Dion Hinchcliffe（戴恩·欣奇克利）给出了定义和社会化媒

---

① 潘祥辉.对自媒体革命的媒介社会学解读[J].当代传播，2011(6)：25-27，30.

② Merrill，J.Communitarianism's rhetorical war against enlightenment liberals. In J. Black (Ed.) Mixed news：the public /civic /communication journalism debate.Mahwa h，NJ：Lawrence Erlbaum.1997.

③ 汪頔.探析自媒体时代对社会价值观的影响[J]，中国报业，2013(2)：44-47.

④ 宋全成.论自媒体的特征、挑战及其综合管制问题[J].南京社会科学，2015(3)：112-120.

体的一些基础规则，即以对话而非独白的形式沟通，参与者是个人而非组织，核心价值是诚实与透明，通过分布式而非集中式结构，引导人们主动获取；[①]二是，Antony Mayfield（安东尼·梅菲尔德）在其所著的《什么是社会化媒体》一书中给出的定义为：社会化媒体是一系列在线媒体的总称。它有参与、公开、交流、对话、社区化、连通性六个特征；有社交网络、微博、维基、播客、论坛、内容社区六种表现形式。社会化媒体与其他新媒体的区别在于：社会化媒体在网络中模拟了真实世界的人际关系，并且将真实世界的信息传递方式进行移植、扩大，使个体的声音被传播得更远。并且其核心在于，它的传播者是个人而非组织。

对照两个概念，不难发现它们都是在新媒体平台下传播，传播的核心和重点都是个人，只是在接收者方面有略微的差异，社会化媒体的接收者为社交关系链上的人，而自媒体的接收者为新媒体传播中的所有人。因此，我们可以把社会化媒体理解成一种特殊的自媒体，它更强调社交网络的传播。

至此，自媒体与社会化媒体的关系已经很清晰了，即自媒体包括社会化媒体。因此，为了避免重复和产生不必要的混淆，本章所涉及的自媒体的相关内容，均包括了社会化媒体在内。

## 二、自媒体运营史

自媒体从1.0微博时代到5.0直播时代，经历了多重变迁，形式与内容也基于媒介的发展从文字向视频不断转变，力图以最快捷、最迅速、最容易被理解的方式与用户进行互动与交流。从自媒体运营的发展与变迁，可以看出媒介的进步，并预想未来的发展。

### （一）1.0到2.0：从微博到微信公众号

微博从最开始就继承了新浪的媒体属性，所以微博最初的产品形态就奠定了其成为自媒体平台的方向，以至于最后发展成了一个弱社交、多中心、开放型的传播平台，本质上是一个兼具社交属性的媒体工具。而微信一切的传播都是基于某种社交关系完成的，关注门槛更高，因此粉丝黏性更强，逐渐形成了一个以公众号为中心的互动交流社区，甚至建立更高阶的社群。两者比较来看，微博作为一个媒体工具，关系主要建立在兴趣上，关系质量较弱，多为单向传播，注重的是传播速度和内容公开。从运营的角度看，微博适合利用其信息的传播速度和广度，打造热点事件。微信作为一个社交工具，关系主要建立在社交上，关系质量较强，多为双向关系，注重的是私人内容的交流和互动，信息的传播速度不快，但受众信息消化率很高。微信公众号的崛起很大程度上是基于微信的巨大流量与传播属性。可以说，微信公众号运营是自媒体类公众号、网红类公众号及社群类公众号的社交的基石。

---

① Dion Hinchcliffe. *Social business by design: Transformative social media strategies for the connected company* [M]. wiley, 2012.

### （二）2.0到3.0：从微信公众号到朋友圈

随着每个人的微信关注了大量的微信公众号，爆棚的信息流让人们失去了耐心，此时，更多资讯的获取来源转向了朋友圈，也就进入了基于社交关系的人人传播的信任经济。朋友圈运营的爆发性是非常可观的，而且基于社交关系传播，在产品变现上转化率也明显高于其他渠道。这时，微信公众号的地位逐渐变成了信息出口，而朋友圈成为一个最好的信息传播渠道。

### （三）3.0到4.0：从朋友圈到短视频

自媒体传播形态的变革从根本上来讲就是原有的传播形态已经疲乏，再加上技术的发展，人们期待一种更加丰富的传播形态，推动数据流量变得成本更低、速度更快。从朋友圈时代到短视频时代就是一个大的跨越，即从图文时代到视频时代的跨越。1.0到3.0时期，是一个社交基础设施构建的时代，完成了自媒体传播最普遍与常规的路径建设。而到了视频时代，则触发了新的爆发点。因为以往陌生人的社交基于图文，无法完成建立信任与丰富互动的过程，通过视频则轻松地做到了，因此，基于“人”的网红数量渐渐爆发。

### （四）4.0到5.0：从短视频到直播

由于短视频互动的局限性，直播开始兴起，越来越多的人迫不及待地参与到这场现场互动的自媒体传播浪潮中来。但目前，直播仅仅到了1.0的阶段，大量的内容还停留在YY直播时代最初的状态，以“卖脸”和“卖才艺”为主。而未来直播能够真正成为风口，成为新的流量爆发，不仅会从观众角度去推动，更会从直播的场景及内容去推动。比如，发布会直播、讲座直播、产品体验直播、旅行直播、互动直播、解密直播、场景直播、手游直播、大佬访谈直播等。直播将在不久的将来，引爆传播业，成为自媒体运营的核心，促发自媒体再度变革。

### （五）自媒体运营的未来趋势

整个社会化媒体发展到今天，呈现出多元化的表达形态。纵向来看，媒体和社交网络信息流中，以视频为主的内容比例会持续增长，消费时长也会持续增加。横向来看，用户将越来越依赖视频的社交化，通过社交关系过滤视频质量。直播将会成为未来几年自媒体中最有价值、最普遍的新生态，而且将会呈现多极化、碎片化的超长尾效应。从内容运营者来看，以往纯粹的内容运营者会继续保持自己的自媒体身份，成为具备IP，或者具备社群运营能力的自媒体，会从自媒体的社区模式转向社群生态。运营良好的社群，如果继续在某一个细分领域及相关领域扩展，有可能形成链条甚至闭环的生态效应。从运营收益看，新媒体的内容创业基本上已经完成了野蛮生长的阶段，接下来会进入洗牌期，IP将包揽自媒体的大块利益。但是，其中强IP和新生IP有不同的发展路线，新IP在平台孵化下可能会成长为强IP，但是难度非常大。几个大的媒体平台对新生IP的扶持也将不仅仅停留在流量与资金层面，而会转而升级为共创内容与技术扶持，以建立黏性更强的生态。

## 第三节　自媒体运营的方法与盈利模式

随着自媒体平台的大众化，自媒体目前可谓是人人茶余饭后的谈料。以往从事 SEO、网络策划等方向的人们纷纷投入自媒体大军中。受专业度限制，自媒体内容也参差不齐，随着运营者们三分热度的投入及自媒体红海般的商业繁华，从对自媒体运营的认识到反思形成一个必然的过程。如何才能在如此众多的投入中获得一席之地？如何依靠自媒体运营产生盈利？这都将是本章节讲述的内容。

### 一、自媒体运营的方法

自媒体运营目前总体上来说是依靠内容来实现的。如今，在如此巨量的自媒体内容传播中，想依赖于内容的红利及内容量来实现自媒体运营的成效已经不再可行。基于此，需要对自媒体内容的构建进行更深入的纵向分解。

#### （一）构建内容力

所谓内容力，就是指内容在迭代与创新后又经过层层叠加、不停解构、持续反差、不断重构的过程后，还能产生出能主动发酵的生命力。例如，故宫淘宝就成功地完成了内容力的打造。其巧妙地利用跨界的新鲜元素，重构了以明、清为历史背景的传统认知，形成了独特的年轻化、基于社交网络传播的内容表达体系和风格。在此内容的语境下，只要提及故宫、雍正卖萌，就会让人情不自禁联想起故宫淘宝。此刻，在内容力的驱动下，无论是卖扇子还是卖 T 恤都不重要，重要的是给出了一种“正确打开历史”的全新姿态，一种赋予戏剧效果的生活态度，一种持续被期待的信任订阅机制，一种可以在现实社会中体验的多重可能性。构建内容力应该做到以下四个方面。

**图 11-2　故宫淘宝（图来自：互联网截图）**

1.内容要具有可扩展性

社交网络是内容传递和扩散的最有效途径，因而自媒体内容需要具有在社交媒体进行传播的可行性，即内容的生产要以社交分享为导向。

2.内容要具有可连接性

自媒体内容必须架构在一个圈层之上，可实现精准分发。你不需要为所有的人服务，但一定要为特定群体服务，可称为社群化服务。社群化一定不是通过在线的方式完成所有的销售，未来社群化和人格化所产生的东西，一定是通过一个可持续的生活化体验来完成的。

3.内容要具有可转化性

随着自媒体内容的爆炸式增长，简单粗俗的内容表达方式已经没人愿看了。这就要求自媒体内容不但要具有让人耳目一新的创意，还要能够经历层层叠加、不停解构、持续反差、不断重构的过程，从而形成丰富、细腻的层次感。

4.内容要具有可识别性

这是自媒体内容运营的一个比较重要的原则，一定要让你社群里的人面目清晰，且认同相同的价值观。围绕同一调性的内容能让用户产生高黏度，并形成可以识别的标签特性，在内容的红海中被清晰识别，受到充分的关注。[①]

### （二）差异化人格表达

如果说自媒体运营的核心是内容，那么形成独特价值的内容则是具有层级的差异化人格，一种天生具有内容、连接力、温度的稀缺魅力人格属性。例如，PewDiePie 是一个 28 岁的瑞典小伙子，2009 年在 YouTube 创办频道，专注于恐怖游戏与动作游戏的体验和讲解，凡是经过 PewDiePie 推荐和试玩的游戏都无一例外地迅速飙升为人气吸金王。在 2016 年 12 月，《福布斯》杂志公布了今年最赚钱的 YouTube 网红榜单，PewDiePie 拿下了第一名，1 年的税前收入达到了 1 500 万美元，近 1 亿元人民币。目前，他已有超过 4 300 万的订阅人数，并以 110 亿的浏览量久居人气榜首，被称为瑞典“最有权力”的人，超过了瑞典的国王和首相。[②] 那么，PewDiePie 到底是怎么做到的？这就是他的差异化人格，即魅力人格的体现，它意味着拥有创造独立内容的能力，强的粉丝运营能力，形成意见领袖信任代理的能力，可扩展、可连接，能创造平台流量的能力。当 PewDiePie 以游戏视频聚集大量粉丝时，已经形成更精准、更智能的流量入口，并拥有流量支配分发和变现的权利。这样的例子在我们生活的周围屡见不鲜，如罗振宇的“罗辑思维”、罗永浩的“锤子手机”、吴晓波的“吴晓波频道”、咪蒙的微信公众号、李铁根的微博等都是差异化人格表达在不同领域的体现，也都是稀缺、不可替代的人格魅力，是自媒体运营的成功范例。

### （三）场景化带入

工业化革命的成果创造了大量丰富的物质产品，让人们从最低层需求中解放出来，开始不断地寻找高层次需求。同时，工业化也不断地加强了人普遍存在的一种“孤独感”。在这种背景下，长期压抑的精神需要找到一个出口，新媒体自下而上的特点，为此提供了机会，创造了一个新的市场。此时，人们对商品功能的需求不再是第一位的，商品消费从纯粹的功能消费转化为内心需要和精神体验。这种需求的满足和精神的体验，是需要场景化带入来实现的。而所谓的场景化带入就是实现最大程度的价值认同，这种价值认同来源于产品（服务）所具有的文化和传播属性。例如，“ONE · 一个”是由韩寒与腾讯合作推出的全新互联网产品，主要是针对 18～35 岁的爱好文学的手机用户群，每天推出一幅图片、一段话、一篇文章和一个问题，可以想问谁就问谁，其编辑团队会帮你问，帮你搜集回答，于每晚十点（原十二点）更新，并支持离线阅读。“ONE · 一个”凭借小清新的文学风格

---

① 吴声.超级 IP：互联网新物种方法论[M].北京：中信出版社，2016.

② 吴声.超级 IP：互联网新物种方法论[M].北京：中信出版社，2016.

和“ONE is ALL”每天留一点点在你心里的理念，吸引了一大批年轻的忠实用户，目前已经获得了 3 000 万用户、10 亿阅读量以及日均 200 万人次的活跃总数。

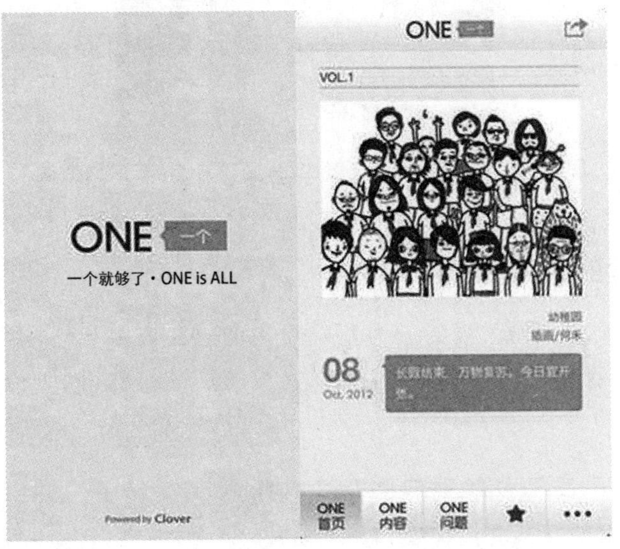


图 11-3 “ONE · 一个”应用(图来自:互联网截图)

### (四) 商业价值转化

自媒体运营要获得最终成效，就一定需要商业转化。不能进行商业转化的内容就算再好、再专业也是不具有生命力的，不能持续地增长。如何实现自媒体的商业转化呢？具体来看有四个方面，建立可用于交换的信用模式：以内容获取信任。实现负成本连接：形成多产品形态之间的符号化连接。利用流量实现变现：通过强关系用户实现商业变现。产业链延伸：基于信任模式，无限延伸产业价值。

信任，是一种关系，是一种资产，有极大的价值。以差异化人格形成的内容，建立在获取信任的基础之上，在商业中变现出一种可以用于交换的信用模式。正如前面举的例子，人们对 PewDiePie 试玩的游戏进行消费，是基于对 PewDiePie 差异化人格的信赖，而非游戏产品本身。通过信任关系，数以百万计、千万计的用户被聚合起来，通过被符号化的魅力人格进行连接，并实现商业变现。

再举个例子，“日日煮”是一款生活类 App，专注于制作 3～5 分钟的实用短视频，包括家常食谱、美容小贴士以及其他有创意的生活小秘诀。该自媒体是 Norma 于 2012 年创办，2016 年 1 月底，其 App 一度登上了美食类免费榜的第四位，如今其视频节目在主流平台上的点击量超过 30 亿，App 用户量为 300 万。“日日煮”用户以 90 后女生居多，这群人不仅有客观的消费能力，而且有强烈的消费意愿。因此，“日日煮”结合这类人群的反馈，与各种品牌商合作推出了自有品牌的商品，如锅具、刀具等，成功地建立了可用于交换的信用模式，并在此基础上，完成了产品的符号化连接，实现了用户级的商业变现。

图 11-4　Norma 的日日煮应用（图片来自：互联网截图）

## 二、自媒体运营的盈利模式①

自媒体以信息流、关系流、服务流为基础建构的媒介产品生态圈，不仅生成了内容产品、关系产品和服务产品三者相互融通、相互支撑的产品结构，同时衍生了与之对应的三种盈利模式。

### （一）打造以信息流为纽带的利益分成模式

以信息流为纽带的利益分成模式，是一种以优质内容获取直接利益的传统盈利模式。自媒体制作个性化的内容赢得用户和广告商的青睐，由此获取的直接利益成为其盈利模式之一。它的收益来源主要有三种。

1.植入广告

植入广告，延续了传统媒体的广告方式，但是，由于自媒体用户自主选择性强，植入广告需要更加注重用户的体验。例如，高晓松在《晓说》中使用在书桌上放入播讲书籍，在背景资料中植入品牌广告，与电商合作推出视频中商品的即看即买等方式，都将商业价值自然地与节目内容相融合。

2.打赏

在自媒体内容中，经常会以各种方式穿插“打赏”请求，或者在视频播放过程中会弹出“打赏”界面等，用户可根据对内容的满意程度给视频不限额度的打赏。“打赏”一方面可以鼓励用户创造更多的优质内容，另一方面可以增强平台的活跃度，积攒粉丝群体，用户也得以沉淀。

3.PGC 广告分成

自媒体生产主体从 UGC 向 PGC 转型是这一模式形成的基础。专业的制作人员或机构将其生产的内容放到网站的开放平台上，网站不再向版权方支付版权费用，而以分成的形式共享广告收入。目前，大鱼网、今日头条、优酷等网站都共同开启广告分成模式，优质 PGC 的流量变现能力越来越强。

### （二）生成以关系流为核心的社群经济模式

以关系流为核心的社群经济模式，是通过生产关系的创新推动生产力的变革，利用社群关系形成生产力的新型运营模式。自媒体通过运营社群建立起基于信任的社群经济，

---

① 徐锐，张青.视频自媒体的内容生产与运营模式探析[J].中国电视，2016(7)：85-88.

将粉丝变成重要的生产力，使社群内资源得到高效配置。这种运营模式为自媒体的运作和发展提供了持久的动力，主要体现在两个方面。

1.会员制运营模式

会员制运营模式的实质是关系营销，其核心是强化品牌与会员的信息交流和反馈，维护并提升会员品牌忠诚度。自媒体具有丰富的互动形式，建构了会员信息大数据体系，会员自媒体营销实施体系，会员自媒体平台矩阵体系，会员自媒体营销监测、评价与反馈体系等。

2.众筹模式

“众筹”是用“团购＋预购”的形式，向网友募集项目资金的模式。自媒体的众筹并不局限于筹集资金，它还可以利用社群带来的忠实用户和品牌效应筹集项目创意、设计师甚至活动场地等各种资源。自媒体通过自身影响力，调动起一切可以调动和影响的资源达成一个目标，既加强了社群成员的凝聚力，又零成本地为自己做了一次营销，同时利用商家赞助反哺了会员。例如，罗振宇将这种自由组合、资源高效配置、共同获利的模式称为“团要”；吴晓波在其频道发起的“咖啡馆改造计划”由粉丝提供创意，社群完善计划并开始众筹，咖啡馆报名参与，家具商赞助书架，粉丝提供书籍书单，场地、内容全部准备齐全。

### （三）探索以服务流为导向的商业增值模式

以服务流为导向的商业增值模式，是以提供服务为手段，通过服务产品带来良好用户体验而形成的增值性盈利模式。视频自媒体的商业增值模式，主要表现为延伸内容产品和关系产品的价值，建立服务平台获取利润。自媒体的社群成员对社群具有强烈的归属感，进而对其内容产品具有高度的认同感，据此形成情绪性场景。很多时候，人们喜欢的不是产品本身，而是产品所处的场景以及场景中浸润的情感。产品的必需属性被大大降低，而基于情感连接背后的精神文化需求成为巨大的潜力市场。自媒体围绕用户需求打造集信息服务、电子商城、移动医疗与健康、在线教育等于一体的服务平台，在加强用户黏性的同时，提升了服务平台的“有用性”，延展了媒介产品的产业链。

# 第四节　自媒体运营的困境及未来的发展趋势

科技媒体虎嗅在新三板挂牌，本来对于一直不太景气的媒体圈来说，这是一件值得祝贺的事情，却引发了一场争论，争论最主要包括自媒体盈利模式、与作者的关系等问题。这个争论最终引出了一个危机，即自媒体危机。

## 一、自媒体运营目前的困境

自媒体由于发展周期短，行业畸形爆发，目前一直存在“小、散、弱、杂、薄”的弊端，规模小、资源分散、生产和运营较弱、成员混杂、模式单薄等现象，过去由于行业的高速发展，很多问题被掩盖了，但随着创业领域的理性回归和调整，自媒体行业的弊端也逐渐暴露出来，自媒体人的持续性发展、多元化发展、良性变现，已经成了一个非常紧迫的问题。①

### （一）用户审美疲劳，自媒体内容引爆越来越难

当最初的自媒体创业者获得成功后，人们看到的是自媒体人 PewDiePie 通过视频玩游戏，年入 1 亿元，咪蒙靠一篇短文收入 45 万元，papi 酱靠短视频段子坐收 1 200 万元融资等。似乎自媒体是一个极容易做、来钱又快的行当，因而大量的人怀揣着梦想投入自媒体运营的大军中来。结果是自媒体内容信息量爆炸式增长，琳琅满目，应接不暇，用户开始产生审美疲劳，转而对自媒体的创意进行极端的挑剔。自媒体内容必然出现分水岭，永远只有 1%高创意的自媒体闪现，99%的自媒体会变得平庸，内容同质化的现象非常严重，想要靠一个人、一件事达到引爆也越来越难。同时，自媒体内容的衰退期也越来越早，刚刚被引爆的内容，可能不到一天就进入了寒冰般的衰退期，长尾效应也变得越来越弥足珍贵。

### （二）大平台的受众日趋固化，用户增长空间越来越小

目前自媒体的平台有微信、微博、百度百家、今日头条、网易、腾讯、搜狐、凤凰、一点资讯等，每个平台都具有自己的风格，比如微信是闭合的强社交，微博是开放的弱社交，今日头条、网易等偏重新闻与咨询。这些大的平台通过几年的流量圈地，已经把用户基本固定了，而用户的人数总量是有限的，哪怕中国所有的人都使用这些平台，顶端也是 14 亿左右，就算是全世界流动，用户的总数还是有天花板的。因此，自媒体的用户数增长会随着大平台的分化而越来越小。目前，在微信公众号中，自媒体的用户数能破 50 万就很不可思议了，在 100 万以上用户数的自媒体寥寥无几，500 万以上用户数的更是没有。

### （三）自媒体组织正在形成，个人的机会越来越少

个人生产的好处就是可以保持作品一贯的调性，但是一个人坚持出东西是一件很困难的事情，罗辑思维的罗振宇每天 6 点的 60 秒语音，看起来是件小事，数百天坚持下来却是一件非常大的考验，连他自己都说："内容创业者像猫，想自己的事，孤独、高冷还要被宠爱。"文字的生产是一个创意、搜集、组织、提炼、融合的过程，真正费了功夫写下来的文字，好坏且不说，写作者肯定得费一番精力的。所以注定佳作频出很难，无法成为一个常态。著名编剧、微博大 V 史航说："写不出稿子或本子的时候，我就对生活更加热爱，一般会去逛旧书店，买很多书，像你们女人失恋了就去买衣服买鞋一样，所以我家里书那么多，就因为我写不出稿子的时候特别多。"因此，自媒体在运营的成熟期，必然走向组织化，一是因为内容创新的强大压力，二是因为极度缺乏的运营能力。财经作家吴晓波就频频出手，联合经纬中国合伙人曹国熊等人成立了"狮享家新媒体基金"，快速完成了对"餐饮老板内参"、酒业家、十点读书、B 座 12 楼、12 缸汽车、车早茶、车找茬等微信自媒体的投资入股。二更的创始人丁丰就收购了"深夜食堂"，并将其更名为"二更食堂"，形成了一个以"二更""二更食堂"原创视频为主的自媒体组织。这也使得以个人为主体的自媒体运营的机会越

---

① 数字商业时代.自媒体到了最危险的时期？[EB/OL].[2015-12-7]. https://www.toutiao.com/i6225431641695715842.

来越少。因为资源平台的限制、个人内容生产和推广的能力局限，99%的自媒体个人挣扎在盈利线上下。新榜于 2015 年 11 月发起了《自媒体人生存状态调查》[①]，通过多种渠道收集样本共 1 964 份，显示大部分自媒体人的盈利主要由三种模式组成：广告、软文、会员制。已经实现盈利的自媒体不到半数，有超过 60%的自媒体每月营收不足 1 万元，主要通过原生广告（软文）方式盈利的自媒体有 32.25%，主要通过广点通、头条广告等平台广告分成盈利的自媒体有 35.29%，两者相加近 70%。一边是自媒体个人盈利模式单调，一边是经济下行资本寒冬，与自媒体业务产生联系的公司都在削减公关、营销费用，形势很严峻，已经有一部分自媒体个人又回到公司，为别人打工。[②]

### （四）收入单一，变现途径有限

由于创业热潮的兴起，大大小小的公司涌现，对于公关和宣传的需求也变得非常旺盛，所以大大小小的自媒体人也受到了公关公司的追捧，很多自媒体人在公关的哄抬中价格水涨船高，但是这种看起来兴盛的繁荣确实不堪一击。从自媒体人的收入结构上来看，目前的变现方式非常单一，主要包括软文、广告、培训、顾问，还有一些电商等，其中软文占了绝大多数。这种方式简单、直接、有效，交易双方都很认可。现在市面上一篇文章，从几千块到几万块不等，与作者的影响力和其覆盖的渠道相关。但是这种收入模式受行业影响非常大，在去年投资虚热之后，今年下半年公关等模块费用收缩，很多自媒体人的收入也开始降低。据腾讯网数据，对目前自媒体收入进行整体分析，发现这个圈层并没有像外界所传说的那样高，而是呈明显的金字塔形，只有极少数的人收入会达到百万级别甚至数百万，而且在这些获取了行业红利的人群中，很多并不仅仅是单纯靠写字，而是包括公关顾问、品牌经营、线下培训等多个模块的结合。个人品牌的形成需要笔耕不辍，同时，有意识地经营和扩大影响力是非常重要的，但这恰好是大多人的短板。

### （五）沦为公司竞争的枪手，法律问题越来越大

2015 年 11 月 25 日，阿里巴巴集团向上海市青浦区人民法院和上海市宝山区人民法院分别提起诉讼，起诉今晚报社、福建省益红大白毫茶叶有限公司。福建省益红大白毫茶叶有限公司拥有的微信公众号“福鼎茶农五月”、微博账号“福鼎茶农一五月”发文《一天收了 912 亿，看马云如何吐出 574 亿》，今晚报社旗下微信公众号“今晚报”发文《双 11 猫腻：你辛苦抢的那些大牌，竟然被这样换成假货》，上海喜多坊婚庆礼仪服务有限公司的微信公众号“全城单身交流群”在未经核实情况下对上述两文分别进行不当转载，亦涉嫌对阿里巴巴权益造成了侵害。三方都被阿里巴巴要求停止侵权、赔礼道歉，今晚报社和福建省益红大白毫茶叶有限公司还分别被索赔人民币 1 000 万元，法院对两案均已立案。万达也曾起诉“顶尖企业家思维”微信自媒体冒用王健林名义发布题为《王健林：淘宝不死，中国不富，活了电商，死了实体，日本孙正义坐收渔翁之利》的文章，在微信朋友圈推广传播，万达此次索赔 1 000 万元。

---

① 新榜.自媒体人生存状态调查报告：超 60%月营收不足万元[EB/OL][215-11-19].http://www.meihua.info/a/65253.

② 晓晓.自媒体的六大风险和挑战[EB/OL].[2015-12-3].http://www.woshipm.com/operate/244997.html.

一个是传统行业巨头万达，一个是互联网行业巨头阿里巴巴，自媒体涉及的法律问题越来越大。不得不承认，很多自媒体沦为了公司之间竞争甚至恶意诋毁的枪手。逞一时的口舌之快，自媒体因为一点点利益招来官司缠身，可能还会丢失苦心经营的自媒体平台。

## 二、自媒体运营的未来

虽然，目前自媒体的运营存在着诸多问题和困境，但它仍然是一个充满着无限可能和生机的新媒体运营方式。它现在的处境反映出新事物野蛮之后的反思：自媒体运营正逐步从一个感性的方式转向理性的发展方式，这将为其持续、稳步发展和多种形式的裂变提供良好的市场环境。参照现今，可以推断出自媒体的未来会有以下这些发展趋势。

### （一）IP 化

IP 表达，是源于互联网构建的加速时代下，信息过剩使得注意力稀缺造就的。IP 是指集独特的内容能力、自带话题势能、能持续人格演绎、会整合新技术和有更高流量变现能力特征的个人或团队。在自媒体的未来发展中，以往纯粹的内容运营者会继续保持自己的自媒体身份，但无法成为 IP，会与转型后的媒体平台互为依存。[①] 具备成为 IP 或者具备社群运营能力的自媒体会从自媒体的社区模式转向社群生态。运营得好的社群如果继续在某一个细分领域及相关领域扩展，有可能形成链条甚至闭环的生态效应。强 IP 会在接下来一段时间活得很好，新生 IP 可以在平台竞争阶段中寻找到很好的投靠方获取资源机会，也可能会被平台淘汰。自媒体的内容创业基本上已经完成了野蛮生长的阶段，接下来会进入洗牌期：强 IP 和新生 IP 有不同的发展路线，新 IP＋平台培养可能会成长为强 IP，但是难度非常大；几个大的媒体平台对新生 IP 的扶持也将不仅仅停留在流量与资金，而会转而升级为共创内容与技术扶持，以建立更强黏性的生态。

### （二）专业化

目前现有自媒体平台或组织，和自媒体人的关系大多还是停留在人员集合与发稿的关系上，像在内容这块做得不错的百家号，还有后来的界面新闻。新兴的今日头条在渠道的基础上，提出了千人万元的计划，给予自媒体人一定的资源和扶持。但是自媒体行业待解决的问题依然不少。自媒体人对于流量、资金等的需求只是第一个层面的需求，更深层次的需求是如何找到适合自己的发展道路，平台不仅仅是输血，更多是要引导和一起探索。

目前能够做这件事情的只有 BAT。在现有 BAT 的布局中，阿里热衷于投资媒体，百度目前有了百家，腾讯完成了包括腾讯网、腾讯视频、企鹅 FM 等在内的多领域布局。腾讯网正在筹建的自媒体人社群，关注的是如何把生产内容的人有机地连接在一起。自媒体发展到现在这个阶段，相应地对于自媒体人的组织也提出了新的要求，不再仅仅是人员数量的简单集合，也不是纯粹的内容采集，而是把一群真正对内容有兴趣的人集合在一起，不站队、不独占、不拉帮结派、不着急短期变现。在流量支持、资源输送、品牌规划、资金支

---

① 杨玲.自媒体运营价值分析及未来发展策略研究[J].新闻爱好者，2017(11)：92-93.

持等方面全方面地整合，实现多元化和可持续的发展，而真正能做这件事情的平台，除了要求有流量，有资金，更关键的是对于媒介领域的了解和深耕。

### （三）社群化

众所周知，自媒体要想获得长足的发展，有两个制约它们前进的最大障碍：一是内容的可持续性问题。如何持续地生产出受欢迎的优质内容应该是所有自媒体人都存在的共同难题。二是流量的变现问题。自媒体人辛辛苦苦地产出了优质内容，吸引了一批粉丝，却没有一套行之有效的变现方法。面对这些问题，可以借用社群的优势进行改善。

1.社群媒体解决了为谁生产的问题

内容生产首先要明确的是为谁生产的问题，而这恰恰是自媒体所薄弱的地方。自媒体往往是由一个中心产出内容，目标用户不清晰，反过来又影响了内容的生产。试想一下，许多的自媒体在内容生产上都是凭着感觉，碰到一个方向用户喜欢，维持了一段时间后又被骂无新意、审美疲劳，无奈又开始新一轮的凭感觉、靠经验、碰运气。社群媒体则不同，由于用户沉淀在社群里，天然地便具有了高黏性和高互动，这使得社群媒体的目标用户非常清晰。因此，在内容生产上便有了明确的方向。社群成员会有高效而直接的反馈，甚至在内容产出之前和产出的过程中，社群成员也可以参与并提出反馈意见。所以，社群媒体产出的内容是高精准度的。

2.社群媒体解决了内容生产的问题

前面说过，自媒体最大的问题就是如何保证内容生产的持续性，只要是自媒体，就会面临内容枯竭的难题。因为自媒体的内容主要靠中心产出，走的是 PGC 路线。中心再天才再高产，也总有枯竭的那一刻。所以说，自媒体单纯靠中心生产内容的模式是不可持续的。社群媒体则不同，它走的是“PGC＋UGC”路线：内容由社群成员共同创造产生，产生的内容经过加工整理，再以优质 PGC 的形式呈现。相对于自媒体，社群媒体这种由群成员共同生产内容的方式，解决了两个问题：内容生产的可持续性问题；内容消费的审美疲劳问题。例如李笑来，他与社群成员共同总结学习，从而一同创作书籍《七年就是一辈子》。在这样的自媒体中，不但内容不会枯竭，群成员也会积极主动地分享。

3.社群媒体解决了内容传播的问题

自媒体的运行模式简单，传播渠道单一，只能依托于某些平台才能维持。一旦脱离某个平台，或者该平台活跃度下降，那么其生产的优质内容则无法得到有效传播。此外，自媒体由于没有社群来沉淀用户，缺乏有效的变现模式，往往对内容版权十分看重，一般只愿意让内容在自有平台上传播，而不愿进行渠道的分享。从以上两点我们可以看出，自媒体在内容传播上是受限的，更无法形成全网传播。

社群媒体的内容是流量的入口，而社群即是流量的沉淀，即社群媒体产生的内容在群成员间便可形成有效的传播，而不必仅仅依赖于其他的媒体平台。所以，相比于自媒体来说，社群媒体的传播渠道更丰富，而且十分高效和精准。更加可贵的是，社群媒体在内容上可以形成全网传播，它不像自媒体那样必须死守内容以求变现。社群媒体的变现模式是多种多样的。例如罗辑思维，由于优酷当年阻止其加广告，使得它转而积累用户形成社群。如今，罗辑思维只要有内容产出，在其社群内部就能形成高效和高量的传播，就连卖东西，其社群的会员都是争先恐后。这就是社群媒体在内容传播上的魅力所在。

4.社群媒体解决了内容转化的问题

相对来说，社群媒体在内容的生产和传播上都采取了一种更为持续和有效的方式，然而社群媒体区别于自媒体最本质的差别不在于此，而是用户沉淀。这才是社群媒体的核心所在。

在自媒体中，内容是一切的核心，它是自媒体的目的所在，也是价值所依，自媒体需要靠内容来变现。所以说，自媒体由于没有社群的概念，自然不会去关心用户的沉淀。而在社群媒体中，内容只是手段，它是用来吸引用户，从而组建社群的工具，社群才是价值核心。与自媒体想尽办法增粉不同，对于通过内容吸引过来的用户，社群媒体往往自设规则和门槛，符合规则的人才可以沉淀进社群进行共同创造。也就是说，社群媒体通过内容来吸引用户，再通过规则来筛选用户。很多运作得很好的收费社群，收费即是一个门槛。比如，李笑来的"共同成长"社群，会员费已经达到 7 000 元；又如 ScalersTalk 的共同学习社群，入群每人得交 1 000 元，然后共同坚持和学习一件事情。正是因为社群媒体有用户沉淀的过程，有社群的存在，所以，相对于变现无路的自媒体来说，社群媒体不必死守内容，它在商业变现上将有无限的可能。

5.社群媒体延伸了内容的商业变现

自媒体运作模式的单一，不但使得其内容传播受限，还导致其变现模式也很单一，而社群媒体由于摆脱了对内容变现的依赖，因此其商业模式往往是生态的、多样的。因为抓住了用户这一价值核心，所以无论是收会员费、社群电商，还是社群广告等，社群媒体都能够玩得转。目前很多社群在变现上的做法，比如，收会员费，它既是门槛，也是变现渠道；转电商，罗辑思维就一直主张社群应该走电商的道路；社群广告，比如 MINI Cooper 要是想打广告，就可以提供两辆 MINI Cooper 的使用权，在某个社群里组织抽奖活动，获奖者将获得 MINI Cooper 一年的使用权，这一定能将社群成员引爆，然后自发地帮助宣传。除此之外，社群媒体商业模式的真正伟大之处，在于社群成员组织在一起后，能够共同创造出无穷的价值。首先，可以把社群成员看作种子用户。他们试看、试用，然后反馈，甚至直接参与创作，然后对外进行口碑宣传，把社群品牌传播出去。这对于品牌发展来说，是无价之宝。其次，社群成员可以共同创造内容和产品，"对外收费"，即社群主与社群成员共同创造内容和产品，针对社群外进行变现，实现"共享经济"。

总的来说，社群媒体在内容生产上采取的是"PGC＋UGC"模式，在内容传播上既有社群成员传播又有全网传播，而且更加注重用户沉淀，商业变现上更是有无限的可能，因此我们可以看出，社群媒体将是自媒体的最好出路。[①]

### （四）视频化

流媒体形式解构了 90 后、00 后的阅读习惯，他们粉尘化、快节奏和短思考的生活方式影响和驱动了音频、视频内容越来越受欢迎。从垂直来看，媒体和社交网络信息流中，视

---

① Richard.为什么说社群媒体才是自媒体的最好出路？［EB/OL］.［2016-3-30］.http://www.woshipm.com/it/309112.html.

频比例会持续增长、消费时长也会持续增加。从横向来看,用户将越来越依赖社交媒体去获取视频,即视频社交化,通过社交关系过滤视频质量。直播将会成为未来几年社交+视频最有价值、最普遍的新生态,而且将会呈现多极化、碎片化的超长尾效应。

### (五)国际化

2016 年,是中国经济继续探底的一年,也无疑是自媒体发展见顶的一年,随着自媒体主要平台包括微信公众平台的红利期衰退,自媒体的分化和固化将会越来越明显。国内自媒体逐渐饱和,国际自媒体变得越来越多。在国内拥有超过 80 万自媒体资源的同时,在欧美、日本的联动资源库覆盖超过 100 万红人。从传统演艺明星到各个垂直领域和小众圈层的意见领袖,涵盖 Instagram、YouTube、Facebook 等各社交媒体平台。

自媒体国际化社交平台服务运营概念的诞生,主要基于两方面因素:一方面出海服务,作为国家战略层面的方向性指引,已经引发国内不少企业开启走出去之路。并且,经过多年的前人耕耘,消费者认为中国产品质量已经改善,并趋向于根据效用、品质和需求切合度来选择品牌,对中国产品的负面认知大幅下降。受此影响,必然会吸引更多的企业出海。面对新的文化理念以及新的平台,企业在社交媒体上的营销推广工作,需要既懂中国文化,又能和国外社交网络对接的新的服务商。另一方面,国内的自媒体、网红队伍日益膨胀,面对有限的市场,在价值变现方面需要寻找新的突破口。

如今,一个涵盖国内外自媒体、网红的全球化社交平台框架初步形成,但欧洲、南美、东南亚等地区对于国内新媒体营销服务商而言,依然需要跟随国内企业出海的步伐去开拓。这也正好为自媒体的发展提供了良好的契机,为国内外自媒体的价值挖掘提供了更为广泛的变现通道。

## 【知识回顾】

自媒体是普通大众经由数字科技强化与全球知识体系相连之后,一种开始理解普通大众如何提供与分享他们自身的事实、新闻的途径。简单点说,就是指私人化、平民化、普泛化、自主化的传播者,以现代化、电子化的手段,向不特定的大多数或者特定的单个人传递规范性及非规范性信息的新媒体的总称。自媒体运营,就是利用微信、微博等自媒体平台进行品牌推广、产品营销;策划品牌相关的、优质的、有高度传播性的内容;向客户广泛或者精准推送消息,提高参与度,提高知名度,从而充分利用粉丝经济达到相应目的。它有平民化、个体化,低门槛、自发性,内容多、圈群化,传播快、交互强几个特点。如今自媒体运营在新媒体中的价值含量高、地位显著,被看作是新媒体发展的最有效形式,其原因为:自媒体带来了信源革命,自媒体开辟了个人主义和表达自由的新纪元,草根民众第一次拥有了与主流媒体和政府同样重要的话语权。1.0 到 2.0:从微博到微信公众号,2.0 到 3.0:从微信公众号到朋友圈,3.0 到 4.0:从朋友圈到短视频,4.0 到 5.0:从短视频到直播,自媒体运营不断地借助媒介科技的发展自我成长,未来自媒体运营将势如破竹。

既然,自媒体运营有着不可限量的优势,那么它必然有其独特的运营方式:构建内容力,差异化人格表达,场景化带入,商业价值转化等。自媒体运营通过其独特的运营方式，加上潜移默化的盈利模式：打造以信息流为纽带的利益分成模式；生成以关系流为核心的社群经济模式；探索以服务流为导向的商业增值模式，实现了基于用户的整个商业运作，成为当今不可或缺的新媒体生产力。

当然，自媒体的发展也不是一蹴而就的，也存在着诸多的困境和难题。表现为：用户审美疲劳，自媒体内容引爆越来越难；大平台的受众日趋固化，用户增长空间越来越小；自媒体组织正在形成，个人的机会越来越少；收入单一，变现途径有限；沦为公司竞争的枪手，法律问题越来越大等。但是，种种的困境让自媒体的发展从爆棚到冷却反思，完成了产业链的历练与成长。在未来，自媒体必将有更好的发展。

## 【思考题】

1. 什么是自媒体运营？
2. 自媒体有什么样的运营价值？
3. 自媒体运营经历了哪些发展阶段？各自有什么特点？
4. 自媒体运营的方式有哪些？对当今新媒体运营起到什么样的作用？
5. 目前，自媒体运营存在哪些困境？该如何突围？
6. 自媒体运营的未来会呈现什么样的态势？会对新媒体运营形成怎样的影响？

# 第十二章 电子商务运营

## 【知识目标】

☆ 电子商务运营的概念及发展趋势

☆ 电子商务运营的四大核心方法

## 【能力目标】

1.了解电子商务发展的各个阶段及主要特点

2.通过对电子商务的基本方法及各类电商发展趋势的了解,能够对电子商务运营整体体系有比较深的认识

## 【案例导入】

### 奥利奥,会唱歌的饼干

如果饼干会唱歌,那么奥利奥会变得怎样?2017年,天猫超级品牌日联合奥利奥首发奥利奥音乐盒。这款独家定制的用饼干做唱片的唱片机,掀起了一股奥利奥的电商热潮。

这款奥利奥音乐盒,由奥利奥+音乐盒构成,内置了歌曲,用户将奥利奥放入音乐盒就能播放歌曲,而且每咬一口奥利奥,都会播放不同的歌曲。奥利奥音乐盒不仅仅满足于此,在外包装上也定制了不同的插画,消费者通过AR,在音乐盒播放音乐的过程中,不同的歌曲分别对应不同的外包装颜色。

这款集饼干、唱片、音乐盒、VR体验于一体的“黑科技”产品,给消费者带来了更新奇的感官和娱乐体验,奥利奥音乐盒一上线便受到了用户的追捧,瞬间刷爆朋友圈,2万份限量版奥利奥音乐盒很快就销售一空。除了奥利奥音乐盒以外,奥利奥天猫超级品牌日还推出50万元无门槛优惠券支持、全场7折起、部分1元秒杀等大力度折扣活动,让消费者体验更多的商家让利和享受到奥利奥更多优惠,进一步推动品牌销售业绩的增长。

此次奥利奥通过一款会唱歌的饼干,让产品、体验和营销升级,引领了一次消费革命,不仅仅打造了一次传播盛宴,而且打造了新的销售爆款,实现了更高的销售记录,创造了新的消费潮流。

# 第一节　电子商务运营的概念、趋势

从国内第一批电子商务于20世纪90年代末年起步开始，电子商务的概念鼓舞了诸多新经济的创业者，8848、阿里巴巴、易趣网、当当网等诸多知名电子商务网站先后涌现。经历2000—2002年的互联网寒冬后，在2003年出现了快速复苏回暖。随着互联网的进一步发展，B2B行业开始盈利。2014年9月，阿里巴巴集团将其IPO（首次公开招股）价格确定为每股68美元，这项交易将创下全球范围内规模最大的IPO交易之一。阿里巴巴集团正式在纽交所挂牌交易，股票代码BABA，成为中国电子商务标志性事件。

艾瑞咨询最新数据显示，2016年，中国电子商务市场交易规模为20.5万亿元，增长25.6%。其中中国网络购物市场交易规模达4.7万亿元，较去年增长24.7%。2016年，中国网络购物市场中B2C市场交易规模为2.6万亿元，在中国整体网络购物市场交易规模中的占比达到55.3%。而且中国移动购物市场交易规模超3万亿元，同比增长58.3%，依旧保持较高速增长。

2015年，中国电商销售额超过3万亿元，依托于中国新零售的发展，网民的高速增长，移动互联网的渗透和智能手机的普及，中国已经成为全球最大的网络购物市场。

## 一、电子商务运营的概念

百度百科介绍，电子商务通常是指在全球各地广泛的商业贸易活动中，在因特网开放的网络环境下，基于浏览器/服务器应用方式，买卖双方不谋面地进行各种商贸活动，实现消费者的网上购物、商户之间的网上交易和在线电子支付以及各种商务活动、交易活动、金融活动和相关的综合服务活动的一种新型的商业运营模式。

而电子商务运营（Electronic Commerce Operation，ECO），百度百科将其定义为电子商务平台（e—commerce platform）（企业网站、论坛、博客、微博、商铺、网络直销店等）建设，各搜索产品优化推广，电子商务平台维护重建、扩展以及网络产品研发及盈利。从后台优化服务于市场，到创建执行服务市场同时创造市场。

在电子商务运营过程中，重点是以以下几种模式为主：

B2B，指的是Business to Business，即商家（泛指企业）对商家的电子商务。

B2C，Business to Consumer是指商家对消费者的电子商务。

C2C，Consumer to Consumer，是消费者与消费者之间的电子商务。

C2B，Consumer to Business，即消费者对企业。

而本章的电子商务运营重点讨论的是以B2C和C2C为主的电商运营模式。

## 二、电子商务运营的趋势

整个中国电商从20世纪开始，历经20年，电商的发展已经过了基本的普及阶段。电商刚开始的阶段，只是一个遥远的概念，而且是大多人无法理解也不愿意去理解的概念。随着电子商务的发展，大部分的网络用户都发生过网络购物行为，而大部分有影响力的商家也开通了电子商务业务。今天的电子商务和20年前已经不可同日而语，每一个企业和个人，都不希望被这波轰轰烈烈的革命所淘汰，都希望能抓住这波互联网新浪潮。

发展到今天的电子商务已经明显有新的趋势和方向产生，那么在电子商务运营上，更应该紧密跟随这种大趋势。

### （一）电商平台变化

电商的运营和发展一定离不开电商平台发展，一般的企业和个人都是以电商平台为依托进行电子商务的运营，就目前而言，电商平台出现两个趋势。

1.行业巨头在不断整合

互联网的"马太效应"是一种典型的强者更强、弱者更弱的典型现象，中国电商经过20年的发展，行业的巨头在不断地整合和合并中，并且这些电商巨头不断在辐射行业的上下游来实现更多的布局，抢占行业的风口。电商运营的过程中，需要时刻关注大平台的规则变化和创新趋势，结合大平台的玩法和自身电商运营的特点，才能抢占更多新的机会点。

2.垂直电商受宠

在行业不断整合的过程中，垂直类的电商更有特点。定位清晰的新型电商，越来越受到行业的青睐。而在阿里等巨头的压力之下，也只有走电商垂直化的道路，才是电商行业的生存之道。同时，从消费者的发展来看，只有更加垂直和具备特点，才会让垂直类别的消费者做出更佳的选择。

### （二）用户变化

用户一定是电商发展的根本，特别是电商运营的过程中，如果能把握住用户变化的趋势，提前布局，更能提前进入蓝海。

随着中国电商的进一步普及和发展，电商的用户逐渐从一二线城市走向三四线城市甚至农村市场。据尼尔森调查显示，农村地区的消费意愿上升，直接体现在网购用户的增速上。2014年，农村网民网购用户数量同比2013年上涨40.6％，高于城镇地区16.9％的增速。

随着电商的普及和快递等电商行业的支持性产品的进一步发展，用户下沉的时代已经到来，特别是随着微信支付的关键一脚，让移动支付也逐步走向了更多的三四线城市家庭。

而在具体的电商运营过程中，一二线城市用户和三四线城市用户在电商的需求、使用等习惯上一定有差异性的表现，那么在制定电商策略和执行过程中，需要有针对性地调整才能同时打通各个区域用户，让电商的运营更加行之有效。

### （三）新技术的驱动和消费场景的升级

从阿里的VR购物Buy＋开始，阿里就已经踏上了利用新技术来提升用户体验，从而驱动电商进一步发展的征程。不管是黑科技还是VR、AR等各种新技术，都是让消费者体验升级且带来消费参与感的重要方式。

从电商兴起，电商的体验感一直是让用户诟病的一点，线上消费没有线下体验的良好感受。随着移动化的发展,得益于智能终端(以智能手机为主)的普及,移动化带来新技术实现的各种可能性。另外,移动化也不断地促进用户消费场景化的发展,移动购物和消费场景相结合,进一步促进了消费体验的升级。

#### (四)内容当道和电商社交的发展

电商发展的一端是移动化,另外一端就是社交化。社交发展的过程中,不仅仅是常规的电商点、评、赞和电商体验的分享,更是促进了更多内容模式的火爆。“网红经济”就是一个重要的体现。和传统电商的买流量比起来,网红电商更能创造流量。

在信息碎片化时代,内容的价值逐步被重新定义,用内容的方式来引发购买兴趣,用社交的方式激活购买。

2016 年双十一期间,电商网红张大奕的网红店铺取得了骄人的成绩,在成绩的背后,内容+社交功不可没。微博是张大奕的社交电商的主阵地。他充分利用微博工具,辅助以目前流行的直播平台,并在社交活动上积极实现以电商为导向的各种活动。该方式的使用,不仅让张大奕成为电商网红的招牌,更重要的是通过内容+社交不断探索出电商发展的新道路。

电商运营不是孤立的运营体系,新媒体运营的整个体系应该是贯通的,合理地使用新媒体运营的各个平台、各种方式,都是能够为电子商务运营赋能,从而在电子商务运营的红海中走出一条崭新的大道。

## 第二节　电商运营四部曲

从 2003 年淘宝网成立开始,电商真正地走向了全民电商的道路,诸多的品牌、企业、个人通过电商的发展快速掘金。马云在 2016 年的云栖大会上提出五新——新零售、新制造、新金融、新技术、新能源。在电商发展的传统基础上,接下来的电商运营应该用什么样的方式将用户与产品连接,将线上、线下数据打通呢?

### 一、懂数据

数据是现代营销的关键点,电商运营的一切核心是数据,了解数据、挖掘数据、分析并使用好数据是电商运营的最坚实的基础。在数据运营的过程中,主要需要考量流量数据、销售数据、用户价值数据、营销活动数据等四种类型的数据。在四个主要的数据运营过程中,我们需要遵循分析数据、对比数据、分解数据、总结数据的方法,达到最终的懂数据、用数据。

#### (一)电商运营的流量数据

常规的数据应该是一个漏斗模型,以天猫为例,从用户的访问开始,到用户的浏览,到用户加入购物车,到最终的购买和复购,用户是遵循数据的原理而层层衰减,因此,提升数据的开口量和数据的转化率是提升电商运营的关键方法。那么,在这一系列漏斗的过程中,流量的数据指标就变得非常重要。

流量是电商运营的前提，只有有流量，才代表有用户参与到电商行为中，流量越大，则该平台运营的价值越高。在流量数据的评估过程中，除了常规的日活跃用户数、周活跃用户数和月活跃用户数三个数据外，一般在流量类运营的指标上，会有两个根本性的数据。独立访客数(UV)是指独立访问的用户数，访问的人数越多则代表该电商平台或者电商页面的吸引力越高。人均页面访问数(PV)越高，则代表该电商平台或者电商页面的黏度越高，一个独立用户对该页面的访问次数越多。

在流量的数据研究中，从五个角度来评估 UV 和 PV 质量。

第一是新增用户数，如果新增用户数偏少，说明访问用户以老用户为主，那么电商运营的增长潜力有限；如果新增用户数偏大，而老用户偏少，说明用户无法积累，会影响用户的复购和黏度。第二是用户获取成本，每一个新增用户都是有成本的，特别是在广告拉动的过程中，只有有效地控制获客成本，才能把运营的整体效率和效能发挥到最大。第三是跳出率(Bounce Rate)，为浏览单页即退出的次数/该页访问次数。在运营的过程中，如果跳出率太高，则说明要么选择推广的渠道出现失误，买来的流量质量出现问题，要么就是我们的着陆页的内容与用户的需求不匹配，大量的用户来到这个页面后迅速离开。第四是页面访问时长，是指单个页面被访问的时间。一般而言，页面访问时长太短，则说明该页面对用户没有吸引力，需要对落地页进行优化。第五是人均页面访问数，人均访问数涉及用户对该整体电商页面的黏度，人均访问页面太少，说明除了重点的落地页面以外，其他的入口不明显，或者用户对其他的页面没兴趣。提升用户人均访问页面数，能够增加用户购买更多产品的可能性。

### (二)电商运营的销售数据

有了流量数据，接下来重点要看的就是销售数据，销售数据是整体围绕用户下单为核心的网站成交额(GMV)和销售金额，下单并生成订单号，便计算在 GMV 里面，但只有用户付款实际成交才计算入销售金额。

首先围绕 GMV 和销售金额的第一个层面的数据就是访问到下单的转化率、下单人数、下单笔数。这个层次的数据是最直接反映销售状况的数据，每一个数据都关系到整个销售状况的结果，非常重要。从下单人数和下单笔数之间的关系，能看到产品对用户的吸引黏度，平均客单价一方面和产品本身的定位相关，另一方面关系到整体促销的定位，关系到销售最终毛利率。而下单总金额是由前三个数据共同作用产生，要提高最终的下单总金额需要前面数据的共同作用，缺一不可。

除了直接关系销售的四个数据以外，第二个层面的数据对销售结果起到分析的重要意义，并对销售情况有直接影响作用。这些数据就是加入购物车的次数、商品数，从而来看支付转化率。用户浏览商品后需要加入购物车，通过加入购物车的次数能看到我们的商品对消费者的吸引力是否足够。加入购物车以后，如果消费者不买单、不支付也是没有意义的，那么在运营的过程中，需要不断地激活用户，促成用户最终下单。这几个数据的转化情况直接关系到最终的下单数，转化率越高，下单总数越高。

第三个层面的数据直接关系到最终的销售金额，就是退款订单数、退款金额以及退款率。不同产品的品类有不同的退款率，相对而言，服装品类的退款率是最高的。退款率的高低肯定直接关系到销售总额。另外，特别重要的是退款意味着用户不满意，不满意随时会带来差评，而几家大型的电商平台规则中，差评会带来极大的恶性结果。同时，消费者在电商购物的过程中，口碑也是重要的参考标准，口碑差则会影响后续其他新用户在平台对该商品的购买。如果一旦退款率增高或者超过常规水平，那么作为电商运营者来说，一定要极其重视，可能在客服环节、品控环节、物流仓储环节暴露了极大的问题，该问题如果不解决可能对电商整体运营带来不可预估的后果。

### （三）电商运营的用户价值数据

用户是一切互联网行为的核心，更是电商运营和发展的核心，只有拥有用户，才能有电商的发展。因此，了解和掌握用户价值数据，能给电商运营带来全面的价值和方法。

在用户价值数据中，第一个层面依然是基本数据，总用户数、平均客单价、新用户数、新用户获取成本、新用户客单价。另外一个层面的数据就是消费频率、最近一次购买时间、重复购买率等跟随用户创造的电商价值的数据。

这两个层面的数据能够指导我们针对不同的用户人群采用不同的运营策略。我们需要根据用户的活跃度、购买力、用户登录频次及偏好等各个角度综合考量，合理地使用各种方法，达成更好的运营目标。

### （四）电商运营的营销活动数据

电商运营离不开活动的营销和推广，在评估活动营销的过程中，最终都是以 ROI（投资回报率）为最终的评估标准。在常规的计算过程中，ROI ＝（收入－成本）/成本。为了达成高 ROI，在活动运营的过程中，需要重点了解和分析的第一个维度是新增访问人数、新增注册人数、访问的总量。在活动运营的过程中，最直接带来的就是流量的增加与新用户的提升，在整个电商漏斗模型下，活动的最直接目标就是把漏斗扩大，让更多人群和流量进入电商的环节。在漏斗扩大的同时，需要进一步关注该次活动带来的流量的转化效率，即下单量、客单价、复购订单等数据。一般情况下，活动带来的更多的是新用户的增加，新用户的转化效率没有老用户高，所以正常情况下，活动的 ROI 设定会略低于常规的用户主动登录自然流量的转化率。但如果控制不了转化率，导致最终转化情况差，只带来流量而没有带来增长就没有意义。或者是流量带来的增长效率太低，也无法达成较高 ROI。所以需要我们在扩大漏斗的同时，把控住整体的转化，才能实现最终的高 ROI。

## 二、拼产品

电商运营的过程中，很少会有电商网站上只有 1～2 种产品的销售情况，一般都面临着大量商品销售的情况，对于这些产品，如果不能有效地分类，各自组织不同的促销和活动信息，那么就无法实现电商的精细化运营。电商产品组合及运营，一定是从运营的目标出发，以用户为目标来打造不同的产品体系和产品运营策略。

### （一）流量产品

爆款的意义并不是简单地把一款产品卖好，而是需要利用爆款来实现带动流量，拉动访问，并实现更多用户购买等意义。爆款一般是指购买量、市场需求大，但利润偏低的产品。打造爆款本身并一定意味着有高利润，爆款更多是为了导流吸引用户，并利用爆款来抢占消费者心智，帮助实现电商运营的主体在消费者心目中的定位。只有把产品体系划分清晰，各自具备不同的明确功能，电商运营才能实现更多联动和复合型效应。

为了实现打造爆款，需要从以下几个角度分析，而不是盲目上爆款。盲目上要么就是爆款变冷款，要么就是爆款不仅没实现口碑增长，反而因为准备不充分导致各种负面口碑。

首先，打造爆款前要根据市场应季特征、市场成交状况以及市场竞争状况来分析。如果想把一款产品打造好，必须符合时令、销售者、竞争情况的特征，而且要排除掉促销活动等特殊情况，不然判断失误，就会成为冷款。

然后，对于产品本身，价格上一定需要有优势，价格的优势意味着促销过程中，在薄利的基础上就会有竞争力。自己的爆款往往意味着是行业的爆款，会有大量跟风，如果价格不具备优势，那么这个爆款也就没有存在的意义和价值。价格的优势，并不一定只依赖于产品价格，需要考虑退货成本、物流成本等各种因素。如果计算不当，可能因为1元钱的区别，把爆款送给了竞争对手，或者因为1毛钱的定价导致自己亏损。

最后就是关于促销的准备。在促销前，关于广告的选择、广告出价策略的安排，以及客服、备货和物流等各个环节都要考虑得更加完善。

### （二）促销产品

激活用户一般需要运用促销活动，吸引用户到店的同时，促进用户购买，甚至是刺激用户更多购买。激活用户一般需要从两个角度入手，一方面关于产品的选择。此类产品与爆款是有区别的，毕竟不是每一个产品都有能成为爆款的潜力，而且爆款利润确实偏低。因此激活用户的产品，一般在用户选择上还是需要具备一定的吸引力，同时商家还需要一定的利润。

另外一个方面，就需要运用大量的促销政策和促销的办法。比如满99元减10元、满49元包邮等促销方法。运用促销的方法，吸引用户出于价格因素的考虑，促成下单的可能性，同时将人均客单价进一步提升，这样才能实现激活用户的意义。

### （三）利润产品

利润产品指的是将到店用户和注册用户转成更为忠诚的会员用户，或者将购买量低的用户转化为购买量高的用户的一系列产品。

在商品的电商产品策略中，获取用户和激活用户的商品品类和种数一般会占到总商品数的40%～50%，而转化用户的商品数会占到50%～60%。因为转化用户的商品一般是利润的主要来源，因此不具备拼价的可能性，所以在购买量上会受到一定的影响。如果要保障一个品牌长期地发展，那么就需要转化用户的商家数量的提升，从而来增加用户的购买概率。

那到底如何才能实现用户的转化呢？首先，转化用户一定需要有特色商品和独家商品，特色商品和独家商品才能保障价格的基本属性，并带来用户独特的体验。如果一个品牌或者网店连特色商品都没有，那么肯定只能走向拼价格的红海。然后，在特色商品和独家商品与获取用户和激活用户的商品之间需要建立更强的关联，比如页面的布局、产品的排布和促销包的设定。获取用户和激活用户之后带来流量，不能让用户随意地逛或者买完就走，最好的方式是让这些用户在常规商品和特色商品之间建立关联性。比如乌龙茶的爆款搭配茶具，比如辣条的爆款搭配金针菇等，商品的搭配与促销的组合至关重要，而用户了解信息的核心渠道就是网页的排版与布局。因此，只有两头共同发力，才能实现用户价值的更高转化。

## 三、抓用户

用户是任何一个互联网服务的核心，一般的商家或者个人在电商运营的过程中，很少会运营一个互联网电商 App 或者网站，所以用户的运营并不是针对互联网产品的用户运营，而是在运用平台规则的前提下对企业品牌商品的用户运营。

针对用户的运营是电商运营的根基，只有对用户了解得更加清晰，根据用户的逻辑来制订电商运营的策略，才能真正地实现更加精细的电商运营。

### （一）了解属性

用户虽然是独立的个体，但是如果把购买用户的属性了解得更加清晰，那么就能依据购买用户的属性来寻找到更多类似的用户，这类用户对于产品的购买转化率更高。

要了解用户的属性，在数字营销过程中需要更加清晰用户的标签。用户的标签一般分为基础属性标签和行为属性标签。基础属性标签一般包含用户的姓名、年龄、性别、所在城市、收入、工作等人口学属性。了解用户的基础属性是最基础的一步，也是非常重要的一步。只有清楚用户的基本属性，才能帮助我们从第一个维度了解我们的直接消费者是谁？潜在消费者是谁？这些人群在哪里？清晰地了解这些情况以后，就肯定不会出现把尿不湿卖给单身男性这种基本的错误。而行为属性（广义的行为属性包含行为特征、购买能力、社交特征等综合属性）就是从另外一个角度来了解用户，比如用户的购买时间、购买频率、购买金额等用户在电商过程中产生的一系列行为。了解清楚用户的行为才能根据用户的行为总结和归纳我们的运营方针，比如针对用户在晚上 7～9 点的高峰访问习惯，我们需要配备更多的客服。在旺季的促销节点前，需要更加充分地备货等。运用好第一个属性加第二个属性，才能更加清晰地了解用户。

### （二）用户细分

对于用户的细分，理论上一定是越详细、标签越多越精准。那么这个时候就存在两个挑战，第一个挑战就是如何对用户进行标签和定义。通常行业会采用“数据银行”这个工具来进行人群标签和用户细分。数据银行是一个数据储存、备份、归档的数据中心。在运用数据银行的基础上，才能在电商运营的过程中实现用户的细分。

第二个挑战就是在用户细分的过程中，如何达成用户精准和扩大之间的平衡。用户精准是一个常规电商运营过程中的基本需求，一个用户的标签越多，那么找到其他潜在用户的数据就会越准确。但是越精准，则意味着用户的数量越少。比如中国 13 亿人口，如果仅仅打上年龄、性别两个标签，则会有几个亿的潜在用户。这是不精准的，因为这几个亿的用户不可能都买你的产品。在这种逻辑下，标签越多，购买可能性越大，但是标签越多，最后找到的人群越窄。如果给用户打上 100 个标签，甚至 1 000 个标签后，可能只剩下 10 个用户，这 10 个用户可能购买产品的概率是 100%，但是只有 10 个用户，对于电商运营就失去了意义。因此，在用户细分的过程中，需要达成这两者之间的平衡，既保障用户的基本基数，让大量的用户来购买，或者影响大量的用户来购买，另外一个方面要尽量地精准，不能制订无效的策略或者进行无效的投放。

### （三）制订策略

在精准了解用户属性，并且对用户进行细分以后，就可以以用户为核心制订策略，进行更加精准有效的运营。

我们可以根据不同的用户类型和用户的常规数据来进行深度挖掘和分析，从而更加精准地推送更多信息。比如对流水用户进行召回式广告，对低访问用户推送更多促销活动，对高访问用户提升会员体验等，可以根据不同的用户类型，分别采用不同的活动和运营方式。

我们也可以根据数据做更深度的挖掘，从而确认产品组合和推荐策略。用户在购买行为过程中最关注什么商品？最喜欢什么推荐？我们根据用户的浏览习惯给予每个用户更加贴近其喜好的内容，保障每一个用户的转化率提升。

我们还可以根据我们商品购买的整体用户挖掘，发现购买用户的数据规律，从而找到最核心的购买人群，根据核心购买人群的特征，进行更多的广告投放，吸引更多的类似核心购买人群的新用户来到我们的电商网站，并根据这些人的行为匹配和推荐更精准的产品，来实现更多的电商销售。

## 四、强品牌

对于很多的电商运营团队而言，一般都会认为，我们把用户做好，把价格做好，把各种活动做好，基本达成营销的4P，就可以比较好地运营电商了。品牌是电商运营中最容易忽视的环节，但品牌又恰恰是电商发展中最重要的环节之一。

电商从某个角度而言，一方面是将传统的品牌和商品拓展到电子商务渠道，另一方面是在电商上直接售卖在传统渠道领域并不强势的品牌和商品。如果从这两个角度来看，传统的强势品牌在电商上销售，对于消费者而言，便利性是购买的必要因素，但便利性是电商整个体系带来的，并不是运营者带来的。如果想运营好类似的品牌，那么对消费者最直接的价值就是价格与服务。价格战是任何一个运营者都不想面临的，那么就需要提升服务。所以在运营的过程中，打造的品牌就应该是一个服务型品牌。如果口碑差、服务差、客服差，那么对这个服务型品牌本身不仅是个巨大的伤害，甚至对原有品牌本身也是一个巨大的伤害。这类在传统渠道有着强势地位的品牌，一般都是价格和价值较高的商品，需要更加良好的客户服务，比如数码3C类。如果在电商平台不能打造更好的服务印记和服务品牌，那么作为消费者又为何要在电商上购买呢？整个电商运营的基本逻辑就不存在了。

另外一个方面，经营在传统领域没有强势品牌的电商，比如零食类、服装类等，销售者在无法体验到产品本质的区别时，如果没有品牌的带动作用，那么整个电商运营一定会陷入永无止境的价格战，只有拥有品牌价值才具备议价能力。当然，品牌不是无中生有，不是空中楼阁，一般情况下，也不存在成本1元，拥有品牌后，打造一个100元的商品的情况，否则这个品牌也经不住消费者的挑战。

品牌对电商的帮助不仅仅是金字塔层面的消费者认知、消费者议价权等，也体现在具体的运营层面。以推广为例，即使是同样找到消费人群、同样的产品模具、同样的价格，有品牌比没品牌转化率高，好品牌比差品牌转化率高。虽然运用数据的方法能够层层推进，不断优化我们的运营效果，但品牌是各个电商运营的基石，一个好品牌是一个高楼大厦，一个差品牌是一个茅草屋，即使是同样的运营，两者的起点完全不同，优化的叠加效应也完全不同。

## 第三节　电商运营未来的发展

电商发展到现有阶段，已经基本上脱离了早期的粗犷式经营，也不再是随便代理一款产品，请几个客服，开个淘宝店铺，投点广告就能运营的时代。电商的发展已经逐步往更加精细化、数据化、内容化、系统化的道路发展。

### 一、淘品牌的电商品牌化之路

在电商发展的过程中，淘品牌是一个特别的概念，它是基于淘宝商城，伴随电商发展而逐步形成的原创品牌。这些品牌颠覆了传统商品的运营方式，而且在各自的细分领域都非常优秀，甚至在某些领域，单纯就电商销量已经把传统品牌抛在身后，比如麦包包、韩都衣舍、三只松鼠等都是比较成功的淘品牌。

特别是在2C领域的电商，用户已经不再是以绝对的价格为导向来满足基本的产品使用功能。在电商购物的过程中，用户希望在价格便宜的同时，得到转好的产品质量、服务态度，能够对品牌的内涵、品牌附加值等更多精神层面提出更高要求。这一系列的终极就是淘品牌的电商品牌化。

淘品牌在持续的发展过程中，一般都是先依赖价格的促销，这个阶段本身也是中国电商的起步阶段，消费者到电商购买的首要出发点也是因为便宜，在价格上有优势就具备了基本的积累用户的基础。在以价格为基础的前提下，淘品牌的发展逐步过渡到质量取胜，强调产品的基本品质，这也是随着电商发展过程中商品参差不齐的状况决定的，在强调质量的前提下去获得更多的消费者口碑，从而让更多的用户成为回头客。第三步，它们的发展逐步走向个性化、差异化。不管是页面设计还是电商包装，对电商做更多匹配消费者需求的改进，特别是在产品本身的定位上，与常规的、大量的、无特色的产品进行区别。同样，在这个阶段也是电商同质化最严重的阶段，需要在产品同质化中突围，打造更多个人属性。随着电商发展的节奏，商家之间的竞争最后就走向了品牌的竞争。

正如奥格威所说："最终决定品牌的市场地位的是品牌本身的性格，而不是产品间微不足道的差异。"品牌的塑造将会是淘品牌接下来发展的重中之重。那么，对于淘品牌而言，到底应该如何升级进行电商品牌化打造呢？

#### （一）团队体系升级

首先，从企业文化方面，就应该融入更多品牌的理念。一家公司的企业文化是建设企业、搭建团队、运营业务的核心思考，企业文化涉及生产管理、客户服务、营销传播等方方面面。能做到一定规模的淘品牌，都不再是草台班子的小团队了。因为是基于互联网创业出身，深受互联网企业的影响，一般的淘品牌都会比较重视自身企业文化的建设，特别是电商文化对其企业文化有深度的影响。那么在淘品牌企业文化的重视和发展过程中，需要融入品牌的思想和理念，只有从一家企业的最高层面来重视品牌、发展品牌，才能真正地满足电商品牌化的战略发展要求。

然后，应重视团队构架和人才储备升级。淘品牌一般都是从小团队打造起来的，整个团队运营商一直保持着高效和快速运转，而且伴随着淘品牌的发展，逐步培养出许多运营方面的人才。电商的运营是这些淘品牌的基本优势。相对于传统品牌，淘品牌更懂电商。但一旦从单纯的电商运营转型到全面的电商品牌化的运营，就需要整个企业团队构架和人才体系进行全面升级。

### （二）传播体系升级

电商淘品牌的推广，最看重的就是 ROI，在投放过程中，非常注重投资效益和投放效率。淘品牌在电商的投放过程中积累了大量的站内投放的经验，从而让每一分钱的投放都极具性价比。

但随着挑战的进一步升级，在建设品牌成为重大课题之际，应该如何重构传播体系，就变得非常重要。众所周知，品牌不是一朝一夕就可建立，而是需要持续而长期的过程，那么在这个过程中，传播的目标、传播的方式、传播的媒介等都会发生非常大的变化。首先是传播的目标，淘品牌在站内的投放，每一分钱都是为了转化率，那么对于品牌的长期投放来说，如果一旦无法带来直接转化率，而只是对品牌的认知度和美誉度有提升，那么淘品牌就会表现出极大不适应。在传播的过程中，淘品牌从站内的推广需要逐步走向站外的投放，需要从单纯的一个体系走向多个体系；传播的媒介上，也需要运用更多的整合性投放，而不是单纯的效果类投放方式。这一系列的挑战都涉及一个品牌在消费者心目中的建立，关系到一个品牌是否能具备影响力和号召力。只有适应这种升级，在品牌和效果之间找到最佳的平衡，才能具备打下淘品牌的电商品牌化的基础。

### （三）运营体系升级

品牌化是一个全面升级的过程，并不是简单地打个品牌广告就能实现。需要从整个运营体系上重视并实现整体的升级，最终才能实现。那么就需要从产品、VI 设计、店铺、服务等多个方面围绕品牌化实现运营升级。

从产品出发，如果是打造高端的品牌形象，那么就需要减少低端商品的销售数量。如果是打造科技形象，那么首推和主推的商品就应该随之调整。以产品为核心，涉及产品的包装、快递的包装等各个维度都应该随之调整。这一系列的调整虽然会增加运营的成本，但是长期坚持必然会建立与其他产品的区隔，并最终达成品牌溢价，让更多的消费者选择。

在品牌的 VI 设计、店铺的装修设计和客服服务等方面亦是如此。一方面肯定需要时效率优先，这是电商运营一般在设计店铺和提供客服过程中的首要考虑因素。但是在不影响效率的前提下，适当地考虑加入品牌的元素，会对品牌的长期建设起到非常大的帮助。以三只松鼠为例，该品牌的LOGO就设计成三只可爱的小松鼠，分别叫"鼠小贱""鼠小酷"和"鼠小美"；在整个运营体系上，店铺的装修全面结合松鼠的形象，卡通化、拟人化，让整个店铺的装修充满了愉悦感；客服会以松鼠的角度称呼用户为"主人"，客服瞬间变身为可爱的松鼠，让消费者的购物感受焕然一新；再到松鼠包裹附送物，整体围绕三只松鼠品牌，构架了全套的品牌运营体系。整个体系的建立潜移默化，就在消费者心目中形成了非常清晰的三只松鼠品牌形象，该品牌形象的塑造在三只松鼠达成全网坚果销售第一的过程中功不可没。

## 二、大众品牌的品牌电商化之路

诸多的大众品牌，从最开始的害怕电商、拒绝电商，逐步到接受电商、拥抱电商，是经历了一个很长时间的非常大的转变过程。虽然大众品牌在电商发展之路依然挑战很大，但是至少大多数品牌都在尝试电商，并且在通往品牌电商化的路上不断实践。大众品牌的品牌电商化并不是指所有的传统品牌最终变成一个电商品牌，而是大众品牌具备电商化思维，抢占电商的制高点，并且在电商的帮助下，实现其品牌和产品的升级，形成更强的战斗力。

大众品牌拥有着品牌早期建设的红利，拥有着大量的线下渠道，拥有着较好的企业构架和人才构架，这些是大众品牌在电商化道路上的优势，但是如果运用不好，又变成了电商化道路上的劣势。比如，品牌化思维和电商化思维是两种思维模式，如果品牌化思维根深蒂固，那么肯定不利于电商体系和电商思维的建立。线下渠道是助力，如果使用不得当，则会出现线上和线下抢利的现象，线上、线下不仅不能形成助力而且相互拉扯、相互牵绊。因此，大众品牌的电商化之路任重而道远。

### （一）产品升级，推出更多匹配电商需求的产品

电商需求和传统需求并不是说存在巨大的差异，而是消费者在满足需求的过程中，会有巨大的行为差异，如果不能满足消费者这种实现需求的变化，那么在电商上的运营则不具备基本的基础。消费者在传统购物场景中，实现的是货比三家，毕竟传统场景是有限的。而在电商购物场景中，则实现的是以搜索为核心的货比N家。那么就意味着没有货比N家具备吸引用户的独一无二的产品，就不具备电商产品取得巨大成功的可能性。比如同样是坚果，三只松鼠的坚果因为其强大的品牌体系，实现了这种货比N家的可能性，所以具备成功占据第一的条件。如果是一家传统的坚果品牌，仅仅是把线上、线下的货物统一，价格统一，这种电商化转型仅仅是多了一个销售渠道而已，并不具备特别大的意义。这也是目前大多数传统品牌在电商实践过程中最大的挑战。

因此，产品升级势在必行。这种升级并不是简单地推出一个针对电商单独销售的产品型号、独立的价格，特别区分于线下销售，而是要针对电商销售的特征，根据电商销售的数据建立真正的电商产品。比如针对喜好网络购买的用户对于3C数码产品的科技需求更强，接受度更高，诸多的3C产品都会选择将智能产品的定制版在电商平台首发。2016年的天猫定制产品中，智能产品占比达到了60%，国际品牌的数量也比2015年增长了400%。这一系列的产品，都是针对电商用户整体性需求而调整的产品策略。这种产品

升级的思路，不管是为电商专门出限量版，还是为电商出独特的产品（线下没有售卖），都是在适应电商用户需求过程中产品升级的思路表现。

### （二）渠道升级，线上、线下联动打通 O2O

对于传统品牌而言，渠道是生命线。渠道的建设是关系到产品销售体系的关键。因此为了防止出现问题，一般企业都会设立严格的渠道管理方法和管理政策。在这种严格的管理办法和管理政策下，不管是线上还是线下，会很容易形成两个独立的体系。这两个独立的体系，早期可能会帮助企业尝试电商，但随着电商多次升级发展后，这两个体系的独立发展是不适合企业的整体发展的。未来之路，一定是线上、线下联动，打通两个体系，形成传统渠道和电商体系的交融。

在线上、线下打通的过程中，从线下往线上打通比较容易，因为电商的诸多天然特性，只要信息沟通渠道较好，会比较容易引导用户从线下到线上。但如果仅仅一方面的输出，只是线下往线上打通，那么线下最终将会枯竭，这也是诸多企业在线上、线下打通过程中最大的障碍。所以在未来，线上、线下打通的关键将会是：从线上往线下打通，将线上的用户引导到线下，线下购物也有线下购物的先天优势，比如体验性的独一无二，比如渠道便利性的即买即得。只有线上、线下充分融合，才能将企业的优势发挥到最大。

阿里在线上、线下打通的过程中，就在帮助企业做出更多的尝试。比如利用线下的CRM（客户关系管理）系统与支付宝的大数据打通，进行用户身份的识别，即找到每一个线下用户的独立身份标签。当线下用户一旦登录到阿里的网站，比如天猫，就能收到离该用户最近线下门店的促销信息，吸引该用户在线上行为过程中到达线下。这样来充分实现线上和线下用户行为过程中的融合。

### （三）营销升级，从数字营销到数据营销

营销是一切企业行为的关键，不管是传播、产品还是渠道都是属于营销的一部分。电商化也是帮助企业实现营销升级的一个重要过程。在品牌电商化的过程中，我们不能孤立地去看所有的营销行为，不能仅仅为了电商而电商，我们需要更加体系地去看品牌电商化。这一切最大的核心就是数据，要实现品牌电商化就需要实现数据运营。

在传统营销过程中，一切都充满不透明、不确定和不清晰。但是在电商营销的新时代，因为数据的可视性，整个营销过程透明、确定且清晰。从用户开始，用户是谁？用户从哪里来？用户离开我后去了哪里？在传统营销的过程中，只能靠调研和消费者访谈的方式做抽样，但是在电商数据时代，一切以数据为核心的行为，都是清晰明了的。从帮助我们寻找目标消费者开始，到营销决策，再到最后的传播行为等各个方面实现了全面的升级。

各个先进的品牌，已经开始利用电商的数据进行营销升级，不仅仅是针对电商的营销行为，而且利用电商的数据来实现全面的全网革命。“叫好不叫座”是许多进入中国细分市场的高端进口品牌面临的共同难题，德国品牌博朗也不例外。在国外，博朗是高品质的代名词，高收入人群是其主要受众，在欧美市场，博朗主打其高端 9 系产品。而国人对其相对陌生，品牌知名度空缺。博朗通过大量的电商数据发现，职场新人是关注博朗的主要群体。针对这种情形，在中国市场，博朗则利用电商主打其中端 3 系产品。并且博朗对不

同购买力人群进行了全线覆盖，价位从几百元到1万元不等。同时，在传播层面，它以该群体的关注点为主要传播属性，在不降低品牌调性的同时更强调使用效果、性价比、耐用等。最终2016年双十一，博朗5030s剃须刀预售销售额在剃须刀类目第一。这就是典型的利用数据对营销的整个体系进行全面的升级，从目标用户、主推的产品、销售价格、传播体系等各个方面，全部围绕数据为核心的体系来实现。这个时候的电商就不再是简单的电商，而是具备全面指导意义的品牌电商化。

## 【知识回顾】

本章从电商运营的概念开始，逐步阐释了电商平台的变化，用户的变化，新技术的驱动和消费场景升级，内容当道和电商社交的发展等电商运营新趋势。接着本章在电商运营的过程中重点阐释了四个要点。第一，懂数据，需要懂电商运营的流量数据、销售数据、用户价值数据和营销活动数据。第二，拼产品，需要区分和运用好流量产品、促销产品、利润产品。第三，抓用户，需要了解用户属性、对用户进行细分、制订用户策略。第四，强品牌，将品牌打造作为电商运营的重点环节。最后，本章论述了电商运营的未来发展。一方面是淘品牌的电商品牌化之路，需要进行团队体系升级、传播体系升级、运营体系升级。另一方面是大众品牌的品牌电商化之路，需要进行电商产品升级，推出更多匹配电商需求的产品；渠道升级，线上、线下联动打通O2O，营销升级；从数字营销到数据营销。

## 【思考题】

1. 如何理解电子商务运营的概念?
2. 电商平台的变化和用户的变化带给电商运营的意义是什么?
3. 如何用新技术和内容的方式提升电商运营的效果?
4. 除了流量数据、销售数据、用户价值数据和营销活动数据，还应该关注哪些数据?
5. 你认为淘品牌的电商品牌面临的最大挑战是什么？ 如何应对?
6. 你认为大众品牌的品牌电商化面临的最大挑战是什么？ 如何应对?

# 后记

2002年，我开始了在武汉大学新闻与传播学院的学习，在此期间受到了周茂君老师的教育和指导。毕业之后一直从事于数字营销和新媒体运营领域的工作，曾在腾讯、人人网等多家互联网媒体和广告公司任职，目前在广东省广告集团全资子公司赛铂互动担任总经理一职，此间也就新媒体运营理论之于实战的相关讨论与周老师保持着持续沟通和交流，受益良多。年初接到周老师的提议，希望可以跳出目前旧有的理论框架，着重从一线实战的角度来对新媒体运营进行更加系统的整理；同时，我也觉得可以通过回顾以往在新媒体运营领域的实操经历来梳理经验、总结规律，给大家带来一些新的、实用的新媒体运营知识，由此有幸参与到本书撰写中。

本书的另一位作者金鑫老师（重庆师范大学新闻与传媒学院副教授），拥有丰富的新媒体信息编辑、媒体经营等课程教学经验，对新媒体运营理论钻研多年。在本次撰写中，我和金老师搭档，我偏实战和经验的梳理，金老师偏理论和方法的研究，两人搭档极为默契。我们对如何将新媒体运营前沿理论与现有传统媒体运营知识体系进行融合，并结合新媒体运营的一线实战经验，做出了全新的梳理和探索。

《新媒体运营》历时近半年完成，主要着眼一线运营实战角度，同时结合理论梳理，希望可以让大家通过阅读本书，较为直观、迅速地了解到目前新媒体运营的前沿知识。更重要的是，在人人都是自媒体的时代，新媒体运营并不是只关系到新媒体从业人员，它还涉及移动互联网时代的方方面面，每一个人都会和新媒体打交道，我们希望这本书的梳理能帮助读者对新媒体运营的实操运用有清晰的认知，对以后在该领域的实战、工作、生活都有所启发。

陈　鄂

2017年11月18日